Die Unabhängigkeit der Bundesanstalt für Finanzdienstleistungsaufsicht

Regensburger Beiträge zum Staats- und Verwaltungsrecht

Herausgegeben von Gerrit Manssen

Band 25

PL ACADEMIC RESEARCH

Myeongjin Han

Die Unabhängigkeit der Bundesanstalt für Finanzdienstleistungsaufsicht

Unter besonderer Berücksichtigung ihrer Organisation als rechtsfähige Anstalt des öffentlichen Rechts

PL ACADEMIC RESEARCH

Bibliografische Information der Deutschen Nationalbibliothek
Die Deutsche Nationalbibliothek verzeichnet diese Publikation in der Deutschen Nationalbibliografie; detaillierte bibliografische Daten sind im Internet über http://dnb.d-nb.de abrufbar.

Zugl.: Regensburg, Univ., Diss., 2015

D 355
ISSN 1860-319X
ISBN 978-3-631-66502-2 (Print)
E-ISBN978-3-653-05776-8 (E-Book)
DOI 10.3726/978-3-653-05776-8

PL Academic Research ist ein Imprint der Peter Lang GmbH.

Peter Lang – Frankfurt am Main · Bern · Bruxelles · New York · Oxford · Warszawa · Wien

Dieses Publikation wurde begutachtet.

www.peterlang.com

Vorwort

Die vorliegende Arbeit wurde im Wintersemester 2014/2015 von der Fakultät für Rechtswissenschaften der Universität Regensburg als Dissertation angenommen. Die mündliche Prüfung fand am 09.02.2015 statt.

Zu großem und herzlichem Dank verpflichtet bin ich allen voran meinem Doktorvater Prof. Dr. Gerrit Manssen für die Anregung zu der Untersuchung und für seine ausgesprochen engagierte Betreuung. Er hat meine Dissertation trotz seiner knappen Zeit im Beruf mit nicht nachlassender liebenswürdiger Hartnäckigkeit stetig gefördert und vorangebracht. Für die zügige Erstellung des Zweitgutachtens gebührt Prof. Dr. Jürgen Kühling Dank.

Nicht zu vergessen ist auch meine akademische Lehrerin Prof. Dr. Hyun Im. Sie lenkte meine Aufmerksamkeit auf wissenschaftliche Diskussionen und analytisches Denken. Beides ist für das rechtswissenschaftliche Arbeiten unabdingbar.

Mein besonderer Dank gilt schließlich meinen Eltern, Yeongja Kim und Sangrock Han, die mich im Rahmen der Ausbildung und der Dissertationsphase stets liebevoll ermutigt und unterstützt haben. Ihnen widme ich diese Arbeit.

Regensburg, im Februar 2015 Myeongjin Han

Inhaltsverzeichnis

A. Einleitung ... 13

B. Finanzmarktaufsicht durch die BaFin ... 15

I. Die Errichtung der BaFin ... 15
1. Die ehemaligen Aufsichtsbehörden ... 15
2. Das Gesetz über die Bundesanstalt für Finanzdienstleistungsaufsicht (FinDAG) ... 15
II. Die Organisationsstruktur der BaFin ... 18
1. Allgemeines ... 18
2. Gremien ... 19
a) Organe, Satzung ... 19
b) Leitung ... 20
c) Verwaltungsrat ... 21
d) Fachbeirat, Verbraucherbeirat und andere Beiräte ... 22
III. Überblick über die Aufgaben und Befugnisse der BaFin ... 23
1. Die Aufgaben der BaFin ... 24
a) Die einschlägigen Vorschriften des FinDAG ... 24
b) Bankenaufsicht als Aufgabe der BaFin ... 25
c) Wertpapieraufsicht als Aufgabe der BaFin ... 27
d) Versicherungsaufsicht als Aufgabe der BaFin ... 29
2. Die Befugnisse der BaFin ... 31
a) Allgemeines ... 31
b) Der Erlass von Rechtsverordnungen ... 32
c) Der Erlass von Verwaltungsvorschriften ... 33
d) Der Erlass von Verwaltungsakten ... 36
e) Die Ermächtigung der hoheitlichen Befugnisse der BaFin ... 38

C. Die Unabhängigkeit der BaFin im organisationsrechtlichen Bereich ... 41

I. Die Grundform der Staatsverwaltung ... 41
1. Bundesunmittelbare Verwaltung ... 41
2. Bundesmittelbare Verwaltung ... 43
3. Die BaFin als bundesunmittelbare Verwaltungsform ... 46
II. Die BaFin als eine rechtsfähige Anstalt des öffentlichen Rechts ... 47
1. Zum Verständnis der rechtsfähigen Anstalt des öffentlichen Rechts ... 47

2. Rechtsfähige Anstalt des öffentlichen Rechts ... 49
3. Die Abgrenzung von den drei bisherigen Behörden ... 52
a) Grundlage ... 52
aa) Der Bundesminister als Verwaltungsspitze ... 52
bb) Das Weisungsrecht des Ministers ... 53
b) Organisatorische Abgrenzung der Anstalten von Behörden ... 54
c) Die Vorgängerbehörden der BaFin ... 56
aa) Die Bedeutung der „selbständigen" Bundesoberbehörde im Sinne des Art. 87 Abs. 3 GG ... 56
bb) Die Kontrolle des BMF über die drei bisherigen Bundesoberbehörden ... 58
III. Postulat der anstaltlichen Verselbständigung der BaFin ... 60
1. Die BaFin als bundesunmittelbare rechtsfähige Anstalt des öffentlichen Rechts ... 60
2. Die Unabhängigkeit weiterer Aufsichtsbehörden ... 61
a) Deutsche Bundesbank ... 61
b) Bundesnetzagentur ... 64
3. Die Rolle der anstaltlichen Rechtsfähigkeit ... 68
4. Postulat der anstaltlichen Verselbständigung ... 71
5. Die Verwirklichung der Unabhängigkeit der BaFin ... 72
a) Ausgangspunkt ... 72
b) Begrenzte Aufsicht ... 73
aa) Die prinzipielle Anerkennung der Aufsicht über die öffentlichen Anstalten ... 73
bb) Ausübung der Rechts- und Fachaufsicht in der Verwaltungspraxis ... 77
cc) Zwischenergebnis ... 80
c) Die eigene Willensbildung ... 82
aa) Die umfassende Einflussnahmemöglichkeit des BMF auf die BaFin ... 82
bb) Begrenzte Autonomie des Verwaltungsrates ... 84
d) Die Selbstverwaltung ... 86
aa) Satzungshoheit als Selbstverwaltungskorrelat ... 86
bb) Die mangelnde Satzungshoheit der BaFin ... 87
IV. Ergebnis ... 88

D. Die Unabhängigkeit der BaFin im personellen Bereich ... 93

I. Die Unabhängigkeit im Bereich des Direktoriums ... 93
1. Die besondere Nähe des politischen Beamten zur Staatsleitung ... 93
2. Die Gewährleistung der Unabhängigkeit der Mitglieder des Direktoriums ... 94

II. Die Unabhängigkeit im Bereich der Mitglieder des Verwaltungsrats 95
1. Die bisherige personelle Zusammensetzung des Verwaltungsrats 95
2. Die neue personelle Zusammensetzung des Verwaltungsrats 96
3. Zwischenergebnis 98
III. Die Unabhängigkeit im Bereich der Verwaltungsbediensteten 98
1. Personelle Zusammensetzung der Verwaltungsbediensteten der BaFin 98
a) Beamte 98
b) Angestellte, Arbeiter und Auszubildende 99
c) Zwischenergebnis 99
2. Die Einstellung hoch qualifizierter Spezialisten 100
3. Die eigene Dienstherrenfähigkeit der BaFin 102
a) Der Begriff der Dienstherrenfähigkeit 102
b) Voraussetzungen der Dienstherrenfähigkeit 102
aa) Allgemeines 102
bb) Bedeutende hoheitliche Befugnisse der BaFin 104
c) Die Rolle der Dienstherrenfähigkeit für die Verselbständigung der Anstalt 106
4. Der Funktionsvorbehalt (Art. 33 Abs. 4 GG) 107
a) Der Begriff des Funktionsvorbehalts 107
b) Relevanter Geltungsbereich des Funktionsvorbehalts 109
c) Tatbestandsmerkmale des Funktionsvorbehalts 110
aa) „Regelcharakter“ 110
bb) „Als ständige Aufgabe“ 111
cc) Ausübung hoheitlicher Befugnisse 112
d) Die Rolle des Funktionsvorbehalts im personellen Bereich 113
IV. Ergebnis 116
V. Exkurs: Der Funktionsvorbehalt und die „Zweispurigkeit“ im öffentlichen Dienst 116

E. Die Unabhängigkeit der BaFin im budgetären Bereich 121

I. Finanzierungssystem der BaFin 121
1. Deckung der Kosten der Aufsicht 121
2. Finanzierung im Wege von Gebühren und gesonderten Erstattungen 123
3. Finanzierung im Wege von Umlagen 124
4. Die Form der Eigenfinanzierung der BaFin 125
a) Hintergrund der Finanzierungsform der BaFin 125
b) Problem der Finanzierungsform der BaFin 127

II. Abgabensystematische Einordnung der Umlage ... 128
1. Einordnung der Umlage als Gemeinlast ... 130
a) Wesentlicher Charakter der Steuer ... 130
b) Qualifizierung der Umlage als Steuer ... 131
2. Einordnung der Umlage als Vorzugslast ... 132
a) Einordnung als Gebühr ... 133
aa) Wesentlicher Charakter der Gebühr ... 133
bb) Qualifizierung der Umlage als Gebühr ... 134
b) Einordnung als Beitrag ... 135
aa) Wesentlicher Charakter des Beitrags ... 135
bb) Die Qualifizierung der Umlage als Beitrag ... 136
3. Einordnung der Umlage als Sonderabgabe ... 137
a) Charakter der Sonderabgabe mit Finanzierungszweck ... 137
b) Qualifizierung der Umlage als Sonderabgabe mit Finanzierungszweck ... 141
c) Die Anforderungen bei der Erhebung von Sonderabgaben mit Finanzierungszweck ... 142
aa) Sachzweck ... 143
bb) Die Gruppenhomogenität der Abgabeverpflichteten ... 143
cc) Spezifische Sachnähe der Abgabenschuldner ... 144
dd) Finanzierungsverantwortung der abgabepflichtigen Gruppe ... 145
ee) Die gruppennützige Verwendung des Abgabenaufkommens ... 146
ff) Verfahrensrechtliche Anforderungen ... 148
gg) Zwischenergebnis ... 149
III. Die Verfassungsmäßigkeit der Umlageerhebung bei der BaFin ... 149
1. Bestimmter Sachzweck ... 150
2. Homogene Gruppe der Abgabenschuldner ... 153
3. Besondere Sachnähe ... 155
4. Gruppenverantwortung ... 156
5. Gruppennützliche Verwendung ... 161
6. Verfahrensrechtliche Kontrolle ... 166
7. Qualifizierung der Umlage als Typus sui generis ... 166
8. Die nichtsteuerliche Finanzierung in den weiteren wirtschaftlichen Bereichen ... 167
a) Der Bereich des Telekommunikationsgesetzes ... 168
b) Der Bereich nach dem Gesetz über die Elektrizitäts- und Gasversorgung ... 170
c) Zwischenergebnis ... 172

9. Die Bedeutung der Öffentlichkeitsklausel des § 4 Abs. 4 FinDAG 173
10. Zwischenergebnis 179
IV. Ergebnis 181

F. Schlussbemerkung 185

Literaturverzeichnis 191

A. Einleitung

Das zunehmende Verschwimmen der Grenzen zwischen den Märkten für Bank-, Versicherungs- und Wertpapierprodukte und das wachsende Bedürfnis nach einer einheitlichen Finanzmarktaufsicht führten zu der Forderung nach einer integrierten Aufsichtsinstanz. Vor diesem Hintergrund wurde die Bundesanstalt für Finanzdienstleistungsaufsicht (abgekürzt: BaFin) durch das Gesetz über die Bundesanstalt für Finanzdienstleistungsaufsicht (abgekürzt: FinDAG) im Geschäftsbereich des Bundesministeriums der Finanzen als eine rechtsfähige bundesunmittelbare Anstalt des öffentlichen Rechts i. S. d. Art. 87 Abs. 3 Satz 1 GG im Jahr 2002 geschaffen. Durch das FinDAG wird sie als eine rechtsfähige Anstalt des öffentlichen Rechts in Form des Allfinanz-Konzeptes konzipiert.

In der Begründung zum Entwurf des Gesetzes über die Bundesanstalt für Finanzdienstleistungsaufsicht heißt es, dass die Bundesanstalt ihre Aufgaben selbständig wahrnimmt. Überdies wird darin auch erwähnt, dass sie durch den Anstaltstatus und die damit einhergehende Loslösung vom Bundeshaushalt mehr Unabhängigkeit im budgetären, organisationsrechtlichen und personellen Bereich gewinne, obgleich sie jedoch staatsrechtlich Teil der Bundesverwaltung sei und als verselbständigter Träger der öffentlichen Verwaltung der Bindung an Recht und Gesetz und der Kontrolle des Bundes als Anstaltsträger unterliege.[1] Mit dem Ziel, mehr Aufgaben selbständig zu erfüllen, wurden die ehemaligen Aufsichtsbehörden in eine rechtsfähige bundesunmittelbare Anstalt des öffentlichen Rechts umgewandelt.

Nach Errichtung der Bundesanstalt für Finanzdienstleistungsaufsicht besteht jedoch die Kontrolldichte der Bundesregierung in gleichem Maße wie vor der Errichtung fort. Diesbezüglich soll kein Zweifel daran bestehen, dass die Wahl der Rechtsform der Bundesanstalt für die Aufgabe „Finanzmarktaufsicht" verfassungsrechtlich zulässig ist. All das legt nun die Frage nahe, warum sich der Gesetzgeber des Errichtungsgesetzes der Bundesanstalt überhaupt darauf einlässt, solche Gebilde zu kreieren. Überwiegend wird diese Frage damit beantwortet, dass dies zur Bewältigung der durch die Bundesanstalt für Finanzdienstleistungsaufsicht aufgeworfenen Probleme besonders geeignet ist.

---

1 Begründung zum Entwurf eines Gesetzes über die integrierte Finanzdienstleistungsaufsicht, BR-Drs, 14/7033, S. 33; siehe auch Grundsätze für die Ausübung der Rechts- und Fachaufsicht des Bundesministeriums der Finanzen (BMF) über die BAFin I.

Für diese Untersuchung ist herauszuarbeiten, ob die BaFin in ihrer konkreten Ausgestaltung den im Gesetzesentwurf genannten Zielen entspricht. Hierbei soll besonders die Unabhängigkeit der Bundesanstalt in den Fokus der Untersuchung gerückt werden, weil die BaFin dem regulierenden unabhängigen Verwaltungsträgermodell nachgebildet ist.[2]

Deshalb wird nachfolgend diskutiert, ob die BaFin durch den Anstaltstatus mehr Unabhängigkeit gewinnt als die ehemaligen Aufsichtsbehörden. Zudem wird zu fragen sein, ob die Unabhängigkeit im Rahmen der hierarchischen Verwaltung für ihre Aufgabenausführung ausreichend ist. In diesem Zusammenhang wird im Folgenden die Möglichkeit politischer Einflussnahmen auf den Verwaltungsrat der Bundesanstalt in Bezug auf die Fachaufsicht des Bundesministeriums der Finanzen im Vergleich zum Weisungsrecht der ehemaligen Aufsichtsbehörden untersucht. Darüber hinaus wird auch behandelt, ob die Dienstherrenfähigkeit der BaFin und die vollständige Trennung vom Bundeshaushalt tatsächlich zu ihrer Unabhängigkeit führen können. Insbesondere wird dabei im Rahmen der budgetären Unabhängigkeit die verfassungsrechtliche Zulässigkeit der von der BaFin erhobenen Umlage diskutiert.

Um diese Probleme besser verständlich zu machen, wird auf die innere Organisationsstruktur, die Aufgaben und Befugnisse, die Grundform der Bundesverwaltung und die Kenntnis der rechtsfähigen Anstalt des öffentlichen Rechts eingegangen. In Bezug auf die im Folgenden untersuchte Diskussion ist daher der Grund der Rechtsformwahl zu beleuchten und ein Vergleich zu den früheren drei Bundesoberbehörden durchzuführen.

---

2 Vgl. *Bullinger*, DVBl. 2003, S. 1355 (1356); *Yoo*, Umlagefinanzierte Regulierung, S. 33; zudem lag der Unabhängigkeitsindex der BaFin in einer Untersuchung des International Monetary Funds (IMF) über die Unabhängigkeit und Verantwortlichkeit einer Aufsichtsbehörde bei lediglich 0, 47: Eine Bewertung, die zeigt, dass die BaFin – ähnlich wie die Aufsichtsbehörden Japans und Schwedens – ein relativ niedriges Unabhängigkeitsniveau hat (vgl. dazu *Masciandaro/Quintyn/Taylor*, Financial Supervisory Independence and Accountability, IMF Working Paper, WP/08/147, S. 8). Allerdings kann der Untersuchung keine maßgebliche Bedeutung beigemessen werden, weil nicht die praxisbezogene Modalität der Finanzaufsicht, sondern nur die rechtliche Struktur ihre Grundlage bildet. Deswegen hätte bloß rechtlich gesehen, die BaFin eine niedrige Unabhängigkeit, denn sie ist eine Anstalt, ein Teil der Bundesverwaltung. Im Gegensatz zum Unabhängigkeitsniveau wurde ihre „Accountability" relativ hoch beurteilt. Dies wäre vor dem Hintergrund zu verstehen, dass aufgrund der Eingliederung in die Hierarchienkette die Verantwortung der BaFin durch das Bundesministerium der Finanzen gewährleistet wird und damit die Verbindungen zur parlamentarischen Verantwortung sowie zur demokratischen Legitimation gegeben sind.

B. Finanzmarktaufsicht durch die BaFin

I. Die Errichtung der BaFin

1. Die ehemaligen Aufsichtsbehörden

Bevor die BaFin gegründet wurde, gab es drei staatliche Aufsichtsämter für den Finanzmarkt, nämlich das Bundesaufsichtsamt für das Kreditwesen (abgekürzt „BAKred"), das Bundesaufsichtsamt für Versicherungswesen (abgekürzt „BAV") und das Bundesaufsichtsamt für den Wertpapierhandel (abgekürzt „BAWe"). Sie wurden nach Art. 87 Abs. 3 Satz 1 GG als selbständige Bundesoberbehörden eingerichtet und nahmen ihre Aufgaben in den Finanzsektoren gemäß den jeweiligen Vorschriften[3] unabhängig voneinander wahr.[4] Dabei wurden die Aufgaben ohne Abstimmung mit der für den jeweiligen Sektor zuständigen Behörde ausgeführt.[5] Die Wertpapieraufsichtsbehörde war den Bank- und Versicherungsaufsichtsbehörden nachgebildet.[6] Dadurch kann man die organisatorische Ähnlichkeit zwischen den drei Ämtern erkennen, auch wenn sie unabhängig voneinander ihre Aufgaben wahrnahmen.

2. Das Gesetz über die Bundesanstalt für Finanzdienstleistungsaufsicht (FinDAG)

Das zunehmende Verschwimmen der Grenzen zwischen den Märkten für Bank-, Versicherungs- und Wertpapierprodukte und das wachsende Bedürfnis nach einer einheitlichen Finanzmarktaufsicht führten zu dem Vorschlag, die drei bisherigen Bundesaufsichtsämter BAKred, BAV und BAWe zu einer neuen, bundesunmittelbaren und rechtsfähigen Anstalt des öffentlichen Rechts für die Finanzaufsicht

---

3 Das Gesetz über das Kreditwesen (KWG), das Gesetz über den Wertpapierhandel (WpHG) und das Gesetz über die Beaufsichtigung der Versicherungsunternehmen (VAG).

4 *Bayer,* Die neue Bankenaufsichtsstruktur in Deutschland, S. 285; *Raab,* Die Durchsetzung der Marktmissbrauchsverbote in Deutschland und den USA, S. 63.

5 *Bayer,* Die neue Bankenaufsichtsstruktur in Deutschland, S. 285.

6 *Raab,* Die Durchsetzung der Marktmissbrauchsverbote in Deutschland und den USA, S. 61 f.

über den gesamten Finanzmarkt zu vereinen.[7] Am 22. März 2002[8] wurde die Bundesanstalt für Finanzdienstleistungaufsicht durch das Gesetz über die integrierte Finanzdienstleistungsaufsicht[9] mit Wirkung zum 01. Mai 2002 gegründet. Sie wurde im Geschäftsbereich des Bundesministeriums der Finanzen als eine rechtsfähige, bundesunmittelbare Anstalt des öffentlichen Rechts i.S.d. Art. 87 Abs. 3 S. 1 GG durch die Verschmelzung des Bundesaufsichtsamtes für das Kreditwesen, des Bundesaufsichtsamtes für das Versicherungswesen und des Bundesaufsichtsamtes für den Wertpapierhandel errichtet (§ 1 Abs. 1 FinDAG).[10] Zusätzlich wurde am 20.10.2009 auch die Finanzmarktstabilisierungsanstalt gegründet.[11] Durch das

---

7 Begründung zum Entwurf eines Gesetzes über die integrierte Finanzdienstleistungsaufsicht, BR-Drs, 14/7033, S. 31; vgl. *Binder*, WM 2001, S. 2230 f.; dagegen *Häde*, JZ 2001, S. 105 f.: „Selbst heute, im Zeitalter von Computer und Internet, ist die Wahrnehmung der Aufsichtsaufgaben durch *eine* zentrale Behörde also nicht möglich."

8 M.w.N. bei *Hagemeister*, WM 2002, S. 1773 f.

9 Das Argument, laut der Bezeichnung der Bundesanstalt scheine diese ausschließlich für die sich aus § 1 KWG ergebenden Finanzdienstleistungsinstitute zuständig zu sein, ist hinsichtlich der leichten Übersetzbarkeit ins Englische also nicht überzeugend, *Hagemeister*, WM 2002, S. 1773 (1773): „Bei der jetzigen Namensgebung hat sicherlich die leichte Übersetzbarkeit ins Englische eine Rolle gespielt." Damals wurde als Alternative „Bundesanstalt für Finanzmarktaufsicht" vorgeschlagen; vgl. *Schwirten*, Kommentar zum KWG, § 1 FinDAG Rdnr. 16.

10 Als Folge des Gesetzes wurden zahlreiche andere Gesetze geändert: das Gesetz über das Kreditwesen, das Gesetz über die Beaufsichtigung der Versicherungsunternehmen, das Gesetz über den Wertpapierhandel, das Wertpapier-Verkaufsprospektgesetz, das Börsengesetz, das Aktiengesetz, das Hypothekenbankgesetz, das Gesetz über Schiffspfandbriefbanken, das Gesetz über die Pfandbriefe und verwandten Schuldverschreibungen öffentlich-rechtlicher Kreditanstalten, das Gesetz über Bausparkassen, das Gesetz über Kapitalanlagegesellschaften, das Auslandinvestment-Gesetz, das Bundesbesoldungsgesetz, das Gesetz über die Finanzverwaltung, das Gesetz über die Errichtung eines Bundesaufsichtsamtes für das Versicherungswesen, das Gesetz über die Zertifizierung von Altersvorsorgeverträgen, das Gesetz über das Aufspüren von Gewinnen aus schweren Straftaten, das Einlagensicherungs- und Anlegerentschädigungsgesetz, Begründung zum Entwurf eines Gesetzes über die integrierte Finanzdienstleistungsaufsicht vom 22. April 2002, BGBI. I 2002, S. 1310 ff.; *Hirdina*, BKR 2001, S. 135 f.; m.w.N bei *Volz*, Die Zukunft der europäischen Kapitalmarktaufsicht, S. 23 ff.: Das Ziel des Gesetzes war, „eine sektorenübergreifende Finanzmarktaufsicht zu schaffen".

11 Sie beschäftigt sich nicht mit der gesamten deutschen Wirtschaft, sondern rettet nur deren Finanzsektor vor dem herbeispekulierten Zusammenbruch, http://www.dasgelbeforum.de.org/forum_entry.php?id=71708; vgl. damalige Rede des Präsidenten der Bundesanstalt für Finanzdienstleistungsaufsicht, NversZ 2002, S. 350 ff.

FinDAG wurde eine rechtsfähige Anstalt des öffentlichen Rechts errichtet und damit das Allfinanz-Konzept verwirklicht.[12] Denn im Sinne des Allfinanz-Konzeptes beinhaltet das FinDAG Vorschriften über die Rechtsform, die Rechts- und Fachaufsicht, den Anstaltszweck, die Organisation der Anstalt, die Finanzierung, das Personalrecht und das Vollstreckungsverfahren.[13] Das Gesetz stellt die Finanzierung der Aufsicht auf eine völlig neue Grundlage.[14]

Als konkrete Ziele des Gesetzes werden „Solvenzaufsicht“, „Marktaufsicht“ und „Kundenschutz“ genannt.[15] Dies ist vor allem im Hinblick auf die Grundsätze der dauerhaften Gewährleistung der Funktionsfähigkeit, Stabilität und Integrität des gesamten Finanzsystems zu beachten.[16] Insbesondere spiegeln sich diese Grundsätze in der später untersuchten Fachaufsicht des BMF über die BaFin wider. Zudem sind sie auch bei der Auslegung des unbestimmten Rechtsbegriffs des „öffentlichen Interesses“ in § 4 Abs. 4 FinDAG zu berücksichtigen. Darüber hinaus gab es anlässlich der Einigung der Koalitionsfraktion Ende 2010 im Bereich des Aufsichtsrechts folgende Änderung, um auf die seit der Finanzkrise veränderten Anforderungen zu reagieren[17]: Erlass eines neuen Gesetzes zur Überwachung der Finanzstabilität (FinStabG), teilweise Änderung des Finanzdienstleistungsaufsichtsgesetzes (FinDAG) sowie der Verordnung über die Erhebung von Gebühren und die Umlegung von Kosten nach dem FinDAG (FinDAGKostV). Um die sektorspezifischen Erfordernisse zu gewährleisten, blieb jedoch der wichtigste Teil der grundsätzlichen Aufsichtsmechanismen im Wesentlichen unverändert.[18]

---

12 Vgl. *Hagemeister*, WM 2002, S. 1773 f.; *Halfpap*, Kapitalmarktaufsicht in Europa und den USA, S. 20; *Schwirten*, Kommentar zum KWG, § 1 FinDAG Rdnr. 8; *Volz*, Die Zukunft der europäischen Kapitalmarktaufsicht, S. 23 ff.; *Ausberg*, Wertpapieraufsicht, § 34 Rndr. 7; *Ohler*, Bankenaufsichtsrecht, § 32 Rdnr. 27.

13 Begründung zum Entwurf eines Gesetzes über die integrierte Finanzdienstleistungsaufsicht, BR-Drs. 14/7033, S. 32.

14 Vgl. *Frick*, NVersZ 2002, S. 337 f.

15 Vgl. Begründung zum Entwurf eines Gesetzes über die integrierte Finanzdienstleistungsaufsicht, BR-Drs. 14/7033, S. 31.

16 Vgl. *Halfpap*, Kapitalmarktaufsicht in Europa und den USA, S. 23; *Weber*, Die Struktur einer adäquaten Bankenaufsicht, in: Reform der Finanzmarktregulierung, S. 48; ferner zur Stabilität, bei *Schackmann-Fallis*, Finanzmarktstabilität, S. 61 ff.; *Schwirten*, Kommentar zum KWG, § 1 FinDAG Rdnr. 12; *Miletzki*, ZKW 2000, S. 174 f.

17 Vgl. *Marzahn*, 01/13 BAFin Journal, S. 8.

18 *Bayer*, Die neue Bankenaufsichtsstruktur in Deutschland, S. 292; ferner dazu bei *Halfpap*, Kapitalmarktaufsicht in Europa und den USA, S. 20 f.

II. Die Organisationsstruktur der BaFin

1. Allgemeines

Die Bundesanstalt für Finanzdienstleistungsaufsicht ist im Geschäftsbereich des Bundesministeriums der Finanzen in Form einer bundesunmittelbaren, selbständigen und rechtsfähigen Anstalt des öffentlichen Rechts errichtet worden (§ 1 Abs. 1 FinDAG).[19] Für Klagen gegen die Bundesanstalt, mit Ausnahme[20] beamtenrechtlicher und arbeitsrechtlicher Streitigkeiten, gilt Frankfurt am Main als Sitz der Behörde (§ 1 Abs. 3 Satz 1 FinDAG).[21] Man spricht in diesem Zusammenhang von einem – im Interesse der Rechtsklarheit geschaffenen – einheitlichen Gerichtsstand.[22] Die Anstalt ist bei Verfahren vor ordentlichen Gerichten von der Zahlung der Gerichtskosten befreit (§ 1 Abs. 4 FinDAG).[23] Für Klagen wegen Amtspflichtverletzungen regelt die örtliche Zuständigkeit jedoch § 32 ZPO.[24]

Die BaFin gliedert sich in vier Organisationsbereiche, die sog. „Aufsichtssäulen". In ihnen spiegelt sich das Konzept der integrierten Finanzaufsicht insbesondere aus organisatorischer Sicht wider. Aus den drei ehemaligen selbständigen Aufsichtsämtern wurden die drei Aufsichtssäulen „Bankenaufsicht", „Versicherungs- und Pensionsfondaufsicht" und „Wertpapieraufsicht/Asset-Management". Daneben führt die vierte Säule „Querschnittsaufgaben-Innenverwaltung" den Bereich der allgemeinen Aufsicht aus (§ 6 Abs. 4 FinDAG), zu deren Aufgaben die sektorübergreifende Finanzaufsicht, Rechtsfragen und Research – z.B. Fragen des Anleger- und Verbraucherschutzes und Geldwäsche

---

19 § 1 Abs. 1 FinDAG zeigt den grundlegenden organisatorischen Errichtungsakt für die BAFin, Begründung zum Entwurf eines Gesetzes über die integrierte Finanzdienstleistungsaufsicht, BR-Drs, 14/7033, S. 32.

20 Für Klagen bei einem Beamtenverhältnis und bei Rechtsstreitigkeiten sind typischerweise die Gerichte zuständig (§ 1 Abs. 3 Satz 3 FinDAG).

21 Durch den Artikel ist gewährleistet, dass die BAFin statt des abgeschafften Beschlusskammerverfahrens im Bereich der Versicherungsaufsicht durch das sektorübergreifende einheitliche Verwaltungsverfahren nach VwVfG entscheidet, vgl. *Laars*, Kommentar zum FinDAG, § 1 Rdnr. 2; *Fricke*, NVersZ 2002, S. 337 (338).

22 *Hagemeister*, WM 2002, S. 1773 (1776).

23 Vgl. *Laars*, Kommentar zum FinDAG, § 1 Rdnr. 3.

24 Vgl. *Laars*, Kommentar zum FinDAG, § 1 Rdnr. 3; *Schwirten*, Kommentar zum KWG, § 1 FinDAG Rdnr. 19; die praktische Umsetzung der Idee der Allfinanzaufsicht spiegelt sich besonders in den säulenübergreifenden Querschnittsabteilungen wider, *Volz*, Die Zukunft der europäischen Kapitalmarktaufsicht, S. 6.

oder Aktionärskontrolle - gehören können.[25] In der Z-Abteilung des Querschnittsaufgabenbereichs werden die zentralen Aufgaben - z.B. Haushalt, Controlling, Organisation oder Personalwesen - wahrgenommen.[26] Diese Referate befassen sich im Wesentlichen mit Beschwerden und Anfragen geschädigter oder getäuschter Anleger.[27] In jedem der Geschäftsbereiche haben die Exekutivdirektoren, die die Ressortverantwortung im Rahmen der vom Präsidenten vorgegebenen Rahmenrichtlinien für ihren Geschäftsbereich tragen, bestimmte Kompetenzen.[28] Bei der BaFin sind etwa 2.336 Mitarbeiter beschäftigt, davon sind rund 66% Beamte sowie rund 34% Tarifbeschäftigte.[29]

2. Gremien

a) Organe, Satzung

Die Organe der Bundesanstalt bestehen aus dem Direktorium, dem Präsidenten oder der Präsidentin und dem Verwaltungsrat (§ 5 Abs. 1 FinDAG). Diese organisatorische Form ist ein wesentliches Merkmal für den Unterschied zwischen dem Verwaltungsaufbau der Bundesanstalt und demjenigen der bisherigen Aufsichtsbehörden.[30] Die Satzung der Bundesanstalt, die von dem Bundesministerium durch eine Rechtsverordnung erlassen wird (§ 5 Abs. 3 Satz. 1 FinDAG), bestimmt die Aufgaben und Befugnisse der Organe (§ 5 Abs. 2 FinDAG). Die Satzung kann durch eine Rechtsverordnung des Bundesministeriums unter Mitwirkung des Verwaltungsrats verändert werden (§ 5 Abs. 3 FinDAG). Die Satzung enthält dabei im Wesentlichen die Organisationsstruktur der Bundesanstalt, die Rechte und Pflichten der Organe der Bundesanstalt, Bestimmungen bezüglich der Bestellung und Abberufung der Verwaltungsmitglieder und der Mitglieder des Fachbeirats, die Haushaltsführung und die Rechnungslegung der Bundesanstalt (§ 5 Abs. 3 Nr. 1–5 FinDAG).

---

25 Vgl. *Bayer,* Die neue Bankenaufsichtsstruktur in Deutschland, S. 292; *Halfpap,* Kapitalmarktaufsicht in Europa und den USA, S. 29 f.; *Schwirten,* Kommentar zum KWG, § 1 FinDAG Rdnr. 14.

26 http://www.Bafin.de/SharedDocs/Downloads/DE/Liste/dl_organigramm.pdf?__blob=publicationFile.

27 *Raab,* Die Durchsetzung der Marktmissbrauchsverbote in Deutschland und den USA, S. 65.

28 Vgl. § 3 OsBaFin; *Laars,* Kommentar zum FinDAG, § 6 Rdnr. 2.

29 Zudem sind 61 Auszubildende und Anwärter bei der BAFin tätig (Stand: 31. Dezember 2012).

30 Begründung zum Entwurf eines Gesetzes über die integrierte Finanzdienstleistungsaufsicht, BR-Drs, 14/7033, S. 34; vgl. *Laars,* Kommentar zum FinDAG, § 5 Rdnr. 1.

b) Leitung

Die Bundesanstalt wird von einem Präsidenten als Behördenleiterim Rahmen der ihm übertragenen Aufgaben eigen- und gesamtverantwortlich geleitet und verwaltet. Das Direktorium besteht seit 2008 aus dem Präsidenten und vier Exekutivdirektoren, unter deren Leitung jede der vier Säulen, also Versicherung, Banken, Wertpapier und Querschnittsaufgaben-Innenverwaltung, stehen (§ 6 Abs. 1 FinDAG). Nach der Gesetzesbegründung ist die Präsidialführung der im Bereich der Eingriffsverwaltung notwendigen Klarheit und Einheit der Leitung und Verwaltung, auch im Hinblick auf die bestehende Rechts- und Fachaufsicht des Bundesministeriums der Finanzen, zuträglicher als andere Führungsmodelle. Denn die Präsidialführung – „primus inter pares" – hat den Vorteil der eindeutigeren Zuordnung von Entscheidungen und Verantwortung.[31] Aber tatsächlich wird die Zuständigkeit des Präsidenten, der keine Ressortverantwortung für einen der Aufsichtsbereiche trägt, in einigen Bereichen durch die Organisationsform begrenzt.[32]

Die innere Organisation der Bundesanstalt wird vom Direktorium durch eine Geschäftsordnung geregelt. Über die Geschäftsordnung und deren Änderungen entscheidet das Direktorium, wozu es jedoch die Genehmigung des Bundesministeriums benötigt. Bei Stimmengleichheit gibt die Stimme des Präsidenten oder der Präsidentin den Ausschlag (§ 6 Abs. 2 FinDAG). Damit kann das BMF durch den mittelbaren Genehmigungsvorbehalt einen steuernden Einfluss auf die Geschäftsführung der BaFin nehmen.[33] Hierauf wird sogleich noch näher einzugehen sein. Im Rahmen der strategischen Ausrichtung der Bundesanstalt als Allfinanzaufsicht tragen die Exekutivdirektoren und Exekutivdirektorinnen in ihrem Geschäftsbereich die Verantwortung (§ 6 Abs. 3 FinDAG).[34]

---

31 Begründung zum Entwurf eines Gesetzes über die integrierte Finanzdienstleistungsaufsicht, BR-Drs, 14/7033, S. 34; vgl. *Fricke,* NVersZ 2002, S. 337 (339); *Fischer,* The SEC and Bafin-US and German capital markt supervision in comparison, S. 115; *Halfpap,* Kapitalmarktaufsicht in Europa und den USA, S. 26; gegen das Präsidialführungsmodell mehr bei *Hagemeister,* WM 2002, S. 1773 (1776); *Volz,* Die Zukunft der europäischen Kapitalmarktaufsicht, S. 5 f.

32 Zum Grund dafür siehe § 6 Abs. 2 FinDAG, vgl. *Laars,* Kommentar zum FinDAG, § 6 Rdnr. 1.

33 Vgl. *Werheit,* Die Bundesanstalt für Finanzdienstleistungsaufsicht, S. 59.

34 Zu der weiteren jeweiligen Aufgaben- und Zuständigkeitenverteilung siehe die OsBaFin.

c) *Verwaltungsrat*

Neben dem Präsidenten ist der Verwaltungsrat, das sog. „Anstaltsparlament", als zweites bedeutendes Organ gebildet worden.[35] Es ist dabei dem Aufsichtsrat einer Aktiengesellschaft nachgebildet.[36] In diesem Sinne kommt ihm nicht die Funktion einer obersten Dienstbehörde für den Präsidenten zu. Zudem ist es nicht für beamtenrechtliche Schadensersatzansprüche nach § 75 Bundesbeamtengesetz zuständig.

Der Verwaltungsrat überwacht die Geschäftsführung der Bundesanstalt und unterstützt sie bei der Erfüllung der ihr obliegenden Aufgaben. Zu diesem Zweck wird er vom Präsidenten über die Geschäftsführung der Bundesanstalt unterrichtet (§ 7 Abs. 1 FinDAG). Der Verwaltungsrat hat das Recht auf Auskunftserteilung durch den Präsidenten und auf dessen Anhörung.[37] Der Bundesfinanzminister kann aufgrund der regelmäßigen Berichte des Präsidenten gegenüber dem Verwaltungsrat in die Lage versetzt werden, direkt Informationen der Geschäftsleitung zu erhalten.[38] Neben den Aufgaben der Überwachung und Unterstützung kommen dem Verwaltungsrat als wichtigste Aufgaben die Festlegung des Haushaltsplans und die Entlastung des Präsidenten zu (§ 12 Abs. 2 und 3 FinDAG). Die Tatsache, dass dem Haushaltsplan eine wichtige Funktion für die Anstalt zukommt, lässt sich daran ablesen, dass die Befugnis der Festlegung eines Haushaltsplans für den Verwaltungsrat eine entscheidende Rolle spielt.[39] Bei der Erfüllung dieser Aufgabe darf der Verwaltungsrat jedoch die ihm übertragenen

---

35 Vgl. *Werheit,* Die Bundesanstalt für Finanzdienstleistungsaufsicht, S. 59; der Verwaltungsrat wird als ein wichtiges Organ der BAFin angesehen, *Halfpap*, Kapitalmarktaufsicht in Europa und den USA, S. 27; *Fricke*, NVersZ 2002, S. 337 (340); *Raab*, Die Durchsetzung der Marktmissbrauchsverbote in Deutschland und den USA, S. 65.

36 Begründung zum Entwurf eines Gesetzes über die integrierte Finanzdienstleistungsaufsicht, BR-Drs, 14/7033, S. 35; *Raab,* Die Durchsetzung der Marktmissbrauchsverbote in Deutschland und den USA, S. 65; die Unterschiede zwischen den beiden Aufsichtsräten sind z.B.: keine stellvertretenden Aufsichtsratsmitglieder, die Bestellung und keine Abberufung des Vorstandes sowie kein Recht zur Einsicht in die Akten, vgl. näher dazu *Hagemeister*, WM 2002, S. 1773 (1777); *Junker*, Gewährleistungsaufsicht über Wertpapierdienstleistungsunternehmen, S. 77.

37 Begründung zum Entwurf eines Gesetzes über die integrierte Finanzdienstleistungsaufsicht, BR-Drs, 14/7033, S. 35.

38 Vgl. *Werheit,* Die Bundesanstalt für Finanzdienstleistungsaufsicht, S. 61.

39 *Fricke,* NVersZ 2002, S. 337 (340); *Laars,* Kommentar zum FinDAG, § 7 Rdnr. 1; *Werheit,* Die Bundesanstalt für Finanzdienstleistungsaufsicht, S. 61.

Kompetenzen und Aufgaben nicht überschreiten.[40] Auf die Mitglieder des Verwaltungsrates ist im nächsten Kapitel näher einzugehen.

d) Fachbeirat, Verbraucherbeirat und andere Beiräte[41]

Der 24-köpfige Fachbeirat verbindet die Bundesanstalt mit der Wissenschaft und berät diese bei der Erfüllung ihrer Aufgaben. Im Fachbeirat sollen die Finanzwirtschaft, die Kredit- und Versicherungswirtschaft, die Deutsche Bundesbank und die Verbraucherschutzvereinigungen angemessen vertreten sein (§ 8 Abs. 2 FinDAG). Durch den Fachbeirat soll der Präsident der BaFin durch eine umfassende Beteiligung der Wirtschaft und Wissenschaft unterstützt werden.[42] Daneben kommt dem Fachbeirat auch die Aufgabe zu, den Verwaltungsrat zu beraten. Dabei reicht das Aufgabenspektrum des Fachbeirates von den im Gesetz explizit geregelten Aufgaben – z.B. der Versicherungsrat (§ 92 VAG) und der Wertpapierrat (§ 5 WpHG) – bis hin zu Empfehlungen für die Weiterentwicklung der Aufsichtspraxis.[43] Dem stetig wachsenden Einfluss von Verbrauchern und Verbraucherschutzorganisationen wird durch die Einführung eines Verbraucherbeirats (§ 8a FinDAG) und die Normierung des Beschwerdeverfahrens (§ 4a FinDAG) Rechnung getragen. Der Verbraucherbeirat besteht aus zwölf Mitgliedern, in ihm sind die Wissenschaft, Verbraucher und Anlegerschutzorganisation, Mitarbeiter außergerichtlicher Streitschlichtungssysteme sowie das Bundesministerium für Ernährung, Landwirtschaft und Verbraucherschutz angemessen vertreten (§ 8a Abs. 2 FinDAG). Seine Aufgaben bestehen im Wesentlichen in der Beratung, der Analyse der Verbrauchertrends und der Berichterstattung gegenüber dem Direktorium.[44] Daneben sind der Ausschuss für

40 Begründung zum Entwurf eines Gesetzes über die integrierte Finanzdienstleistungsaufsicht, BR-Drs, 14/7033, S. 33; *Raab*, Die Durchsetzung der Marktmissbrachsverbote in Deutschland und den USA, S. 64.

41 Neben dem Verwaltungsrat sind als weitere Gremien Fachbeirat z.B: Vertracherbeirat (§ 8 FinDAG), der Versicherungsbeirat (§ 92 VAG), der Wertpapierrat (§ 5 WpHG) sowie der Übernahmebeirat nach § 5 Wertpapierwerbs und Übernahmegesetze (WpÜG) genannt, dazu siehe *Halfpap*, Kapitalmarktaufsicht in Europa und den USA, S. 28 f.

42 Vgl. *Bayer*, Die neue Bankenaufsichtsstruktur in Deutschland, S. 292; *Halfpap*, Kapitalmarktaufsicht in Europa und den USA, S. 27 f.; *Laars*, Kommentar zum FinDAG, § 8 Rdnr. 1.

43 Begründung zum Entwurf eines Gesetzes über die integrierte Finanzdienstleistungsaufsicht, BR-Drs, 14/7033, S. 35.

44 Vgl. *Marzahn*, 01/13 BAFin Journral, S. 10; bei dem Versicherungsbeirat *Fricke*, NVersZ 2002, S. 337 (340 f.).

Finanzstabilität, der Versicherungsbeirat (§ 92 Abs. 2 VAG), der Wertpapierrat (§ 5 Abs. 2 WpHG), der Übernahmebeirat (§ 5 WpÜG) sowie der Ausschuss für Finanzstabilität (§ 2 FinStabG) weitere Gremien.[45] Die BaFin unterrichtet das BMF regelmäßig über die wesentlichen Angelegenheiten des Fachbeirats und des Verbraucherbeirats, informiert dieses vorab über die Themen der Sitzungen und lädt es zu denselben auch ein.[46]

III. Überblick über die Aufgaben und Befugnisse der BaFin

2.398 Beschäftigte (Stand: 31. Dezember 2013) arbeiten bei der BaFin, um ein funktionsfähiges, stabiles und integres deutsches Finanzsystem zu gewährleisten, damit Bankkunden, Versicherte und Anleger dem Finanzsystem vertrauen können. Die Beschäftigten der BaFin überwachen 1.854 Banken, 681 Finanzdienstleistungsinstitute, etwa 592 Versicherungsunternehmen und 30 Pensionsfonds sowie 6.069 inländische Fonds und 78 Kapitalanlagegesellschaften (Stand: 31. Dezember 2012).[47] Die BaFin übt die herkömmliche staatliche Aufsicht über die Tätigkeiten Privater aus[48] und ist in der Regel für die Rechtsaufsicht im Bereich der Wirtschaft zuständig. Maßstab der Aufsicht sind daher die Rechtsnormen.[49] Ein in diesen Rechtsnormen festgelegtes Kompetenzspektrum der BaFin reicht über die eigentliche Finanzmarktaufsicht, die der Untersuchungsgegenstand dieser Arbeit vor dem Hintergrund des öffentlich-rechtlichen Rechts ist, hinaus. Die BaFin ist nicht nur für die Überwachung der FinDAG-Vorschriften zuständig. Vielmehr finden sich in einer Reihe anderer Gesetze Aufgaben und Befugnisse der BaFin, die für die Aufsicht über die Institute von erheblicher Bedeutung sind. Im Folgenden werden daher lediglich die öffentlich-rechtlichen Aufsichtstätigkeiten der BaFin beleuchtet; das privatrechtliche Tätigwerden der

45 http://www.BAFin.de/DE/DieBAFin/GrundlagenOrganisation/Gremien/gremien_node.html.

46 Grundsätze für die Ausübung der Rechts- und Fachaufsicht des Bundesministeriums der Finanzen (BMF) über die BAFin I, 2 (Stand: 16. Februar 2010, zuletzt geändert am 29. Mai 2013).

47 http://www.bafin.de/DE/DieBaFin/AufgabenGeschichte/aufgabengeschichte_node.html.

48 M.w.N. dazu siehe *Pieper*, Aufsicht, S. 23 f.

49 Siehe dazu *Viegener*, Drittschutz staats-, wirtschafts- und gemeinschaftsaufsichtsrechtlicher Bestimmungen, S. 13; vgl. *Michael*, Versicherungsaufsichtsrecht, § 33 Rdnr. 7.

BaFin wird hingegen ausgeblendet. Dabei werden die für die Tätigkeit der BaFin relevanten gesetzlichen Grundlagen angesprochen. Anschließend werden schwerpunktmäßig auch die verschiedenen kapitalmarktaufsichtsrechtlich relevanten Aufgaben und Befugnisse der BaFin gesetzesübergreifend und in abstrakter Form dargestellt.

1. Die Aufgaben der BaFin

a) Die einschlägigen Vorschriften des FinDAG

Die dem Bundesaufsichtsamt für das Kreditwesen, dem Bundesaufsichtsamt für das Versicherungswesen und dem Bundesaufsichtsamt für den Wertpapierhandel übertragenen Aufgaben werden von der BaFin kontrolliert. Sie erfüllt darüber hinaus die ihr nach anderen Bestimmungen überantworteten Aufgaben einschließlich der Beratungstätigkeit im Zusammenhang mit dem Aufbau und der Unterstützung ausländischer Aufsichtssysteme (§ 4 Abs. 1 FinDAG). Für das Tätigwerden kann sie sich anderer Personen und Einrichtungen bedienen (§ 4 Abs. 3 FinDAG). Bei der Wahrnehmung der Aufsichtstätigkeit wird nur das öffentliche Interesse berücksichtigt (§ 4 Abs. 4 FinDAG).

§ 4 Abs. 1 FinDAG ist bloß als deklaratorische Klausel anzusehen, weil der BaFin keine zusätzlichen Aufgaben durch die Vorschriften des FinDAG übertragen werden.[50] Des Weiteren weist § 4 Abs. 3 FinDAG nicht auf Amtshilfe, sondern im Wesentlichen auf die Hilfsorgane und Erfüllungsgehilfen hin. Als Musterbeispiele hierfür sind beauftragte Wirtschaftsprüfer,[51] die auch im Rahmen von Prüfungen gem. §§ 44 ff KWG, § 4 Abs. 11 WpHG und § 83 Abs. 1 Nr. 1 VAG für die BaFin

---

50 Begründung zum Entwurf eines Gesetzes über die integrierte Finanzdienstleistungsaufsicht, BR-Drs, 14/7033, S. 33; passend dazu *Laars*, Kommentar zum FinDAG, § 4 Rdnr. 1; *Halfpap*, Kapitalmarktaufsicht in Europa und den USA, S. 30; *Binder*, WM 2001, S. 2230 (2231); *Frach*, Finanzmarktregulierung in Deutschland, S. 110; *ders*, Finanzaufsicht in Deutschland und Großbritannien, S. 75; *Werheit*, Die Bundesanstalt für Finanzdienstleistungsaufsicht, S. 64 f.; *Döhmel*, Wertpapierhandelsgesetz, vor § 3 Rdnr. 2; *Augsberg*, Wertpapieraufsicht, § 34 Rdnr. 6.

51 Die BaFin bedient sich der Wirtschaftsprüfer im Einzelfall als Verwaltungshelfer. Durch diese Wirtschaftsprüfer und die Zusammenarbeit mit der Bundesbank zielt die BaFin darauf ab, ihre organisatorischen Defizite in zweifacher Weise auszugleichen, siehe dazu bei *Ohler*, Bankenaufsichtsrecht, § 32 Rdnr. 27; § 4 Abs. 11 WpHG gestattet der BaFin auch den Einsatz sachverständigen privaten Hilfspersonals (Verwaltungshelfer), m.w.N. dazu *Augsberg*, Wertpapieraufsicht, § 34 Rdnr. 16.

tätig sind, sowie die eigenen Mitarbeiter, die Prüfungsverbände der Sparkassen, die Privatbanken und die genossenschaftlichen Institute zu nennen.[52]

Das FinDAG legt „die institutionelle Grundlage [der BaFin] als zentrale Aufsichtsbehörde für den Bereich der Finanzdienstleistungsaufsicht" fest.[53] Neben dem FinDAG sind die von der BaFin zu beachtenden Vorschriften in Spezialgesetzen der jeweiligen einzelnen Marktbereiche geregelt worden. Gemäß deren Vorschriften ist die BaFin als der wichtigste Akteur der administrativen Finanzaufsicht für alle drei Sektoren – Wertpapier, Bank und Versicherung – zuständig. Nachfolgend werden daher die konkreten Aufgaben der BaFin hauptsächlich nach dem WpHG, dem KWG und dem VAG nacheinander dargestellt.

b) Bankenaufsicht als Aufgabe der BaFin

Im Kreditwesengesetz[54] werden die wichtigsten Ziele der Bankenaufsicht und die wichtigsten Regeln für Kreditinstitute festgelegt. Im Folgenden sollen die Aufgaben der Bankenaufsicht der BaFin schwerpunktmäßig nach dem KWG untersucht werden.

---

52 Vgl. *Laars,* Kommentar zum FinDAG, § 4 Rdnr. 4 f.; *Viegener,* Drittschutz staats-, wirtschafts- und gemeinschaftsaufsichtsrechtlicher Bestimmungen, S. 16; *Döhmel,* Wertpapierhandelsgesetz, vor § 3 Rdnr. 20; *Schwirten,* Kommentar zum KWG, § 4 FinDAG Rdnr. 6; *Dreyling,* Kommentar zum WpHG, § 4 Rdnr. 18, 21; *Augsberg,* Wertpapieraufsicht, § 34 Rdnr. 19.

53 *Michael,* Versicherungsaufsichtsrecht, § 33 Rdnr. 6.

54 Das Gesetz über Bausparkassen, das Hypothekenbankgesetz, das Schiffsbankgesetz, das Gesetz über Pfandbriefe und verwandten Schuldverschreibungen öffentlich-rechtlicher Kreditanstalten, das Auslandinvestment-Gesetz, das Gesetz über Kapitalanlagegesellschaften, das Geldwäschegesetz, das Investmentgesetz, das Zahlungsdiensteaufsichtsgesetz, das GwG und das Depotgesetz, die in untrennbarem Zusammenhang mit der Aufsicht nach dem KWG stehen, regeln die Aufsicht über die Banken. Rechtliche Grundlage für die Aufsicht im Bereich des Bankenwesens ist das Gesetz über das Kreditwesen (KWG) als eine spezielle Vorschrift für Gewerbeaufsicht, vgl. Begründung zum Entwurf eines Gesetzes über die integrierte Finanzdienstleistungsaufsicht, BR-Drs, 14/7033, S. 33; dazu auch *Laars,* Kommentar zum FinDAG, § 4 Rdnr. 2; das KWG regelt aus dem Bereich des Handels- und Gesellschaftsrechts sowie des Spezialgesetzes gemäß § 3 Satz 1 PfandBG folgende Gesetzesparagraphen: § 3 Abs. 1 Satz 1 Bausparkassengesetz, § 1 Abs. 1 Satz 5 DepotG und § 16 Abs. 2 Nr. 2 Geldwäschegesetz die Aufsichtsbefugnisse der BaFin, *Schäfer,* Kommentar zum KWG, § 6 Rdnr. 4; *Schwennicke/ Habetha,* Kommentar zum KWG, § 6 Rdnr. 1; *Ohler,* Bankenaufsichtsrecht, § 32 Rdnr. 5; ferner *Häde,* Kreditwesen 2009, S. 64 f.; *Trouet,* Derivate und Wirtschaftsaufsicht, S. 103.

Den Gegenstand und das Ziel der Aufgaben der BaFin im Bereich der Bankenaufsicht legt § 6 KWG fest. Gemäß § 6 Abs. 2 und 3 KWG bekämpft die BaFin Missstände im Kredit- und Finanzdienstleistungswesen, die die Sicherheit der den Instituten anvertrauten Vermögenswerte gefährden, und sorgt für die Sicherung der ordnungsgemäßen Durchführung der Bankgeschäfte oder Finanzdienstleistungen sowie für die Abwehr erheblicher Nachteile für die Gesamtwirtschaft. Durch diese Vorschriften ist der BaFin die Zuständigkeit für die allgemeine Missstandsaufsicht sowie die allgemeine Anordnungskompetenz zum Erlass von Verwaltungsakten gegenüber Instituten übertragen worden.[55]

Bevor jedoch eine umfängliche Aufsicht über die Institute erfolgt, benötigt ein Anbieter von Finanzdienstleistungen eine schriftliche Erlaubnis der BaFin, um auf dem deutschen Markt Finanzdienstleistungen vertreiben zu dürfen (§ 32 Abs. 1 KWG, vgl. § 33 KWG). Bei der laufenden Aufsicht prüft die BaFin, ob die Kreditinstitute angemessene Eigenmittel haben (§ 10 KWG) und ob deren Liquidität ausreichend ist (§ 11 KWG). Darüber hinaus überwacht die BaFin im Rahmen der Bankenaufsicht Überprüfungsprozesse (Supervisory Review Process) und prüft, ob die Risikomanagementsysteme der Institute in adäquater Weise eingesetzt werden.[56] Die Bundesanstalt kann für die Sammlung der Informationen auch auf die Jahresabschlüsse und die Prüfungsberichte der Institute, die von Wirtschaftsprüfern oder Prüfungsverbänden im Rahmen der Jahresabschlussprüfung abgefasst werden, zurückgreifen (§ 26 KWG). Zu den im Rahmen der amtlichen Solvenzaufsicht verfügbaren aufsichtsrechtlichen Entscheidungskompetenzen der BaFin gehören auch schriftliche Abmahnungen, Bußgelder, der Entzug der Erlaubnis und das Schließen der Geschäftsräume.[57] Darüber hinaus

55 *Ohler*, Bankenaufsichtsrecht, § 32 Rdnr. 10: „Diese Missstandsaufsicht kennzeichnet den gesamten Finanzbereich und findet sich wortgleich in § 4 Abs. 1 WpHG, § 81 Abs. 2 VAG und § 3 Abs. 4 Satz 2 BörsG wieder"; siehe dazu auch *Schwennicke/Habetha*, Kommentar zum KWG, § 6 Rdnr. 1, 20; *Schäfer*, Kommentar zum KWG, § 6 Rdnr. 1.

56 Die Institute haben den „Internal Capital Adequacy Assessment Process" (ICAAP), angemessene Leistungs-, Steuerungs- und Kontrollprozesse („Robust Governance Arrangement") und eine innere Organisation sicherzustellen. Außerdem haben die Institute den Mindestanforderungen an das Risikomanagement (MaRisk) zu genügen. Die MaRisk werden als bedeutendstes Beispiel abstrakt-informeller Handlungsformen für einen nicht unerheblichen Druck auf die beaufsichtigten Unternehmen (moral persuasion) genannt, m.w.N. *Schäfer*, Bankenaufsichtsrecht in Deutschland, dem Vereinigten Königreich und den Vereinigten Staaten, S. 234.

57 http://www.bafin.de/DE/DieBaFin/AufgabenGeschichte/Bankenaufsicht/bankenaufsicht_node.html.

ist die BaFin in die Lage versetzt worden, die Abberufung eines Geschäftsleiters zu verlangen, sobald seine fachliche Qualifikation nicht nachweisbar ist. Sie kann auch einen Aufsichtsrat durch einen Sonderbeauftragten ersetzen.[58] Bei ihrer Tätigkeit übt sie, je nach Eigenart und Umfang der jeweiligen Geschäfte, eine abgestufte Aufsicht im Rahmen der Prinzipien der freien Marktwirtschaft aus. Dabei ist zusätzlich zu beachten, dass sie innerhalb der Insolvenzaufsicht nicht in die Geschäftspolitik der Banken eingreifen darf.[59]

Das aus dem KWG resultierende Tätigwerden der BaFin setzt keine geschäftliche Verbindung der Kreditinstitute mit deren Kunden voraus. Vielmehr regelt das KWG als (geschäftliches) besonderes Recht das Verhältnis zwischen den Kreditinstituten und den zuständigen staatlichen Institutionen im Sinne des öffentlichen Rechts.[60] Darüber hinaus arbeitet die BaFin mit der Bundesbank, welcher wiederum die Überwachungspflicht nach dem KWG sowie dem BBKG obliegt, zusammen.[61] Bei der Zusammenarbeit mit der Deutschen Bundesbank sind die von den Instituten regelmäßig entgegengenommenen Berichte und Meldungen auszuwerten und die Angemessenheit der Eigenkapitalausstattung und der Risikosteuerungsverfahren der Institute zu prüfen (§ 7 KWG).

c) *Wertpapieraufsicht als Aufgabe der BaFin*

Während die BaFin im Sektor der Banken im Wesentlichen für die Zulassung oder die Insolvenzfähigkeit der beaufsichtigten Unternehmen zuständig ist, übernimmt sie im Sektor der Wertpapieraufsicht die grundsätzliche Marktaufsicht.[62] Das 1994 erlassene Wertpapierhandelsgesetz (WpHG) ist neben dem Börsengesetz die zentrale kapitalmarktrechtliche Kodifikation und wird als „Grundgesetz" des deutschen Kapitalmarktrechts bezeichnet.[63] Die im WpHG festgelegten Regelungen stammen

---

58 http://www.bafin.de/DE/DieBaFin/AufgabenGeschichte/Bankenaufsicht/bankenaufsicht_node.html.

59 http://www.bafin.de/DE/DieBaFin/AufgabenGeschichte/aufgabengeschichte_node.html.

60 Siehe dazu *Werheit,* Die Bundesanstalt für Finanzdienstleistungsaufsicht, S. 66.

61 Vgl. dazu *Schäfer,* Kommentar zum KWG, § 6 Rdnr. 5; *Häde,* Kreditwesen 2009, S. 64 f.

62 *Dreyling,* Kommentar zum WpHG, § 4 Rdnr. 3; *Werheit,* Die Bundesanstalt für Finanzdienstleistungsaufsicht, S. 68.

63 Rechtliche Grundlagen der staatlichen Aufsicht im Bereich der Wertpapieraufsicht sind das Wertpapierhandelsgesetz (WpHG), das Wertpapiererwerbs- und Übernahmegesetz (WpÜG), das Wertpapierprospektgesetz (WpPG), das Wertpapier-Verkaufsprospektgesetz (VerkProspG), das Bilanzkontroll-gesetz (BilKoG) und im Bereich des Asset-Managements sind dies das Kreditwesengesetz (KWG) sowie das Kapitalanlagegesetzbuch

nicht nur aus einer souveränen Entscheidung des nationalen Gesetzgebers, sondern auch und überwiegend aus den Europäischen Richtlinien. Daher wurden sie mehrmals entsprechend den Entwicklungen der EG-Richtlinien zur Harmonisierung des materiellen Wertpapierhandels novelliert.[64] Insbesondere wird § 4 WpHG, der im Wertpapierbereich als allgemeine Ermächtigungsnorm der BaFin angesehen wird, in Umsetzung von §§ 11 und 12 der Marktmissbrauchsrichtlinie, nach dem Mustermodell des Kreditwesen- oder Versicherungsgesetzes geregelt.[65] Darüber hinaus ist angesichts der neuen Bezeichnung des Wertpapierbereichs – der Doppelname der Säule „Wertpapieraufsicht/Asset Management" – bei diesem Sektor ein Strukturwandel in Bezug auf die Begründung der BaFin zu erkennen.[66]

Die allgemeinen Vorschriften des WpHG vertrauen der BaFin die ständige Aufsichtspflicht im Bereich des Wertpapierhandels an.[67] Die zentralen Aufsichtsaufgaben der BaFin in diesem Bereich sind die Bekämpfung von Insidergeschäften und Marktmanipulationen (§ 20a WpHG),[68] die Überprüfung der Veröffentlichung von bestehenden Meldepflichten bei Wertpapiergeschäften von Finanzdienstleistungsunternehmen (§ 9 WpHG), Ad-hoc-Publizität (§ 15 Abs. 1 WpHG),[69] Directors' Dealings (§ 15a WpHG)[70] sowie die Entgegennahme von bedeutenden Stimmrechtsmeldungen (§ 21 WpHG). Darüber hinaus nimmt die BaFin als die zentrale zuständige Prospektprüfstelle für die förmliche Prüfung der Wertpapierprospekte (vgl. § 3 WpPG) sowie der Prospekte für Vermögensanlagen (vgl. 8f Abs. 1 Satz 1

(KAGB); vgl. siehe *Augsberg,* Wertpapieraufsicht, § 34 Rdnr. 1 f.; im Gegensatz dazu wird der deutsche Finanzmarkt als bankendominiert eingeordnet, ausführlicher dazu *Schäfer,* Bankenaufsichtsrecht in Deutschland, dem Vereinigten Königreich und den Vereinigten Staaten, S. 44.

64 Vgl. „Triebfeder für die Kodifikation war insbesondere die Umsetzungspflicht verschiedener Richtlinien der europäischen Gemeinschaft durch den nationalen Gesetzgeber, so namentlich die Richtlinie 88/627/EWG vom 12.12.1988 (sog. Transparenzrichtlinie) und die Richtlinie 89/592/EWG vom 13.11.1989 (sog. Insiderrichtlinie)", *Werheit,* Die Bundesanstalt für Finanzdienstleistungsaufsicht, S. 67 f.; m.w.N auch *Augsberg,* Wertpapieraufsicht, § 34 Rdnr. 3 f.; ferner zur europäischen Harmonisierung im Bereich der Bankenaufsicht siehe auch *Schäfer,* Bankenaufsichtsrecht in Deutschland, dem Vereinigten Königreich und den Vereinigten Staaten, S. 164.

65 *Spindler,* NJW 2004, S. 3449 (3450 f.).

66 *Döhmel,* Wertpapierhandelsgesetz, vor § 3 Rdnr. 18.

67 Siehe dazu *Halfpap,* Kapitalmarktaufsicht in Europa und den USA, S. 30.

68 *Spindler,* NJW 2004, S. 3449 (3452 f.); auch *Bürgers,* BKR 2004, S. 424 (428 f.).

69 m.w.N. bei *Spindler,* NJW 2004, S. 3449 (3451); *Bürgers,* BKR 2004, S. 424 (426); *Hecker,* Marktoptimierende Wirtschaftsaufsicht, S. 72.

70 m.w.N. bei *Spindler,* NJW 2004, S. 3449 (3452); *Bürgers,* BKR 2004, S. 424 (427).

VerkprospG), die Überwachung der Verhaltens- und Organisationspflichten der betreffenden Wertpapierunternehmen und Finanzanalysten (§ 34b WpHG)[71], der Unternehmensübernahmen (vgl. §§ 4 ff. WpÜG) und die Überprüfung der jährlichen Finanzberichterstattung von Unternehmen (§ 37n WpHG) nach dem BilKoG wahr. Folglich übt die BaFin im Rahmen ihrer Wertpapieraufsicht im Wesentlichen gewerbepolizeiliche Aufgaben aus. Im Bereich des Asset-Managements beaufsichtigt die BaFin sowohl Finanzdienstleistungsinstitute und Kapitalanlagegesellschaften als auch Investmentaktien-gesellschaften.

d) Versicherungsaufsicht als Aufgabe der BaFin

In Deutschland beteiligen sich der Bund und die Länder an der Versicherungsaufsicht, die auf dem Versicherungsaufsichtsgesetz basiert.[72] Hingegen übernehmen die Vorschriften des FinDAG die Regelungen des BAG,[73] dessen Regelungen wiederum denen des FinDAG vorgehen.[74] Das wichtige Ziel der Versicherungsaufsicht, das im VAG verankert ist, soll zu einer ausreichenden Wahrung der Belange von Versicherten und der Sicherung der Verpflichtungserfüllung von Versicherern führen (§ 81 Abs. 1 VAG).[75] Die Belange der Versicherten müssen hierbei jedoch

71 Finanzanalysten unterliegen einer Anzeigepflicht bei der BaFin (§ 34c WpHG); noch ausführlicher *Spindler,* NJW 2004, S. 3449 (3453 f.); auch *Bürgers,* BKR 2004, S. 424 (429 f.).

72 *Laars,* Kommentar zum VAG, Einleitung Rdnr. 2; zur Entwicklung des Versicherungsaufsichtsrechts m.w.N.siehe *Kaulbach/Pohlmann*, Kommentar zum VAG, vor § 1 Rdnr. 18 ff; *Michael,* Versicherungsaufsichtsrecht, § 33 Rdnr. 6, 18: „Das Gesetz über die Beaufsichtigung der Versicherungsunternehmen enthält die inhaltlichen Maßstäbe der Aufsichtstätigkeit"; darüber hinaus beachtet die BaFin auch das VVG, das EGVVG, das PflVG sowie Teile des BGBs, des HBGs, des UWGs, des Geldwäschegesetzes und des AltZertGs. Die betroffenen Unternehmen, die aus der Bundesaufsicht ausgeschieden sind, unterliegen der Landesaufsicht. Die beaufsichtigten Versicherungsunternehmen haben auch die geschäftlichen unmittelbar zusammenhängenden Vorschriften, d.h. das Versicherungsaufsichtsgesetz (VAG), das Versicherungsvertragsgesetz (VVG) und das bürgerliche Gesetzbuch (BGB) zu beachten, um ihren Geschäftsbetrieb ordnungsgemäß zu führen, vgl. *Viegener,* Drittschutz staats-, wirtschafts- und gemeinschaftsaufsichtsrechtlicher Bestimmungen, S. 20, 23.

73 Gesetz über die Errichtung eines Bundesaufsichtsamtes für das Versicherungswesen.

74 Siehe dazu *Werheit,* Die Bundesanstalt für Finanzdienstleistungsaufsicht, S. 66.

75 § 81 Abs. 1 S. 2 VAG zeigt deutlich, dass das Versicherungsrecht über eine Legalitätsaufsicht hinausgeht, m.w.N. siehe *Michael,* Versicherungsaufsichtsrecht, § 33 Rdnr. 12; vgl. auch *Erlers,* Ziele der Wirtschaftsaufsicht, S. 49.

nicht bestmöglich gewährleistet werden.[76] Der Anwendungsbereich des Versicherungsaufsichtsrechts bezieht sich nach § 1 Abs. 1 VAG auf alle privaten und öffentlichen Unternehmen, deren Versicherungsgeschäfte in Deutschland durchgeführt werden. Insbesondere unterliegen diejenigen Unternehmen der anstaltlichen Aufsicht, die wirtschaftlich von erheblicher Bedeutung sind und über die Grenzen eines Landes als ein öffentlich-rechtlicher Wettbewerbsversicherer tätig sind.[77] Bevor die eigentliche Aufsicht der Bundesanstalt über die Versicherungsgeschäfte erfolgt, bedürfen die Unternehmen der Erlaubnis der Aufsichtsbehörde (§ 5 VAG). Bei der laufenden Aufsicht werden die Versicherungsunternehmen zur Einreichung der für die Rechnungslegung wichtigen Informationen aufgefordert. Diese sollen nicht nur der Öffentlichkeit, sondern auch und vor allem der Aufsichtsbehörde übermittelt werden, um so die wirtschaftliche und finanzielle Lage der Unternehmen feststellen zu können (§ 55 VAG). Die Aufsichtsbehörde beaufsichtigt den gesamten Geschäftsbetrieb der Versicherungsunternehmen im Allgemeinen im Rahmen einer rechtlichen Aufsicht und im Besonderen im Rahmen einer Finanzaufsicht (§ 81 Abs. 1 VAG). Nicht nur durch dieses allgemeine Auskunftsrecht, sondern auch durch die laufende Aufsicht, ist die BaFin zur umfassenden Überwachung des Geschäftsbetriebs der Unternehmen berechtigt.[78] Dabei verfügt die BaFin aber über keine Erlaubnis zum Betreiben des Versicherungsgeschäfts.[79]

Der Aufsichtsbehörde stehen allerdings verschiedene Mittel zum Einschreiten gegenüber den Unternehmen zur Verfügung. Die Bundesanstalt kann gegenüber den Mitgliedern ihres Vorstandes sowie gegenüber den sonstigen Geschäftsleitern oder gegenüber den die Unternehmen kontrollierenden Personen alle Anordnungen treffen, die geeignet und erforderlich sind, um Missstände zu vermeiden oder zu beseitigen (§ 81 Abs. 2 VAG).

Im Versicherungsaufsichtsrecht ist die Rechtsbeziehung zwischen den staatlichen Aufsichtsbehörden und einem von ihr beaufsichtigten Institut öffentlich-rechtlicher Natur geregelt. Zugleich besteht zwischen den Versicherungsunternehmen und deren Kunden ein zivilrechtliches Dauerschuldverhältnis.[80] Das

76 Siehe dazu *Pieper*, Aufsicht, S. 25.

77 Vgl. §§ 146 ff. VAG.

78 Vgl. *Viegener*, Drittschutz staats-, wirtschafts- und gemeinschaftsaufsichtsrechtlicher Bestimmungen, S. 20 ff.

79 *Michael*, Versicherungsaufsichtsrecht, § 33 Rdnr. 15.

80 *Michael*, Versicherungsaufsichtsrecht, § 33 Rdnr. 5; auch *Kaulbach/Pohlmann*, Kommentar zum VAG, vor § 1 Rdnr. 7; *Werheit*, Die Bundesanstalt für Finanzdienstleistungsaufsicht, S. 67.

Schutzgut der Versicherungsaufsicht wird neben den oben erwähnten Belangen der Versicherten – bei denen, im Gegensatz zum KWG, einzelne Interessen im Vordergrund stehen –[81] erwähnt, auch die Wirtschaftsfunktion wird als ein weiteres Ziel genannt.[82] Darin dürfte der Grund dafür liegen, dass das VAG als gewerbe- und wirtschaftspolizeiliches Gesetz eingeordnet wird.[83]

2. Die Befugnisse der BaFin

a) *Allgemeines*

Die in verschiedenen Gesetzen verstreuten aufsichtsrechtlichen Befugnisse der BaFin werden zugunsten einer generellen Ermächtigungsnorm zusammengefasst. Wie alle anderen Verwaltungsbehörden, verfügt die BaFin über zahlreiche verschiedene Handlungsmaßnahmen. Ihr Handlungsspektrum reicht von schlichtem Verwaltungshandeln bis zum Erlass eines Verwaltungsaktes.[84] Dazu gehören auch verschiedene Eingriffsbefugnisse zur effektiven Durchsetzung des geltenden Aufsichtsrechts.[85] Befugnisse und Generalermächtigungsnormen der BaFin stehen in enger Verbindung mit verschiedenen Aufsichtsgesetzen (§ 6 Abs. 3 KWG, § 4 Abs. 1 WpHG, § 81 VAG) und mit sonstigen Sonderaufsichtsgesetzen über Spezialkreditinstitute (§ 4 Abs. 1 Satz 1 WpÜG, § 3 Satz 2 PfandBG, § 3 Abs. 1 Satz 1 BSpkG).[86] § 6 Abs. 3 und § 4 Abs. 1 WpHG, – die mit § 3 BörsG für die Börsenaufsichtsbehörden der Länder und mit § 3 Abs. 1 Satz 1 Bausparkassengesetz vergleichbar sind – sowie § 81 VAG[87] und § 6 Abs. 1, 3 KWG[88] räumen der BaFin eine

---

81 *Schäfer*, Kommentar zum KWG, § 6 Rdnr. 38.

82 Vgl. *Werheit*, Die Bundesanstalt für Finanzdienstleistungsaufsicht, S. 67; *Kaulbach/Pohlmann*, Kommentar zum VAG, vor § 1 Rdnr. 5.

83 *Kaulbach/Pohlmann*, Kommentar zum VAG, vor § 1 Rdnr. 8; *Werheit*, Die Bundesanstalt für Finanzdienstleistungsaufsicht, S. 67.

84 *Michael*, Versicherungsaufsichtsrecht, § 33 Rdnr. 37.

85 *Michael*, Versicherungsaufsichtsrecht, § 33 Rdnr. 23.

86 Vgl. *Schwennicke/ Habetha*, Kommentar zum KWG, § 6 Rdnr. 20; *Spindler*, NJW 2004, S. 3449 (3450 f.); *Halfpap*, Kapitalmarktaufsicht in Europa und den USA, S. 41 f.; *Schäfer*, Kommentar zum KWG, § 6 Rdnr. 39; *Schwennicke/ Habetha*, Kommentar zum KWG, § 6 Rdnr. 3; *Augsberg*, Wertpapieraufsicht, § 34 Rdnr. 16.

87 Die Befugnisse zur laufenden Aufsicht im Bereich der Versicherung sind durch die Aufgabennorm (§ 81 Abs. 1 VAG), eine Generalklausel (§ 81 Abs. 2 S. 1 VAG) und durch zahlreiche subsidiäre Spezialbefugnisse (insb. §§ 81 a bis 89 b VAG) systematisiert, m.w.N. *Michael*, Versicherungsaufsichtsrecht, § 33 Rdnr. 21.

88 Die Befugnisse zur laufenden Aufsicht im Bereich der Bankenaufsicht sind durch eine Generalklausel (§ 6 Abs. 3 KWG) und den Komplex an Spezialbefugnissen aus

umfassende Anordnungskompetenz für Einzelmaßnahmen bei Verstößen gegen das Aufsichtsrecht gegenüber den Instituten ein.[89] Jedoch fällt ein Gesetzesverstoß, für dessen Überwachung eine andere Behörde, z.B. die Bundesbank im Rahmen ihrer Börsenaufsicht nach § 3 BörsG, zuständig ist, nicht unter die Zuständigkeit der BaFin.[90] Im Folgenden werden die allgemeinen Handlungsmaßnahmen der Bundesanstalt, wodurch auch die BaFin Einfluss auf die Wirtschaft nehmen kann, dargestellt.

b) Der Erlass von Rechtsverordnungen

Der Erlass einer Rechtsverordnung bedarf stets einer entsprechenden gesetzlichen Ermächtigung. Eine Rechtsverordnung wird als (untergesetzliche) allgemeinverbindliche, abstrakt-generelle Regelung für eine unbestimmte Anzahl von Fällen und Personen von der Exekutive, nicht aber von der Legislative, erlassen.[91] Demgemäß wird die BaFin als Verwaltungsbehörde – im Gegensatz zu den allgemeinen Bundesanstalten, die hauptsächlich auf den Realakt bezogen tätig sind – dazu ermächtigt, in Anlehnung an die für die Kapitalmarktaufsicht relevanten Gesetze spezielle Rechtsverordnungen, d.h. verbindliche Verwaltungsakte, zu erlassen.[92] Anders ausgedrückt, hat das Bundesfinanz-ministerium seine Befugnisse zum Erlass von Rechtsverordnungen auf die BaFin übertragen und sie hiermit dazu ermächtigt, Rechtsverordnungen zu erlassen (vgl. Art. 80 Abs. 1 Satz 4 GG).[93] So ist die Bundesanstalt auch in der Lage, kraft ihrer Subdelegationskompetenz in

---

§§ 36 ff. KWG, §§ 44 ff. KWG §§ 45 ff. KWG systematisiert, m.w.N. *Ohler*, Bankenaufsichtsrecht, § 32 Rdnr. 62 ff.

89 Vgl. *Schäfer*, Kommentar zum KWG, Kreditwesengesetz, § 6 Rdnr. 7, 57; siehe dazu *Viegener*, Drittschutz staats-, wirtschafts- und gemeinschaftsaufsichtsrechtlicher Bestimmungen, S. 16, 20; *Schwennicke/ Habetha*, Kommentar zum KWG, § 6 Rdnr. 21.

90 *Schäfer*, Kommentar zum KWG, § 6 Rdnr. 42.

91 *Pünder*, Exekutive Normsetzung in den Vereinigten Staaten von Amerika und der Bundesrepublik Deutschland, S. 30; vgl. *Junker*, Gewährleistungsaufsicht über Wertpapierdienstleistungsunternehmen, S. 116; auch *Michael*, Versicherungsaufsichtsrecht, § 33 Rdnr. 23.

92 Vgl. BaFinBefugV (Verordnung zur Übertragung von Befugnissen zum Erlass von Rechtsverordnungen auf die Bundesanstalt für Finanzdienstleistungsaufsicht).

93 BAFinBefugV § 1b; das Bundesfinanzministerium erlässt auch selbst wesentliche Verordnungen, z.B. dazu WpAIV, WpDVerOV, FinAnV, MaKonV oder SolvV; ferner dazu *Schäfer*, Kommentar zum KWG, § 6 Rdnr. 11; *Schwennicke/ Habetha*, Kommentar zum KWG, § 6 Rdnr. 5; *Viegener*, Drittschutz staats-, wirtschafts- und gemeinschaftsaufsichtsrechtlicher Bestimmungen, S. 19; vgl. *Michael*, Versicherungsaufsichtsrecht, § 33 Rdnr. 23; *Augsberg*, Wertpapieraufsicht, § 34 Rdnr. 22.

vielen Fällen die Stellung des Verordnungsgebers einzunehmen.[94] Danach werden diese Rechtsverordnungen im Bundesgesetzblatt verkündet.[95]

Im Wege der Rechtsverordnungen können auch allgemeine Anweisungen der BaFin zur Durchsetzung von Aufsichtsgesetzen gegenüber den Beaufsichtigten erlassen werden.[96] Diese Verordnungen konkretisieren inhaltlich die gesetzlichen Vorgaben in einem bestimmten Bereich und regeln in Einzelheiten die regulatorischen Vorgaben der Institute.

c) Der Erlass von Verwaltungsvorschriften

Neben der dargestellten formellen Rechtsordnung bedient sich die BaFin – auch ohne entsprechende Ermächtigung – der informellen Handlungsformen.[97] Zum Erlass solcher Handlungsformen ist sie auf Grund der Aufgabenzuweisung oder der verwaltungsinternen Weisungsbefugnis berechtigt.[98] Dafür sind Bezeichnungsformen wie Verlautbarung, die Bekanntmachung, das Schreiben, die Richtlinien, die Belehrung, die formlosen Ersuchung oder die Gespräche, der Hinweis, die Bitte sowie die nicht sanktionsbewehrte Aufforderung beispielhaft.[99] Diese Handlungsformen sind ein eigenes Regelungsinstrument der BaFin, entsprechen jedoch nicht den herkömmlichen Kategorien von Verwaltungshandeln.[100]

---

94 Siehe bei *Halfpap*, Kapitalmarktaufsicht in Europa und den USA, S. 35; vgl. *Pünder*, Exekutive Normsetzung in den Vereinigten Staaten von Amerika und der Bundesrepublik Deutschland, S. 86: „Als Adressaten von Subdelegationen kommen […] und juristische Personen des öffentlichen Rechts in Betracht."

95 Vgl. dazu *Schäfer*, Kommentar zum KWG, § 6 Rdnr. 9; siehe dazu auch *Kaulbach/Pohlmann*, Kommentar zum VAG, vor § 1 Rdnr. 9.

96 Als Musterbeispiele einer derart erlassenen Verordnung der BaFin sind die Prüfungsberichtsverordnung (§ 29 Abs. 4) sowie die Anzeigenverordnung (§§ 24 Abs. 4, 31 Abs. 1 KWG) anzuführen. Andere weitere Rechtsverordnungen lassen sich beispielhaft bezüglich der Meldepflichten (§ 9 Abs. 3,4 WpHG), der Aufzeichnungs- und Aufbewahrungspflichten (§ 34 Abs. 2 WpHG), der Einhaltung von Melde- und Verhaltenspflichten (§ 36 Abs. 5 WpHG) finden, vgl. dazu *Viegener*, Drittschutz staats-, wirtschafts- und gemeinschaftsaufsichtsrechtlicher Bestimmungen, S. 19.

97 Siehe dazu *Ohler*, Bankenaufsichtsrecht, § 32 Rdnr. 12.

98 Zu den Verwaltungsvorschriften siehe *Mauerer*, Allgemeines Verwaltungsrecht, § 24 Rdnr. 1; vgl. *Halfpap*, Kapitalmarktaufsicht in Europa und den USA, S. 37 f.; *Höhns*, Die Aufsicht über Finanzdienstleister, S. 203.

99 Vgl. *Viegener*, Drittschutz staats-, wirtschafts- und gemeinschaftsaufsichtsrechtlicher Bestimmungen, S. 17 ff.

100 Vgl. *Höhns*, Die Aufsicht über Finanzdienstleister, S. 155; *Halfpap*, Kapitalmarktaufsicht in Europa und den USA, S. 34.

Verlautbarungen haben einen steuernden Charakter und teilweise auch eine mittelbare Verbindlichkeit, weil die BaFin deren Nichtbeachtung oftmals wie einen Gesetzesverstoß behandelt.[101] Heutzutage nutzt die BaFin ihre Kompetenz zum Erlass von Verlautbarungen aber nur noch sehr zurückhaltend.[102] Darüber hinaus bedient sich die BaFin bei der Veröffentlichung von wesentlichen Informationen über die Verwaltungspraxis des Instruments der Bekanntmachung. Sie können als Allgemeinverfügung eine Verbindlichkeit gegenüber den Instituten erlangen oder als Sammelverwaltungsakt unverbindlich ausgestaltet werden.[103] Sie werden im Bundesanzeiger verkündet und werden heute oft im „Bafin-Journal" veröffentlicht.[104]

Bekanntmachungen und Verlautbarungen tragen im Allgemeinen zu der Beseitigung von Zweifeln an der Auslegung der gesetzlichen Vorschriften und zur Konkretisierung der Anforderungen an eine ordnungsgemäße Geschäftsführung bei.[105] Ihnen kommt insoweit grundsätzlich bloß ein norminterpretierender und -konkretisierender Charakter zu.[106] Solche norminterpretierenden und -konkretisierenden Regulierungsinstrumente bieten sich in der Regel für die Gesamtheit der Finanzdienstleistungsunternehmen an, damit die BaFin ihre Verwaltungspraxis informieren kann.[107] Des Weiteren richten sich Schreiben, Rundschreiben oder Informationsblätter in der Regel an die betroffenen Unternehmen oder deren Verbände und nicht ausschließlich an die Öffentlichkeit. Dabei dienen sie regelmäßig zur Ermittlung einer Stellungnahme der BaFin.[108]

---

101 Vgl. dazu siehe *Schneider*, WM 1996, S. 712 (713); auch *Junker*, Gewährleistungsaufsicht über Wertpapierdienstleistungsunternehmen, S. 116 f.; *Schäfer*, Kommentar zum KWG, § 6 Rdnr. 18; *Halfpap*, Kapitalmarktaufsicht in Europa und den USA, S. 37.

102 *Schäfer*, Kommentar zum KWG, § 6 Rdnr. 18.

103 Vgl. *Viegener*, Drittschutz staats-, wirtschafts- und gemeinschaftsaufsichtsrechtlicher Bestimmungen, S. 19; z.B. für die Form der unverbindlichen Stellungnahme, die Grundsätze über das Eigenkapital und die Liquidität der Kreditinstitute. Es handelt sich dabei nicht um Verwaltungsakt und Rechtsverordnung, sondern um Programmsätze, *Schäfer*, Kommentar zum KWG, § 6 Rdnr. 13; *Junker*, Gewährleistungsaufsicht über Wertpapierdienstleistungsunternehmen, S. 240.

104 Siehe dazu *Schäfer*, Kommentar zum KWG, § 6 Rdnr. 13.

105 Siehe dazu *Halfpap*, Kapitalmarktaufsicht in Europa und den USA, S. 37.

106 Vgl. *Schäfer*, Kommentar zum KWG, § 6 Rdnr. 20; *Schneider*, WM 1996, S. 712 (713).

107 Vgl. *Halfpap*, Kapitalmarktaufsicht in Europa und den USA, S. 37; *Schäfer*, Kommentar zum KWG, § 6 Rdnr. 18; ferner *Frach*, Finanzaufsicht in Deutschland und Großbritannien, S. 80.

108 *Höhns*, Die Aufsicht über Finanzdienstleister, S. 210.

Die oben genannte Bekanntmachung ist immer wieder in der Aufsichtspraxis durch das Instrument der Richtlinie ersetzt worden.[109] Als „ein anderes quasi-legislatorisches Instrument“[110] kann die Bundesanstalt Richtlinien aufstellen, welche wiederum im Bundesanzeiger zu veröffentlichen sind.[111] Wegen ihres Charakters einer allgemeinen Regel sind ihre Rechtsnatur bzw. ihre Rechtswirkung nach außen durchaus umstritten. Im Einklang mit der herrschenden Meinung sollen solche Richtlinien als norminterpretierende Verwaltungsvorschriften einzuordnen sein.[112] Bei der Schaffung von Richtlinien ist der BaFin ein Entschließungsermessen eingeräumt worden.[113] Diese Richtlinien entfalten keine Außenrechtsverbindlichkeit, so dass die Auslegung der BaFin gerichtlich vollständig überprüfbar ist.[114] Darüber hinaus steht der BaFin keine allgemeine Rechtssetzungskompetenz, mit der durch normsetzende Richtlinien die Geschäftstätigkeit der Institute geregelt werden kann, zu.[115]

Durch die Veröffentlichung der Bekanntmachungen, der Verlautbarungen und der Richtlinien kann die BaFin den Instituten ihre Auslegungs- oder Auffassungsweise in Bezug auf bestimmte Vorschriften mitteilen. Dabei wird jedoch keine Bildungswirkung im Außenverhältnis erzeugt. Die Maßnahmen der allgemeinen Äußerungen sind allerdings aufgrund ihres geringen förmlichen Charakters und

---

109 *Schäfer*, Kommentar zum KWG, § 6 Rdnr. 14a.

110 *Halfpap*, Kapitalmarktaufsicht in Europa und den USA, S. 36.

111 Vgl. § 7 Abs. 2 S. 2 KWG, § 29, 35 Abs. 2 WpHG.

112 Näher dazu *Halfpap*, Kapitalmarktaufsicht in Europa und den USA, S. 36; *Koller*, Kommentar zum WpHG, § 35 Rdnr. 6; *Höhns*, Die Aufsicht über Finanzdienstleister, S. 207 f.; dagegen näher zur normkonkretisierenden Wirkung siehe *Junker*, Gewährleistungsaufsicht über Wertpapierunternehmen, S. 154 ff.; *Schäfer*, Kommentar zum KWG, § 6 Rdnr. 14a; *Schenke*, Die Bankenaufsicht als ein Mittel zur Bekämpfung von Finanzkrisen, S. 4; näher dazu auch *Augsberg*, Wertpapieraufsicht, § 34 Rdnr. 23.

113 Vgl. *Junker*, Gewährleistungsaufsicht über Wertpapierdienstleistungsunternehmen, S. 152.

114 *Höhns*, Die Aufsicht über Finanzdienstleister, S. 207; *Halfpap*, Kapitalmarktaufsicht in Europa und den USA, S. 36; vgl. *Hill/Martini*, Normsetzung und andere Formen exekutivischer Selbstprogrammierung, § 34 Rdnr. 41; dagegen *Augsberg*, Wertpapieraufsicht, § 34 Rdnr. 23.

115 Vgl. *Schäfer*, Kommentar zum KWG, § 6 Rdnr. 21; ferner siehe auch *Michael*, Versicherungsaufsichtsrecht, § 33 Rdnr. 23; siehe zu einer Reihe von Verlautbarungen mit normersetzendem Charakter, *Schneider*, WM 1996, S. 712 (713); *Junker*, Gewährleistungsaufsicht über Wertpapierdienst-leistungsunternehmen, S. 120.

der mangelnden gesetzlichen Ermächtigung für die einzelnen Institute nicht verbindlich.[116] Denn trotz ihrer unbestreitbaren praktischen Bedeutung besitzen sie doch, über ihre von Art. 3 Abs. 1 GG vermittelte direkte Rechtswirkung hinaus, erst durch die Selbstbindung der BaFin eine rechtliche Außenwirkung.[117] Dennoch ist es nicht überzeugend, wenn man die rechtliche Wirkung der genannten Handlungsformen der BaFin aufgrund ihrer Rechtsunverbindlichkeit unterschätzt.[118] Denn durch solche informellen Maßnahmen kann die BaFin in die Lage versetzt werden, durch das reglementierende Instrumentarium das zukünftige Verhalten der Beaufsichtigten abzuschätzen.[119] Durch solche Verwaltungsvorschriften kann nämlich eine Verhaltensänderung der Adressaten, auch ohne dass dafür gleich das belastende und zwingende Instrumentarium des Verwaltungsaktes eingesetzt werden muss, erreicht werden.[120] Allerdings darf nicht übersehen werden, dass auch dieses Verwaltungshandeln der BaFin, unabhängig von der rechtlichen Diskussion über den Gesetzesvorbehalt, die Transparenz des Verwaltungshandelns, die Rechtsschutzgarantie und die Unversehrtheit von Rechtspositionen Dritter, nicht auszuschließen ist.[121]

d) Der Erlass von Verwaltungsakten

Neben dem oben erwähnten informellen Verwaltungshandeln, ist die BaFin in zahlreichen anderen Gesetzen zum Erlass von Verwaltungsakten ermächtigt. D.h, die BaFin wird durch eine konkrete individuelle Regelung der Exekutive dazu ermächtigt, mittels einer formellen Handlung Verwaltungsakte gegenüber einem einzelnen Institut zu erlassen.[122] Sofern diese Ermächtigung über die

---

116 *Viegener,* Drittschutz staats-, wirtschafts- und gemeinschaftsaufsichtsrechtlicher Bestimmungen, S. 20.

117 Vgl. *Michael,* Versicherungsaufsichtsrecht, § 33 Rdnr. 37, 42; *Schäfer*, Kommentar zum KWG, § 6 Rdnr. 15; *Mülbert*, BKR 2006, S. 349 (353): z.B. „Mindestanforderungen an das Risikomanagement"; *Schwennicke/ Habetha,* Kommentar zum KWG, § 6 Rdnr. 8; ferner auch *Augsberg,* Wertpapieraufsicht, § 34 Rdnr. 17.

118 *Fett*, WM 1999, S. 613 f.

119 Vgl. m.w.N. zum schlicht-hoheitlichen Verwaltungshandeln *Fett,* WM 1999, S. 613 ff.

120 *Fett*, WM 1999, S. 613 (613); ferner *Michael,* Versicherungsaufsichtsrecht, § 33 Rdnr. 6.

121 Vgl. *Höhns,* Die Aufsicht über Finanzdienstleister, S. 134 f.; ferner zur Staatshaftung des informellen Verwaltungshandelns *Fehling*, Informelles Verwaltungshandeln, § 38 Rdnr. 116 ff.

122 Vgl. *Schäfer,* Kommentar zum KWG, § 6 Rdnr. 9, 63; *Viegener,* Drittschutz staats-, wirtschafts- und gemeinschaftsaufsichtsrechtlicher Bestimmungen, S. 16 f.; *Frach,*

Konkretisierung oder die Auslegung bestehender Normen hinausgeht oder die Ermächtigungsgrundlagen einen unbestimmten Rechtsbegriff beinhalten, wird der BaFin kein Beurteilungsspielraum eingeräumt. Die Rechtsmäßigkeit der Maßnahmen ist gerichtlich aber vollständig überprüfbar.[123]

Die BaFin kann auch selbst nach § 17 FinDAG[124] einen Verwaltungsakt erlassen.[125] Ihre Verwaltungsakte richten sich an eine bestimmte Person bzw. einen individuell bestimmten oder bestimmbaren Personenkreis in Form von einzelfallbezogenen Regelungen.[126] Exemplarisch für die praxisbezogenen Bezeichnungen des Verwaltungsakts stehen: Anordnung, Bescheid, Genehmigung, Untersagung und Verfügung. Im Folgenden werden einige exemplarisch hervorzuhebende Beispiele für solche Verwaltungsakte angeführt.

§ 1 KWG wird als eine allgemeine Generalklausel für die Eingriffsbefugnis bewertet. Gem. § 6 Abs. 3 ff. KWG wird auch ein Tatbestand für den Erlass von belastenden Verwaltungsakten der BaFin vorausgesetzt.[127] Durch die allgemeine Anordnungskompetenz wird die BaFin in die Lage versetzt, nicht nur durch die informellen Handlungsformen einzugreifen, sondern auch mit Hilfe von Zwangsmitteln durchsetzbare Verwaltungsakte direkt gegenüber dem betroffenen Institut oder gegenüber dessen Geschäftsleiter zu erlassen.[128] Die BaFin ist auch gem. § 7 Abs. 2 Satz 4 KWG für aufsichtsrechtliche Maßnahmen, insbesondere für Allgemeinverfügungen und Verwaltungsakte gegenüber den Instituten zuständig. Darüber hinaus haben auch generelle Befugnisnormen im Bereich

---

Finanzaufsicht in Deutschland und Großbritannien, S. 74; *Halfpap*, Kapitalmarktaufsicht in Europa und den USA, S. 38; *Döhmel*, Wertpapierhandelsgesetz, vor § 4 Rdnr. 10; ferner *Kümpel*, WM 1992, S. 381 (389).

123 Vgl. *Schäfer*, Kommentar zum KWG, § 6 Rdnr. 60; *Viegener*, Drittschutz staats-, wirtschafts- und gemeinschaftsaufsichtsrechtlicher Bestimmungen, S. 13 f.; *Halfpap*, Kapitalmarktaufsicht in Europa und den USA, S. 42.

124 § 17 FinDAG: „Die Bundesanstalt kann ihre Verfügungen, die sie innerhalb ihrer gesetzlichen Befugnisse trifft, mit Zwangsmitteln nach den Bestimmungen des Verwaltungs-Vollstreckungsgesetzes durchsetzen."

125 *Michael*, Versicherungsaufsichtsrecht, § 33 Rdnr. 18.

126 Zur grundsätzlichen Anerkennung des Verwaltungsakts siehe *Mauer*, Allgemeines Verwaltungsrecht, § 9 ff.; auch *Pünder*, Exekutive Normsetzung, S. 32; *Halfpap*, Kapitalmarktaufsicht in Europa und den USA, S. 38.

127 *Schäfer*, Kommentar zum KWG, § 6 Rdnr. 7; *Schwennicke/ Habetha*, Kommentar zum KWG, § 6 Rdnr. 21; vgl. *Höhns*, Die Aufsicht über Finanzdienstleister, S. 217; *Ohler*, Bankenaufsichtsrecht, § 32 Rdnr. 12.

128 *Schwennicke/ Habetha*, Kommentar zum KWG, § 6 Rdnr. 22; vgl. *Ohler*, Bankenaufsichtsrecht, § 32 Rdnr. 12.

des Wertpapierhandels ihren Niederschlag in § 4 Abs. 1 S. 3 WpHG und § 4 Abs. 1 S. 2 WpÜG gefunden.[129] Im Bereich der Versicherungsaufsicht wird das allgemeine und umfassende Auskunftsrecht nach § 83 VAG durch einen Verwaltungsakt geregelt.[130] Schließlich kann ein weiterer Verwaltungsakt in Form einer Allgemeinverfügung für alle Institute gelten.[131] Exemplarisch ist hier auf § 15 WpHG (Ad-hoc-Publizität), § 15 a WpHG (Directors' Dealings), § 36b WpHG („cold calling") oder auf die Allgemeinverfügungen zum Verbot ungedeckter Leerverkäufe[132] zu verweisen. Hinsichtlich dieser Regelungsinstrumente wird angenommen, dass sie terminologisch den herkömmlichen Kategorien des Verwaltungsrechts entsprechen, zumal gegen sie Widerspruch und Anfechtungsklage eingelegt werden können.[133]

e) Die Ermächtigung der hoheitlichen Befugnisse der BaFin

Betrachtet man die soeben dargestellten Aufgaben und Befugnisse der BaFin gerade unter dem Gesichtspunkt des öffentlich-rechtlichen Aufgabenfeldes, dann sticht deutlich hervor, dass es sich bei der BaFin um eine im Wesentlichen hoheitlich materiell-polizeirechtliche Befugnis handelt.[134] Sie ist grundsätzlich die einzige Anstalt, die gegenüber den Beaufsichtigten die Befugnis zu hoheitlichem

---

129 m.w.N dazu siehe *Werheit,* Die Bundesanstalt für Finanzdienstleistungsaufsicht, S. 124; vgl. *Halfpap,* Kapitalmarktaufsicht in Europa und den USA, S. 31; *Döhmel,* Wertpapierhandelsgesetz, vor § 4 Rdnr. 14 ff.

130 Vgl. *Viegener,* Drittschutz staats-, wirtschafts- und gemeinschaftsaufsichtsrechtlicher Bestimmungen, S. 20.

131 Vgl. dazu § 35 S. 2 VwVfG.

132 Vgl. m.w.N. *Walla,* DÖV 2010, S. 853 ff.

133 Siehe dazu *Werheit,* Die Bundesanstalt für Finanzdienstleistungsaufsicht, S. 124; vgl. Begründung zum Entwurf eines Gesetzes über die integrierte Finanzdienstleistungsaufsicht, BR-Drs, 14/7033, S. 33.

134 Begründung zum Entwurf eines Gesetzes über die integrierte Finanzdienstleistungsaufsicht, BR-Drs, 14/7033, S. 35; siehe dazu *Raab,* Die Durchsetzung der Marktmissbrauchsverbote in Deutschland und den USA, S. 65; *Frach,* Finanzaufsicht in Deutschland und Großbritannien, S. 74; *Hagemeister,* WM 2002, S. 1773 (1775); *Werheit,* Die Bundesanstalt für Finanzdienstleistungsaufsicht, S. 69; *Dreyling,* Kommentar zum WpHG, § 4 Rdnr. 2; *Halfpap,* Kapitalmarktaufsicht in Europa und den USA, S. 183; *Häde,* JZ 2001, S. 105 (109); *Kümpel,* WM 1992, S. 389; ferner *Stober,* Wirtschaft und Bankenaufsicht, S. 34; *Ohler,* Bankenaufsichtsrecht, § 32 Rdnr. 9 f.: „[…]das Eingriffshandeln der BaFin an polizeirechtlichen Grundsätzen zu messen."

Handeln hat und die in der Lage ist, die aufsichtsrechtlichen Vorgaben auch zwangsweise durchzusetzen.[135]

Die BaFin hat als zentrale Aufsichtsbehörde[136] die für alle staatlich Handelnden geltenden Grundsätze und Normen zu beachten und mit dem Grundgesetz zu vereinbaren. Ihr Handeln muss den Grundsätzen der Geeignetheit, der Erforderlichkeit und der Verhältnismäßigkeit entsprechen.[137] Ihre Rolle erstreckt sich über den gesamten Bereich des Kapitalmarkts hinaus auf die sektorübergreifende Ebene.[138] Um ihre Aufgaben wahrzunehmen, bedient sie sich als eine rechtsfähige bundesunmittelbare Anstalt des öffentlichen Rechts[139] nicht nur der hoheitlichen Maßnahme, sondern auch der Ermächtigungsnorm.[140] Aus der enumerativen Ermächtigungsnorm folgt aber auch, dass die BaFin „keine allgemeinen Aufsichts- oder Marktaufsichtsbefugnisse über sämtliche finanzmarktrelevanten Vorgänge"

---

135 Vgl. *Ohler*, Bankenaufsichtsrecht, § 32 Rdnr. 37.

136 In diesem Zusammenhang auch *Heyle*, Die Erhebung von Vorzugslasten durch die Wirtschaftsaufsichts- und Regulierungsbehörden, S. 196; vgl. *Fischer*, The SEC and Bafin-US and German capital markt supervision in comparison, S. 115; *Frach*, Finanzaufsicht in Deutschland und Großbritannien, S. 80; *Michael*, Versicherungsaufsichtsrecht, § 33 Rdnr. 6; ausführlicher zur Qualifikation der BaFin bezüglich der Informationszugänglichkeit siehe *Spindler*, Informationsfreiheit und Finanzmarktaufsicht, S. 20 f.; außer für die einzelfallbezogene Aufsicht steht die BaFin auch für die Entwicklung allgemeiner Verhaltensstandards, die zugleich die Leitlinie der eigenen Aufsichtstätigkeit bilden, *Augsberg*, Wertpapieraufsicht, § 34 Rdnr. 6, 22; außerdem sind im Umfeld des Finanzmarktes die Bundesbank, die bei der Bundesbank angesiedelte Finanzmarktstabilisierungsanstalt (FMSA, § 3a Finanzmarktstabilisierungsfondsgesetz) sowie die von ihr verwalteten Sonderfonds Finanzmarktstabilisierung (SoFFin) als weitere staatliche Akteure geschaffen worden, ausführlicher dazu *Schäfer*, Bankenaufsichtsrecht in Deutschland, dem Vereinigten Königreich und den Vereinigten Staaten, S. 80.

137 *Frach*, Finanzaufsicht in Deutschland und Großbritannien, S. 80; vgl. *Halfpap*, Kapitalmarktaufsicht in Europa und den USA, S. 43.

138 Diese zentrale Stellung spiegelt sich in dem weiten Tätigkeitsbereich wider, der sich sektorübergreifend über die gesamte Bandbreite des Kapitalmarktgeschehens erstreckt, *Yoo*, Umlagefinanzierte Regulierung, S. 35.

139 Grundlegend dazu *Maurer*, Allgemeines Verwaltungsrecht, § 23 Rdnr. 53 f.; vgl. *Löer*, Körperschafts- und anstaltsinterne Rechts- und Zweckmäßigkeitskontrolle, S. 16.

140 Vgl. *Höhns*, Die Aufsicht über Finanzdienstleister, S. 129.

besitzt.[141] Diese kommen ihr im Einzelfall immer nur dann und unter der besonderen Voraussetzung zu, dass ein einzelner zu Beaufsichtigender gegen ein Gesetz verstößt[142], oder wenn ein Pflichtenverstoß wahrscheinlich ist oder unmittelbar bevorsteht.

---

141 Passend dazu *Augsberg*, Wertpapieraufsicht, § 34 Rdnr. 7; dazu siehe auch *Schwennicke/ Habetha*, Kommentar zum KWG, § 6 Rdnr. 3; *Schäfer*, Kommentar zum KWG, § 6 Rdnr. 4.

142 Näher dazu *Kümpel*, WM 1992, S. 381 (389); vgl. dazu auch *Viegener*, Drittschutz staats-, wirtschafts- und gemeinschaftsaufsichtsrechtlicher Bestimmungen, S. 17.

C. Die Unabhängigkeit der BaFin im organisationsrechtlichen Bereich

I. Die Grundform der Staatsverwaltung

Aus Art. 86 GG folgt, dass die bundeseigene Verwaltung eine direkte Bundesverwaltung ist und es sich bei der bundesunmittelbaren Verwaltung um eine indirekte Bundesverwaltung handelt. Bundeseigene Staatsverwaltung liegt dann vor, wenn der Staat seine Verwaltungsaufgaben selbst durch eigene Behörden erfüllt.[143] Im Gegensatz dazu werden unter unmittelbarer Verwaltung die rechtsfähigen Gebilde, die innerhalb der öffentlichen Verwaltung relativ selbständig sind und sich darin funktional von den Behörden der allgemeinen Verwaltung unterscheiden, verstanden.[144] Zu den Verwaltungsträgern gehören Körperschaften, Anstalten, Stiftungen und Beliehene.[145] Der Unterschied zwischen den beiden Organisationsformen liegt in ihrem Grad der Selbständigkeit: Gegenüber der direkten Bundesverwaltung kommt der indirekten Bundesverwaltung ein gewisser Grad an Selbständigkeit und Unabhängigkeit zu.[146] Ein Vergleich der beiden Organisationsformen zeigt den Grad der Selbständigkeit der BaFin.

1. Bundesunmittelbare Verwaltung

Statt von unmittelbarer Bundesverwaltung zu sprechen, wird im Grundgesetz (Art. 86 GG) der Begriff der „bundeseigenen Verwaltung“ verwendet.[147] Darunter wird die Ausführung eines Bundesgesetzes durch bundeseigene Behörden oder bundesunmittelbare Rechtspersonen verstanden. Bei der Abgrenzung von bundeseigener direkter Verwaltung und mittelbarer Bundesverwaltung kommt es folglich auf die Behörde an, die eine Verwaltungsangelegenheit wahrnimmt.[148] Im

---

143 *Maurer*, Allgemeines Verwaltungsrecht, § 22 Rdnr. 1.

144 *Jecht*, Die öffentliche Anstalt, S. 38.

145 *Maurer*, Allgemeines Verwaltungsrecht, § 23 Rdnr. 1.

146 Vgl. *Maurer*, Allgemeines Verwaltungsrecht, § 23 Rdnr. 48; *Jecht*, Die Öffentliche Anstalt, S. 34 f.: „Die rechtsfähige öffentlich rechtliche Anstalt wird auch als selbstständige öffentliche Anstalt bezeichnet“; *Burmeister*, Herkunft, Inhalt und Stellung des institutionellen Gesetzesvorbehalts, S. 224; *Heuterkes*, Rechtsfähige Organisationseinheiten in der Verwaltungsstruktur Frankreichs, Deutschlands und der Europäischen Gemeinschaften, S. 100.

147 *Krebs*, Verwaltungsorganisation, § 108 Rdnr. 21.

148 Vgl. *Erichsen/Knoke*, DÖV 1985, S. 53 (57); *Kirschenmann*, JuS 1977, S. 565 (570).

Bereich der bundeseigenen Verwaltung im engeren Sinne, d.h. der unmittelbaren Verwaltung des Bundes, werden die der Bundesverwaltung zugewiesenen Angelegenheiten durch den Bund selbst wahrgenommen.[149] Die direkte Bundesverwaltung ist als rechtlich abhängige Verwaltungseinheit dadurch charakterisiert, dass Rechte und Pflichten des Verwaltungssubjekts in den Bund eingegliedert werden und gemäß dem Grundgesetz die Aufgabe der Überwachung und Leitung des Verwaltungssubjekts dem Bund obliegt.[150] Aufgrund dieser Merkmale weist die direkte Bundesverwaltung eine geringe Distanz zum Staat auf.[151]

Art. 87 regelt den Anwendungsbereich der beiden in Art. 86 GG genannten Verwaltungstypen. In Abs. 1 S. 1, der die unmittelbare Bundesverwaltung betrifft, werden Bereiche aufgeführt, in denen dem Bund die Pflicht der eigenen Bundesverwaltung obliegt (sog. „obligatorische unmittelbare Bundesverwaltung").[152] Dabei handelt es sich beim Behördenaufbau der Bundesverwaltung (mit eigenem Verwaltungsunterbau) um mehrstufige Behörden.[153] Die Aufgabenerfüllung in diesem Verwaltungsbereich unterliegt der politischen Verantwortlichkeit des zuständigen Ministers, der sich nicht auf eine bloße Rechtsaufsicht beschränken darf.[154] In Art. 87 Abs. 1 S. 2 GG wird die sog. „fakultative unmittelbare Bundesverwaltung", bei der der Bund mit eigenen Behörden tätig werden darf, geregelt.[155] Gem. Art. 87 Abs. 1 S. 2 GG werden durch ein Bundesgesetz Bundesgrenzschutzbehörden, Zentralstellen für das polizeiliche Auskunfts- und Nachrichtenwesen für die Kriminalpolizei und zur Sammlung von Unterlagen für Zwecke des Verfassungsschutzes errichtet. Zudem müssen gemäß Art. 87 Abs. 2 GG Sozialversicherungsträger, deren Zuständigkeitsbereich über das Gebiet eines Landes hinausgeht, in Form einer Körperschaft des Öffentlichen Rechts errichtet werden.[156]

---

149 Vgl. *Maurer*, Allgemeines Verwaltungsrecht, § 23 Rdnr. 1; *Kirschenmann*, JuS 1977, S. 565 (571).

150 Vgl. *Sachs*, Art. 87 GG, Art. 87 Rdnr. 19; *Windthorst*, Art. 87 f., GG, Art. 87 f. Rdnr. 33.

151 Vgl. *Werheit*, Die Bundesanstalt für Finanzdienstleistungsaufsicht, S. 17.

152 *Kirschenmann*, JuS 1977, S. 565 (571); *Kluth*, Verwaltungsrecht III, § 81 Rdnr. 70.

153 Vgl. *Kirschenmann*, JuS 1977, S. 565 (570); *Kluth*, Verwaltungsrecht III, § 81 Rdnr. 70; *Krebs*, Verwaltungsorganisation, § 108 Rdnr. 21; dabei werden vier wesentliche Verwaltungsangelegenheiten, nämlich der Auswärtige Dienst, die Bundesfinanzverwaltung und nach Maßgabe des Art. 89 GG die Verwaltung der Bundeswasserstraßen und der Schifffahrt, ausdrücklich erwähnt.

154 *Maunz*, Kommentar zum GG, Art. 87 Rdnr. 31.

155 Vgl. *Kirschenmann*, JuS 1977, S. 565 (570 f.); *Kluth*, Verwaltungsrecht III, § 81 Rdnr. 70; *Burmeister*, Herkunft, Inhalt und Stellung des institutionellen Gesetzesvorbehalts, S. 146.

156 Der Artikel ist ein Musterbeispiel für eine obligatorische Bundesverwaltung.

Außerdem werden nach Art. 87 Abs. 3 S. 1 GG durch ein zustimmungsfreies Bundesgesetz selbständige Bundesoberbehörden gebildet.[157] Unter den erschwerten Voraussetzungen des Art. 87 Abs. 3 S. 3 GG ist die Bildung neuer bundeseigener Mittel- und Unterbehörden zum Schutz der Länderinteressen nur dann zulässig, wenn für den Bund „neu erwachsende“ Aufgaben „bei dringendem Bedarf“ bestehen.[158] Darüber hinaus bedarf es dazu der Zustimmung des Bundesrates und der Mehrheit der Mitglieder des Bundestages. In der Tat erlaubt diese Vorschrift nur eine geringfügige Erweiterung der Bundesverwaltung.[159] Bezüglich der Auslegung des Merkmales „neu“ gibt es in der juristischen Literatur keine Übereinstimmung. Die h. M. geht davon aus, dass „die entsprechende Aufgabe völlig neu entstanden sein muss oder zumindest bisher weder vom Bund noch von den Ländern wahrgenommen worden sein darf“.[160]

2. Bundesmittelbare Verwaltung

Dahingegen wird die mittelbare Bundesverwaltung nach Art. 86 S. 1 Fall 2 GG überwiegend durch rechtsfähige bundesunmittelbare Körperschaften und Anstalten des öffentlichen Rechts wahrgenommen.[161] Hier wird der Ausdruck „bundesunmittelbar“ verwendet, weil in diesem Verwaltungszweig Hauptverwaltungsträger der Bund ist und nicht die Länder.[162] Durch die Bezeichnung der Anstalt als bundesunmittelbar wird ihr Verhältnis zum Bund im Sinne einer rechtlichen Zuordnung charakterisiert.[163] In Art. 86 S. 1, Art. 87 Abs. 2 und Abs. 3 S. 1 sind nur exemplarisch Körperschaften und Anstalten des öffentlichen Rechts als Träger der mittelbaren Bundesverwaltung aufgeführt. Demnach sind in diesem Bereich weitere Verwaltungsträger mit Selbstverwaltungsbefugnissen wie

157 *Hartkopf*, DÖV 1979, S. 349 (352); Beispiele dafür sind Statistisches Bundesamt, Umweltbundesamt, Bundeskartellamt, Bundesamt für Güterverkehr, biologische Bundesanstalt für Land- und Forstwirtschaft.

158 *Herdegen*, WM 2000, S. 2122 f.

159 *Hartkopf*, DÖV 1979, S. 349 (352).

160 *Häde*, JZ 2001, S. 105 (112).

161 zu diesem Begriff, rein formal verstanden als Verwaltung durch rechtlich selbständige Verwaltungsträger, vgl. *Loschelder*, Weisungshierarchie und persönliche Verantwortung, § 107 Rdnr. 53; *Klein*, Die verfassungsrechtliche Problematik des ministerialfreien Raumes, S. 102; *Erichsen/Knoke*, DÖV 1985, S. 53 (57).

162 Vgl. *Kirschenmann*, JuS 1977, S. 565 (570); *Erichsen/Knoke*, DÖV 1985, S. 53 (57).

163 *Junker*, Gewährleistungsaufsicht über Wertpapierdienstleistungsunternehmen, S. 73.

Stiftungen oder (private) Beliehene zulässig.[164] Art. 87 Abs. 2 GG nennt länderübergreifend organisierte Sozialversicherungsträger. Demgemäß müssen die mit der Sozialversicherung in Verbindung stehenden Verwaltungsangelegenheiten zwingend von einer mittelbaren Bundesverwaltung wahrgenommen werden.[165]

Ferner kann der Bund zusätzliche Kompetenzen nach Art. 87 Abs. 3 Satz 1 GG durch die Errichtung einer selbständigen Bundesoberbehörde, einer neuen Körperschaft oder Anstalt des öffentlichen Rechts an sich ziehen.[166] „Außerdem können für Angelegenheiten, für die dem Bund die Gesetzgebung zusteht, selbstständige Bundesoberbehörden und neue bundesunmittelbare Körperschaften und Anstalten des öffentlichen Rechts durch Bundesgesetz errichtet werden." Die Verwendung des Wortes „Außerdem" in Art. 87 Abs. 3 Satz 1 GG zeigt zudem, dass Art. 87 Abs. 3 GG einen Sachverhalt regelt, der sich von den Absen. 1 und 2 unterscheidet.[167] Man hält Art. 87 Abs. 3 Satz 1 GG für „einen institutionellen Gesetzesvorbehalt für Träger mittelbarer Staatsverwaltung"[168], in dem die Voraussetzungen der neuen Errichtung bundesunmittelbarer Körperschaften und Anstalten des öffentlichen Rechts ausdrücklich erwähnt werden.[169] Daraus ergibt sich, dass selbständige Bundesoberbehörden, bundeseigene Körperschaften und Anstalten die ihr übertragenen Aufgaben ohne Mittel- und Unterbau und ohne Inanspruchnahme von Verwaltungsbehörden der Länder sachgerecht für das ganze Bundesgebiet wahrnehmen können, wenn es keinen Zusammenhang mit Art. 87 Abs. 1 od. 2 bzw. mit Art. 87 b ff. GG gibt. Art. 87 Abs. 3 S. 1 GG, wonach entgegen dessen gesetzlicher Bezeichnung nicht nur der Bereich der ausschließlichen Gesetzgebungszuständigkeit des Bundes

---

164 *Erichsen/Knoke*, DÖV 1985, S. 53 (57).

165 *Hartkopf*, DÖV 1979, S. 349 (349): „Neben der Verwaltungstätigkeit der obersten Bundesbehörden bilden die 1969 unmittelbar von verfassungswegen eingerichteten Zweige bundeseigener Verwaltung oder bundesunmittelbarer Selbstverwaltung auch heute noch den Kern der vom Bund kraft Verfassung zu erledigenden Verwaltungsaufgaben."

166 Vgl. *Burmeister*, Herkunft, Inhalt und Stellung des institutionellen Gesetzesvorbehalts, S. 148.

167 *Werheit*, Die Bundesanstalt für Finanzdienstleistungsaufsicht, S. 78; BVerfGE 14, 192 (211); vgl. ferner über Art. 87 Abs. 3 Satz 1 GG bei *Burmeister*, Herkunft, Inhalt und Stellung des institutionellen Gesetzesvorbehalts, S. 147 ff.; auch bei *Häde*, JZ 2001, S. 105 (106 ff.).

168 *Burmeister*, Herkunft, Inhalt und Stellung des institutionellen Gesetzesvorbehalts, S. 147.

169 Vgl. *Weber*, Festschrift für *Reinhardt* zum 70. Geburtstag, S. 499; *Häde*, JZ 2001, S. 105 (113).

(Art. 71 GG), sondern auch der Bereich der konkurrierenden Zuständigkeit (Art. 72 GG) behandelt wird, enthält eine allgemeine Regelung für die fakultative mittelbare Bundesverwaltung im Bereich der Bundesgesetzgebung.[170] Im Sinne dieser Vorschrift sind daher bundesunmittelbare Körperschaften, Anstalten des öffentlichen Rechts und Bundesoberbehörden unter gleichen Voraussetzungen neu zu errichten. Diese einfache und zustimmungsfreie Form des Art. 87 Abs. 3 S. 1. GG wird auch als wichtigstes „Ventil zugunsten bundeseigener Verwaltung" verstanden.[171]

Zudem können die Verwaltungskompetenzen der Länder auch dadurch berührt werden, dass dem Bund auf Gebieten, für die ihm die Gesetzgebung zusteht, neue Aufgaben erwachsen und er nach Art. 87 Abs. 3 S. 2 GG – bei dringendem Bedarf und mit Zustimmung des Bundesrates und der Mehrheit der Mitglieder des Bundestages – bundeseigene Mittel- und Unterbehörden errichtet.[172] Dieser Artikel beinhaltet auch eine Generalklausel für die freie Entscheidungskompetenz im Bereich der Bundesverwaltung.[173] Denn Art. 87 Abs. 3 GG liegt die Vorstellung zugrunde, dass eine rechtliche Grundlage notwendig ist, um eine öffentliche Anstalt zu errichten.[174] Umgekehrt ist es jedoch verboten, eine solche ohne entsprechende Grundlage zu errichten. Art. 87 Abs. 3 GG ist kein grundgesetzliches Gebot für die Errichtung einer Anstalt. Eher wird daraus das Recht des

---

170 *Kluth*, Verwaltungsrecht III, § 81 Rdnr. 86; vgl. *Junker*, Gewährleistungsaufsicht über Wertpapierdienstleistungsunternehmen, S. 73.

171 M.w.Nachw. siehe *Hartkopf*, DÖV 1979, S. 349 f.; zu diesem Aspekt auch *Klein*, Die verfassungsrechtliche Problematik des ministerialfreien Raumes, S. 141.

172 Durch die in Art. 87 Abs. 2 enthaltenen Regelungen kann die Kompetenz der Länder (Art. 83 GG) beschränkt werden. Die Vergrößerung der Bundeskompetenz zeigt sich auch darin, dass sie unter dem Einfluss des Gesetzesentwurfs tätig sein kann, was keiner Zustimmung des Bundesrates bedarf. Darüber hinaus ergibt sich dabei aus Art. 87 Abs. 3 GG die Besonderheit, dass die Trennung der Regierung von der Verwaltung in der Verwaltungspraxis verwirklicht werden soll, vgl. *Wendt*, NWVBL 1987, S. 33 f.

173 BVerfGE 15, 235 (241): „Dem Gesetzgeber steht es grundsätzlich frei, öffentliche Aufgaben unmittelbar durch staatliche Behörden oder mittelbar durch Körperschaften des öffentlichen Rechts erfüllen zu lassen"; *Burmeister*, Herkunft, Inhalt und Stellung des institutionellen Gesetzesvorbehalts, S. 218 ff.; insbesondere rechtfertigt die wirkungsvolle und leistungsfähige Verwaltung unter den verwaltungsökologischen Gesichtspunkten bei der Auswahl der Verwaltungsform die atypische Errichtungsform, *Werheit*, Die Bundesanstalt für Finanzdienstleistungsaufsicht, S. 78 ff.

174 Vgl. *Jecht*, Die Öffentliche Anstalt, S. 43 f.; *Gärtner*, Finanzielle Beteiligung Privater an Anstalten des öffentlichen Rechts, S. 11.

Gesetzgebers, zwischen verschiedenen Rechtsformen zu wählen, abgeleitet: Dem Gesetzgeber wird bei der Errichtung und Ausgestaltung ein weites organisatorisches Ermessen eingeräumt.[175]

3. Die BaFin als bundesunmittelbare Verwaltungsform

Nach Art. 74 Abs. 1 Nr. 11 GG obliegt dem Bund aufgrund seiner grundgesetzlichen Kompetenz das Recht, die BaFin zu errichten, da *„das Recht der Wirtschaft"* auch *„die Finanzaufsicht"* als Angelegenheit der BaFin beinhaltet.[176] Danach hat der Bund gemäß Art. 86 Abs. 1 GG die Möglichkeit, seine Gesetze durch *„bundeseigene Verwaltung"* oder durch *„bundesunmittelbare Körperschaften oder Anstalten des öffentlichen Rechts"* umzusetzen.[177] Dies ergibt sich aus der Tatsache, dass der Staat das Recht hat, die Organisation seiner Wirtschaftsaufsicht zu bestimmen: Denn Art. 87 GG beinhaltet keine Abgrenzung der Organbefugnis, weder für die Bundesregierung noch für den Bundestag.[178]

Wegen des Föderalismusprinzips obliegt die Gesetzgebung dem Bund und die Ausführung des Gesetzes den Ländern. Doch bei einer ausdrücklichen Ermächtigung darf der Bund mit seinen eigenen Mittel- und Unterbehörden seine Aufgaben wahrnehmen. Deshalb sind für die Finanzaufsicht, die Art. 87 Abs. 1 GG nicht umfasst, die Länder zuständig. Des Weiteren darf der Bund zusätzlich nach Art. 87 Abs. 3 GG seine Verwaltungskompetenz durch die Errichtung einer selbständigen Bundesoberbehörde, einer öffentlich-rechtlichen Körperschaft sowie einer Anstalt ausüben. Damit wird dem Umstand Rechnung getragen, dass

---

175 *Bohn*, Die Anstalt des öffentlichen Rechts unter Berücksichtigung des Wandels der Anstalt durch die Beteiligung Dritter, S. 120 f.

176 Vgl. Art. 72 Abs. 2 GG; *Werheit,* Die Bundesanstalt für Finanzdienstleistungsaufsicht, S. 48; *Häde*, JZ 2001, S. 105 (106); *Raab,* Die Durchsetzung der Marktmissbrauchsverbote in Deutschland und den USA, S. 62 f.; *Heuterkes,* Rechtsfähige Organisationseinheiten in der Verwaltungsstruktur Frankreichs, Deutschlands und der Europäischen Gemeinschaften, S. 83.

177 Vgl. BVerfGE 12, 205 (221); BVerfGE 21, 312 (325); die Ausübung der staatlichen Kompetenzen und die Wahrnehmung der staatlichen Aufgaben liegen im Bereich der Länder und für die Verwaltung ist meistens der Bund zuständig, sofern das Grundgesetz keine andere Regelung trifft oder es zulässt (vgl. Art. 30 GG). Hingegen obliegt eine Angelegenheit aus dem Bereich „Recht der Wirtschaft" dem Bund und damit kann der Bund seine umfangreichen Gesetzgebungskompetenzen im Wirtschaftsbereich ausüben (vgl. Art. 86 GG). Somit kann man feststellen, dass die Angelegenheit aus dem Bereich „Recht der Wirtschaft" das wesentliche Element für den gesamten Staat ist.

178 Vgl. vertiefend dazu *Pieper*, Aufsicht, S. 12 f.; *Ehlers,* ZHR 167 (2003), S. 548 (548).

dem Bund bei der konkreten Verwaltungsausführung grundsätzlich ein Spielraum zusteht. Infolge dieses gesetzlichen Hintergrunds konnte die BaFin errichtet werden.[179] Allerdings wären selbst die oben dargestellten verfassungsrechtlichen Errichtungsgebote für die hier untersuchte „Bundesanstalt für Finanzdienstleistungsaufsicht" keineswegs ausreichend, weil die Errichtung einer rechtsfähigen Anstalt ein unmittelbares Errichtungsgesetz voraussetzt.[180] Bei dem ersten Anlauf des FinDAG vom 22.03.2003 war die Zustimmung des Bundesrates nicht erforderlich, weil zum einen der Gegenstand „Finanzaufsicht" keine „neue Aufgabe" ist und es sich zum anderen bei der BaFin weder um eine bundeseigene Mittel- oder Unterbehörde noch um eine Bundesoberbehörde mit einem nachgeordneten Bereich handelt.[181]

II. Die BaFin als eine rechtsfähige Anstalt des öffentlichen Rechts

1. Zum Verständnis der rechtsfähigen Anstalt des öffentlichen Rechts

Vor der Erläuterung der Eigenschaft der BaFin als eine öffentlich-rechtsfähige Anstalt sind zunächst die Merkmale der Anstalt vor dem Hintergrund der allgemeinen öffentlich-rechtlichen Verwaltungsstruktur zu beachten. Es gibt keine eindeutige Definition der Anstalt.[182] Wegen der mangelnden Legaldefinition kann der Gesetzgeber letztlich in diese Organisationsform diejenigen Aufgaben einordnen, die ihm für die Anstalt am zweckmäßigsten erscheinen.[183] Eine Anstalt ist nach der klassisch-herkömmlichen Begriffsdefinition ein Bestand von sachlichen und persönlichen Mitteln, „welche in der Hand eines Trägers öffentlicher Verwaltung einem besonderen öffentlichen Zweck

179 Vgl. *Häde*, Kreditwesen 2009, S. 64 f.

180 Vgl. das Gesetz über die Bundesanstalt für Finanzdienstleistungsaufsicht (FinDAG).

181 Das gesetzliche Zusammenspiel zwischen der Bundesbank und der BaFin weist auch auf keine Errichtung im nachgeordneten Bereich hin, dazu vgl. *Werheit*, Die Bundesanstalt für Finanzdienstleistungsaufsicht, S. 49 f.

182 Zur Schwierigkeit der Begriffsbestimmung und zur Geschichte des Anstaltsbegriffs siehe *Rüfner*, DÖV 1985, S. 605 (606 ff.); vertiefend dazu *Bohn*, Die Anstalt des öffentlichen Rechts unter Berücksichtigung des Wandels der Anstalt durch die Beteiligung Dritter S. 8 ff.; lediglich in einigen einfachgesetzlichen und landesrechtlichen Bestimmungen ist eine Definition der Anstalt zu finden. Dazu Beispiel § 21 LOG NRW.

183 *Pieper*, Aufsicht, S. 110.

dauernd zu dienen bestimmt sind".[184] Zudem wird eine Anstalt als die organisatorische Gesamtheit der sachlichen und persönlichen Mittel bezeichnet, welche im Interesse der Öffentlichkeit der Benutzung durch Private dient. Ferner wird darunter „jede zweckbestimmte und auf die Dauer vorgesehene Zusammenfassung von Menschen und Sachwerten" verstanden.[185] Sie wird durch den Teil der öffentlichen Verwaltungsorganisation, der zwischen den Körperschaften und den Stiftungen liegt, charakterisiert.[186] Zum Teil wird als Begriffsmerkmal der Anstalt zusätzlich der Umstand aufgeführt, dass die Anstalt im Bereich der Leistungsverwaltung zu errichten ist und Benutzer haben muss.[187] Nach anderer Auffassung kann eine Anstalt nicht durch den Erlass von Verwaltungsakten, sondern durch den Bezug auf einen Realakt charakterisiert werden.[188]

Insgesamt lässt sich somit sagen, dass der Begriff der Anstalt vielschichtig und facettenreich ist. Trotzdem ist der Begriff der Anstalt mit einer gängigen Bedeutung belegt. In der Regel wird eine Anstalt des öffentlichen Rechts als eine verselbständigte Organisation zur dauerhaften Verfolgung eines bestimmten Verwaltungszwecks verstanden, die zudem noch öffentlich-rechtlich organisiert ist und keine mitgliedschaftliche bzw. körperschaftliche Struktur aufweist. Darüber hinaus ist die Anstalt eine organisatorisch von der unmittelbaren Verwaltung abgesetzte Einheit, die in unterschiedlichem Maße verselbständigt sein kann.[189]

---

184 *Mayer*, Deutsches Verwaltungsrecht, S. 268. *O. Mayers* Definition ist zu weit und bedarf der Eingrenzung. Seine Definition erfasst die Anstalt ohne Rücksicht auf den Grad der Verselbständigung (hierzu *Rüfner*, DÖV 1985, S. 605 (608)); vgl. *Schlüter*, Behörde und Anstalt, S. 48 f.; auf die Definitionsproblematik der Anstalt braucht indes im Rahmen der Untersuchung nicht näher eingegangen zu werden. Festzuhalten sind jedoch hier ihre organisatorischen Eigenschaften.

185 Vgl. *Schlüter*, Behörde und Anstalt, S. 48.

186 Vgl. *Maurer*, Allgemeines Verwaltungsrecht, § 23 Rdnr. 46 ff.; *Löer*, Körperschafts- und anstaltsinterne Rechts- und Zweckmäßigkeitskontrolle, S. 3 ff.

187 Vgl. *Maurer*, Allgemeines Verwaltungsrecht, § 23 Rdnr. 47; *Rüfner*, DÖV 1985, S. 605 (609); *Dreier*, Hierarchische Verwaltung im demokratischen Staat, S. 238; *Jecht*, Die Öffentliche Anstalt, S. 49 ff.; *Müller*, Verwaltungsrecht II, § 86 Rdnr. 8; *Chen*, Öffentlich-rechtliche Anstalten und ihre Nutzung, S. 21 f.; *Löer*, Körperschafts- und anstaltsinterne Rechts- und Zweckmäßigkeitskontrolle, S. 15.

188 Aufgrund deren Aufgaben und deren Vielfalt der Erscheinungsformen, vgl. *Lange*, VVDStRL Heft 44 (1986), S. 169 (174); *Berg*, NJW 1985, S. 2294 f.; *Lewinski*, JA 2006, S. 517 (521); *Schlüter*, Behörde und Anstalt, S. 74.

189 M.w.N. siehe *Maurer*, Allgemeines Verwaltungsrecht, § 23 Rdnr. 46 f.

2. Rechtsfähige Anstalt des öffentlichen Rechts

Eine öffentlich-rechtsfähige Anstalt ist eine rechtsfähige Verwaltungseinheit,[190] unter der man die Gesamtheit der sachlichen und persönlichen Mittel, die für die ständige Erfüllung einer bestimmten öffentlichen Aufgabe erforderlich sind, versteht. Sie wird multifunktional benutzt,[191] da sie mit einer völlig flexiblen Organisationsform ausgestattet ist.[192] Für die rechtsfähige Anstalt ist auch charakteristisch, dass ihr - jenseits der organisatorischen Ebene - zusätzlich dadurch eine rechtliche Selbständigkeit eingeräumt wird, dass ihr, soweit möglich, als juristischer Person des öffentlichen Rechts eine eigene Rechtspersönlichkeit zukommt.[193] Der öffentlich-rechtliche Träger, der mit dieser Rechtsfähigkeit ausgestattet ist, ist ein gegenüber dem Muttergemeinwesen und ein gegenüber Dritten rechtlich selbständiger Träger von Rechten und Pflichten.[194] Eine nicht rechtsfähige Anstalt kann durch die bloße Handlung der Exekutive errichtet werden und unterliegt als Teil eines anderen Verwaltungsträgers in der Regel noch der Kontrolle.[195] Anders als die nicht rechtsfähige Anstalt braucht die rechtsfähige Anstalt des öffentlichen Rechts als Verwaltungsträger einen gewissen Grad an (organisatorischer) Selbständigkeit und Unabhängigkeit.[196] In diesem Zusammenhang

---

190 Herkömmlicherweise werden die selbständigen Verwaltungseinheiten benutzt, wenn es erforderlich ist, dass bestimmte Verwaltungsaufgaben von besonderen Fachleuten und Betriebsmitteln zu entscheiden oder zu bewerten sind; vgl. *Löer*, Körperschafts- und anstaltsinterne Rechts- und Zweckmäßigkeitskontrolle, S. 14 f.; *Gotzmann*, Die Staatsaufsicht über die öffentlich-rechtlichen Rundfunkanstalten, S. 15 ff.

191 *Breuer*, VVDStRL Heft 44 (1986), S. 231 f.

192 Unterschiedliche Erscheinungsformen wie Sparkassen, Rundfunkanstalten, der deutsche Weinfonds und die Zentralstelle für die Vergabe von Studienplätzen, vgl. *Hagemeister*, WM 2002, S. 1773 (1773); *Breuer*, VVDStRL Heft 44 (1986), S. 225.

193 *Bohn*, Die Anstalt des öffentlichen Rechts unter Berücksichtigung des Wandels der Anstalt durch die Beteiligung Dritter, S. 82.

194 *Bohn*, Die Anstalt des öffentlichen Rechts unter Berücksichtigung des Wandels der Anstalt durch die Beteiligung Dritter, S. 82 f.: „Wohingegen bei der Teilrechtsfähigkeit eine nur gegenüber einer der beiden Parteien bestehende Selbständigkeit in rechtlicher Hinsicht besteht."

195 *Müller*, Verwaltungsrecht II, § 86 Rdnr. 32; *Heuterkes*, Rechtsfähige Organisationseinheiten in der Verwaltungsstruktur Frankreichs, Deutschlands und der Europäischen Gemeinschaften, S. 104; m.w.N. *Bohn*, Die Anstalt des öffentlichen Rechts unter Berücksichtigung des Wandels der Anstalt durch die Beteiligung Dritter, S. 78 f.

196 Vgl. *Maurer*, Allgemeines Verwaltungsrecht, § 23 Rdnr. 48; *Jecht*, Die Öffentliche Anstalt, S. 34 f.: „Die rechtsfähige öffentlich rechtliche Anstalt wird auch als selbstständige öffentliche Anstalt bezeichnet"; *Breuer*, VVDStRL Heft 44 (1986), 224 ff.;

haben auch teilrechtsfähige Anstalten die Möglichkeit, bezüglich bestimmter Fragen auf einer bestimmten Ebene die Selbstständigkeit zu erlangen.[197] Deshalb werden Rechtsfähigkeit und eine annähernde Selbständigkeit zugleich als maßgeblich angesehen.[198] Auch ist der Anstaltsträger in die Lage versetzt worden, eigene oder ihm durch das Gesetz übertragene öffentlich-rechtliche Aufgaben zu erfüllen und damit einen maßgeblichen Einfluss zu bekommen.[199] Dabei wendet er das Prinzip der Spezialisierung[200] und der Autonomie an.[201] Durch die Autonomie darf die Anstalt selbst den Haushalt aufstellen.[202] Dadurch wird die Anstalt vom Bundeshaushalt getrennt bzw. bekommt eine lediglich mittelbare Verbindung zu diesem.[203] Als Gegenleistung zur Autonomie unterliegt sie der Aufsicht des Staats und der Kommunen.[204] Hinzu kommt, dass die Anstalt für die Erfüllung des öffentlichen Zwecks hoheitlich handeln kann, soweit es eine gesetzliche Grundlage dafür gibt. Die weiteren wesentlichen Merkmale der

---

Burmeister, Herkunft, Inhalt und Stellung des institutionellen Gesetzesvorbehalts, S. 224; *Heuterkes*, Rechtsfähige Organisationseinheiten in der Verwaltungsstruktur Frankreichs, Deutschlands und der Europäischen Gemeinschaften, S. 100; *Frick*, Die Staatsaufsicht über die kommunalen Sparkassen, S. 30.

197 *Pieper*, Aufsicht, S. 110; *Bohn*, Die Anstalt des öffentlichen Rechts unter Berücksichtigung des Wandels der Anstalt durch die Beteiligung Dritter, S. 80 f.

198 *Lange*, VVDStRL 44 (1985), S. 203; *Krebs*, NVwZ 1985, S. 609 (615 f.); *Pieper*, Aufsicht, S. 110.

199 *Müller*, Verwaltungsrecht II, § 86 Rdnr. 17; *Pieper*, Aufsicht, S. 110; vgl. *Heuterkes*, Rechtsfähige Organisationseinheiten in der Verwaltungsstruktur Frankreichs, Deutschlands und der Europäischen Gemeinschaften, S. 84 f.; *Lewinski*, JA 2006, S. 517 (521).

200 Vgl. *Breuer*, VVDStRL Heft 44 (1986), S. 211 (228).

201 Vgl. *Müller*, Verwaltungsrecht II, § 86 Rdnr. 28.

202 *Müller*, Verwaltungsrecht II, § 86 Rdnr. 28: Vollrechtsfähige Anstalten stellen „eine dem Anstaltsträger wie jedem Dritter gegenüber selbständige rechtliche Zurechnungs-, Zuordnungs-, Vermögens- und Haftungseinheit mit eigenem Namen" dar; vgl. *Rüfner*, DÖV 1985, S. 605 (609); *Schlüter*, Behörde und Anstalt, S. 56.

203 Vgl. §§ 101, 110, 112 BHO; *Bohn*, Die Anstalt des öffentlichen Rechts unter Berücksichtigung des Wandels der Anstalt durch die Beteiligung Dritter, S. 83: „Als Beispiel für vollrechtsfähige Anstalten sind zu nennen: Sparkassen, Landesbanken, ein Großteil der Kreditinstitute des Bundes, die Rundfunkanstalten, die Bundesagentur für Arbeit."

204 Art. 130 Abs. 3 GG erwähnt, dass Anstalten des öffentlichen Rechts – soweit sie nicht der Landesverwaltung zugehörig sind – der Aufsicht der zuständigen obersten Bundesbehörden unterliegen; vgl. *Maurer*, Allgemeines Verwaltungsrecht, § 23 Rdnr. 49 ff.; *Lange*, VVDStRL Heft 44 (1986), S. 169 (190 f.).

rechtsfähigen Anstalt des öffentlichen Rechts liegen darin, dass sie für ihre Errichtung einer ausdrücklichen Rechtsgrundlage bedarf.

Eine öffentlich-rechtliche Anstalt lässt sich als selbständiger Verwaltungsträger dem übergeordneten Verwaltungsträger mittelbar zuordnen, weil der Träger der Anstalt regelmäßig nur diejenige Hoheitsperson ist, die die Anstalt errichtet hat.[205] Ein weiteres Kennzeichen einer öffentlichen Anstalt ist daher, dass sie zu der mittelbaren Verwaltungsorganisation gehört,[206] wobei ihre Aufgaben vom rechtsfähigen Träger ausgeführt werden.[207]

Einige der oben beschriebenen Hinweise zu den Erscheinungsformen öffentlicher Anstalten lassen ihre Bedeutung an ihrer Verwaltungsorganisation erkennen und liefern zugleich Anhaltspunkte dafür, warum öffentliche Anstalten zu errichten sind. Bei der Errichtung einer öffentlichen Anstalt wird im Wesentlichen berücksichtigt, dass die Aufgaben von einer Anstalt in bestimmten Verwaltungsbereichen ökonomischer und effizienter als von der unmittelbaren Verwaltung ausgeführt werden können. Denn eine Anstalt darf ihre Aufgabe flexibel wahrnehmen.[208] In der Verwaltungspraxis steigt die Zahl dieser Erscheinungsformen als ein weltweiter „Trend" immer mehr.[209]

---

205 Vgl. Art. 86 GG; *Maurer,* Allgemeines Verwaltungsrecht, § 23 Rdnr. 48; grundlegend dazu auch; *Krebs,* Verwaltungsorganisation, § 108 Rdnr. 42; *Kirschenmann,* JuS 1977, S. 565 (570); der Sonderfall der öffentlich rechtlichen Rundfunkanstalten, *Breuer,* VVDStRL Heft 44 (1986), S. 211 (229); *Pieper,* Aufsicht, S. 13; *Ehlers,* ZHR 167 (2003), S. 548 (557); *Junker,* Gewährleistungsaufsicht über Wertpapierdienstleistungsunternehmen, S. 73; *Burmeister,* Herkunft, Inhalt und Stellung des institutionellen Gesetzesvorbehalts, S. 218.

206 Vgl. *Maurer,* Allgemeines Verwaltungsrecht, § 23 Rdnr. 48; *Werheit,* Die Bundesanstalt für Finanzdienstleistungsaufsicht, S. 13 ff. und 78; *Burmeister,* Herkunft, Inhalt und Stellung des institutionellen Gesetzesvorbehalts, S. 218.

207 Vgl. *Heuterkes,* Rechtsfähige Organisationseinheiten in der Verwaltungsstruktur Frankreichs, Deutschlands und der Europäischen Gemeinschaften, S. 84 f.; *Lewinski,* JA 2006, S. 517 (521).

208 M.w. Nachw. zu Motiven für die Errichtung einer Anstalt siehe *Bohn,* Die Anstalt des öffentlichen Rechts unter Berücksichtigung des Wandels der Anstalt durch die Beteiligung Dritter, S. 112 ff.

209 Vgl. *Maurer,* Allgemeines Verwaltungsrecht, § 23 Rdnr. 50; *Heuterkes,* Rechtsfähige Organisationseinheiten in der Verwaltungsstruktur Frankreichs, Deutschlands und der Europäischen Gemeinschaften, S. 102; ferner über Motiv und Sachgrund für die Erledigung von Verwaltungsaufgaben im Zusammenhang einer Ausgliederung aus der unmittelbaren Staatsverwaltung durch eine Anstalt, *Breuer,* VVDStRL Heft 44 (1986), S. 211 (227 ff.); *Berg,* NJW 1985, S. 2294 (2298); *Weber,* Die bundesunmittelbaren juristischen Personen des öffentlichen Rechts, S. 507; *Ehlers,* ZHR 167

3. Die Abgrenzung von den drei bisherigen Behörden

a) Grundlage

aa) Der Bundesminister als Verwaltungsspitze

In Art. 62 GG werden als Bundesregierung der Bundeskanzler und die Bundesminister genannt. Die Bundesministerien haben als Teil der vollziehenden Gewalt die verantwortliche Leitung der Administration inne.[210] Nach dem Ressortprinzip des Art. 65 Abs. 2 GG obliegt den Ministern die selbständige und eigenverantwortliche Leitung in demjenigen Bereich, in dem sie tätig sind.[211] Dies bedeutet, dass ihnen die verwaltungsrechtliche Organisation, die Errichtung und Führung der Verwaltung, nicht nur des unmittelbaren Geschäftsbereiches des Ministeriums, sondern auch der nachgeordneten Behörden und Einrichtungen, obliegen.[212] Im Rahmen der Bundesregierung spielen die jeweiligen Befugnisse des Ministeriums neben der umfassenden politischen Führungsrolle des Bundeskanzlers eine wichtige Rolle. Als Befugnisse sind das Ressortprinzip, die Organisationsbefugnis und die Ministerverantwortlichkeit zu nennen. Dabei bedeutet Ministerverantwortlichkeit, dass jede Entscheidung oder Angelegenheit im eigenen Geschäftsbereich von den Ministerien eigenverantwortlich zu leiten ist.[213] Das Prinzip der Ministerverantwortung darf keinesfalls beschränkt werden.[214]

(2003), S. 548 (578); *Burmeister*, Herkunft, Inhalt und Stellung des institutionellen Gesetzesvorbehalts, S. 219 f.; *Gärtner*, Finanzielle Beteiligung Privater an Anstalten des öffentlichen Rechts, S. 9 ff.; *Frick*, Die Staatsaufsicht über die kommunalen Sparkassen, S. 35 f.

210 Vgl. *Pieper*, Aufsicht, S. 10; es ist nicht unbestritten, ob die Verantwortung dem Parlament oder dem Bundeskanzler obliegt, m.w.Nachw. siehe dazu *Klein*, Die verfassungsrechtliche Problematik des ministerialfreien Raumes, 27 ff.

211 Nachw. bei *Ruffert*, DÖV 1998, S. 897 (900 f.); auch *Loschelder*, Weisungshierarchie und persönliche Verantwortung, § 107 Rdnr. 42; *Oertel*, Die Unabhängigkeit der Regulierungsbehörde nach §§ 66 ff. TKG, S. 169; *Oebbecke*, Weisungs- und unterrichtsfreie Räume in der Verwaltung, S. 35.

212 *Pieper*, Aufsicht, S. 12.

213 Denn Verantwortung im Sinne eines politischen Einstehens verlangt eine umfassende Einwirkungsbefugnis, *Pieper*, Aufsicht, S. 14; m.w.Nachw. zur Reichweite der ministeriellen Verantwortlichkeit, *Klein*, Die verfassungsrechtliche Problematik des ministerialfreien Raumes, S. 39 f.

214 *Schmidt*, Kommentar zum VAG, § 1 Rdnr. 2.

bb) Das Weisungsrecht des Ministers

Dienstaufsicht bedeutet, dass eine Behörde die staatliche Aufsicht über eine nachgeordnete Behörde übernimmt. Deren Instrument ist der Befehl, die Weisung oder die Anordnung.[215] Diese Weisung ist „die auf Verbindlichkeit angelegte Äußerung einer Verhaltenserwartung durch eine übergeordnete Einheit gegenüber einer untergeordneten Einheit“[216], oder – im Imperativ ausgedrückt – der geäußerte Wille des Anordnenden, dass der Weisungsempfänger ein ganz bestimmtes Verhalten zeigen soll.[217] Der Inhalt der Weisung wird grundsätzlich nicht beschränkt: „Sie kann konkret und abstrakt, speziell oder generell sein; sie kann sich auf die Rechtsmäßigkeit oder auf die Zweckmäßigkeit beziehen; sie kann schriftlich oder mündlich, ausdrücklich oder konkludent ergehen.“[218] Ihre Wirkung besteht nicht darin, dass sie nur der Verwirklichung der geschriebenen Gesetze dient oder die nachgeordnete Behörde zum weisungsgemäßen Verhalten verpflichtet.[219] Vielmehr hat sich die Weisungsbefugnis auf die Zweckmäßigkeitskontrolle zu konzentrieren. Diesbezüglich wird unter der Weisungsgebundenheit verstanden, dass der Weisungsempfänger an abstrakte oder konkrete Befehle, mit denen das „Wie“ der vom Organwalter wahrgenommenen Aufgaben geregelt wird, gebunden ist.[220]

Die allgemeine Organ- bzw. Behördenaufsicht benötigt dafür keine besondere Legitimation, weil die Aufsicht über die hierarchisch-administrativ nachgeordneten Organe und Behörden als selbstverständlich verstanden wird.[221] Dies hängt mit dem Recht des Ressortministers zusammen, in seinem Tätigkeitsfeld Einzelweisungen an die nachgeordneten Behörden zu erteilen.[222] Teilweise wird die Meinung vertreten, dass der Minister allgemeine und besondere Weisungen, die jede Angelegenheit in seinem Ressort umfassen kann, erteilen, aber auch wieder abgeben darf.[223] Das Weisungsrecht des Ministeriums wird aus dessen Befugnis zur Aufsicht über die nachgeordneten Behörden abgeleitet.[224] Dieses Aufsichtsrecht

---

215 *Klein*, Die verfassungsrechtliche Problematik des ministerialfreien Raumes, S. 44.

216 *Oebbecke*, Weisungs- und unterrichtsfreie Räume in der Verwaltung, S. 6, 11 ff.

217 *Klein*, Die verfassungsrechtliche Problematik des ministerialfreien Raumes, S. 44.

218 *Oebbecke*, Weisungs- und unterrichtsfreie Räume in der Verwaltung, S. 6.

219 Vgl. *Klein*, Die verfassungsrechtliche Problematik des ministerialfreien Raumes, S. 44 f.

220 Vgl. *Schlüter*, Behörde und Anstalt, S. 36.

221 *Brandner*, DÖV 1990, S. 966 f.

222 Das Recht wird in der Verwaltungspraxis nach Auffassung der Literatur allerdings nur in Ausnahmefällen genutzt, Nachw. siehe *Brandner*, DÖV 1990, S. 966 f.

223 Vertiefend dazu *Kölble*, DÖV 1969, S. 25 (27).

224 *Oebbecke*, Weisungs- und unterrichtsfreie Räume in der Verwaltung, 1986, S. 37 f.; *Brandner*, DÖV 1990, S. 966 (967).

wird im hierarchischen Verwaltungsaufbau als unabdingbar angesehen.[225] Verfassungsrechtlich gesehen sind die Direktionsbefugnisse, die auf der hierarchischen Struktur fußen, Voraussetzung und Basis für die Verantwortung der Exekutivspitze.[226] Der hierarchische Aufbau der Verwaltung[227] ist im demokratischen Verwaltungsstaat ein Bestandteil des Demokratieprinzips: „Die verfassungsrechtlich notwendige demokratische Legitimation erfordert eine ununterbrochene Legitimationskette vom Volk zu den mit staatlichen Aufgaben betrauten Organen und Amtswaltern."[228] Durch die periodische Wahl der zentralen Organe wird diese demokratische Legitimation weiter sichergestellt.[229]

In diesem Zusammenhang ist festzustellen, dass das Weisungsrecht des Ministers gegenüber den nachgeordneten Behörden aufgrund des Demokratieprinzips untrennbar von der hierarchischen Bundesverwaltung ist. Ungeachtet dessen ist das Recht nicht grenzenlos gewährleistet.[230] Die Weisung als verwaltungsrechtliches Instrument unterliegt vielmehr den Schranken des Rechts und des Gesetzes.[231]

b) Organisatorische Abgrenzung der Anstalten von Behörden

Es ist nicht einfach, die Anstalt von der Behörde abzugrenzen. Denn die Tätigkeit der Behörden lässt sich im Wesentlichen dadurch kennzeichnen, dass sie mit sachlichen und persönlichen Mitteln einem bestimmten Zweck dienen. Die Abgrenzungsschwierigkeiten ergeben sich insbesondere in dem Fall, wenn Aufgaben, die ursprünglich von den Behörden wahrgenommen wurden, auf die Anstalten übertragen werden.[232] Im Folgenden werden daher – neben dieser funktionalen

---

225 Vgl. *Brandner*, DÖV 1990, S. 966 (967).

226 *Brandner*, DÖV 1990, S. 966 (967).

227 *Loschelder*, Weisungshierarchie und persönliche Verantwortung, § 107 Rdnr. 1, 3: „Weisungshierarchie signalisiert Fremdverfügbarkeit, Unterwerfung unter den Willen anderer." Auch: „Die Hierarchie wird ihrerseits, von jeder verfassungsrechtlichen Ausformung, als notwendiges und zentrales Bauelement der staatlichen Exekutive und der organisierten Staatlichkeit überhaupt angesehen."

228 *Brandner*, DÖV 1990, S. 966 (967).

229 Alle weiteren Entscheidungen leiten sich aus dieser Legitimation ab, sie ergehen „im Namen des Volkes"; *Loschelder*, Weisungshierarchie und persönliche Verantwortung, § 107 Rdnr. 18; *Brandner*, DÖV 1990, S. 966 (967).

230 Siehe dazu *Brandner*, DÖV 1990, S. 966 (970).

231 *Klein*, Die verfassungsrechtliche Problematik des ministerialfreien Raumes, S. 47.

232 *Rüfner*, DÖV 1985, S. 605 (609): Nach der „Definition O. Mayers müsste jede Behörde zugleich eine Anstalt sein"; vgl. *Schlüter*, Behörde und Anstalt, S. 45, 60 f.

Abgrenzung[233] – die Organisation und die Unterschiede dieser beiden Formen beleuchtet.

„Behörde" ist ein Zentralbegriff des Verwaltungsorganisationsrechts. Dessen Legaldefinition wird zwar beispielhaft im Verwaltungsverfahrensrecht genannt;[234] eine klare Definition gibt es jedoch nicht. In der Praxis ist der Behördebegriff mehrdeutig.[235] Behörden sind eine typische Form der unmittelbaren Staatsverwaltung, wohingegen die Anstalten als selbständige ausgegliederte Verwaltungseinheit zur mittelbaren Staatsverwaltung gehören.[236]

Die Anstalt erfüllt ihre Aufgabe eigenverantwortlich. Damit kommt ihr im Gegensatz zur Behörde eine eigene Identität zu.[237] Dies wird dadurch erkennbar, dass eigene Strukturen bezüglich der Binnenorganisation geschaffen werden, die sich deutlich vom hierarchischen Aufbau bei Behörden unterscheiden.[238] Im Gegensatz dazu sind die Behörden als Teil der unmittelbaren Staatsverwaltung einer konkreten Weisungskette unterworfen. Das Weisungsrecht folgt aus dieser Einbindung bei ihnen „von selbst".[239] Bei selbständigen ausgegliederten Verwaltungseinheiten wird hingegen für die Begründung solcher Weisungsrechte eine gesetzliche Zuweisung bzw. eine rechtliche Grundlage verlangt.[240] Das Gleiche gilt für die Aufsicht bei den beiden Formen: Bei

233 Vertiefend dazu siehe *Jecht*, die öffentliche Anstalt, S. 62 ff.

234 § 1 Abs. 4 VwVfG: „Behörde im Sinne dieses Gesetzes ist jede Stelle, die Aufgaben der öffentlichen Verwaltung wahrnimmt."

235 *Maurer*, Allgemeines Verwaltungsrecht, § 21 Rdnr. 31; zu weiteren Kriterien des Behördenbegriffs siehe *Schlüter*, Behörde und Anstalt, S. 6, 38 f.: Unter Behörde im weiteren Sinne versteht man „die öffentliche Stelle, von der aus eine öffentliche Tätigkeit entfaltet wird" oder „jede Stelle, die in der allgemeinen Staatsverwaltung, ob sie nun vom Staat selbst oder im Wege der Selbstverwaltung ausgeübt wird mit einer öffentlichen Funktion betraut ist".

236 Grundsätzlich dazu siehe *Jecht*, die öffentliche Anstalt, S. 62 ff.; vgl. *Rüfner*, DÖV 1985, S. 605 (609 f.).

237 *Bohn*, Die Anstalt des öffentlichen Rechts unter Berücksichtigung des Wandels der Anstalt durch die Beteiligung Dritter, S. 109.

238 *Bohn*, Die Anstalt des öffentlichen Rechts unter Berücksichtigung des Wandels der Anstalt durch die Beteiligung Dritter, S. 109.

239 Vgl. *Loschelder*, Weisungshierarchie und persönliche Verantwortung, § 68 Rdnr. 18 ff.; *Bohn*, Die Anstalt des öffentlichen Rechts unter Berücksichtigung des Wandels der Anstalt durch die Beteiligung Dritter, S. 108.

240 *Bohn*, Die Anstalt des öffentlichen Rechts unter Berücksichtigung des Wandels der Anstalt durch die Beteiligung Dritter, S. 108.

Anstalten ist die Aufsicht gesetzlich festgelegt.[241] Allerdings ist bei der Anstalt eine unbeschränkte Fachaufsicht gesetzlich angeordnet, so dass sie gegenüber Behörden ein gesteigertes Maß an organisatorischer Verselbständigung besitzt.[242] Insbesondere ist dabei die Abhängigkeit der unmittelbaren Bundesverwaltung von der ministeriellen Weisungsbindung zu beachten.[243] Die Wirkung dieser Weisungsgebundenheit umfasst nicht nur die Rechtsbeziehungen, die sich aus der politischen Einflussnahme ergeben, sondern auch die Personen-, die Organisations- und die Finanzgewalt.[244] Damit wird klargestellt, dass „zwischen der Weisung, gleich ob Fachaufsicht oder allgemein und der allgemeinen inneradministrativen Leitung ein wesensmäßiger Unterschied besteht".[245]

Des Weiteren ist auch die Rechtsfähigkeit der verselbständigten Verwaltungsträger hervorzuheben: „Die Rechtsfähigkeit unterscheidet die Anstalt wesentlich von den Behörden."[246] Darüber hinaus besteht ein weiterer Unterschied darin, dass die Beschäftigten der Anstalt ein direktes Arbeits- oder Beamtenverhältnis mit der Anstalt haben. „Bei der Behörde hingegen sind sie nicht Bedienstete der Behörde selbst, sondern der jeweiligen Gebietskörperschaft."[247]

c) Die Vorgängerbehörden der BaFin

aa) Die Bedeutung der „selbständigen" Bundesoberbehörde im Sinne des Art. 87 Abs. 3 GG

Nach Art. 87 Abs. 3 S. 3 GG waren die Bundesaufsichtsämter für das Kreditwesen, für das Versicherungswesen und für den Wertpapierhandel bisher diejenigen drei selbständigen Bundesoberbehörden, die dem jeweils zuständigen

---

241 *Schlüter*, Behörde und Anstalt, S. 26; *Loschelder*, Weisungshierarchie und persönliche Verantwortung, § 68 Rdnr. 18; *Bohn*, Die Anstalt des öffentlichen Rechts unter Berücksichtigung des Wandels der Anstalt durch die Beteiligung Dritter, S. 109.

242 *Bohn*, Die Anstalt des öffentlichen Rechts unter Berücksichtigung des Wandels der Anstalt durch die Beteiligung Dritter, S. 109.

243 Die organisatorische Abhängigkeit der bundeseigenen Verwaltung zeigt sich in der Weisungs- und Kontrollkompetenz des zuständigen Ministeriums, vgl. *Werheit*, Die Bundesanstalt für Finanzdienstleistungsaufsicht, S. 17.

244 *Oertel*, Die Unabhängigkeit der Regulierungsbehörde nach §§ 66 ff. TKG, S. 187 f.; vgl. *Oebbecke*, Weisungs- und unterrichtsfreie Räume in der Verwaltung, 36 f.

245 Vertiefend dazu siehe *Burmeister*, Herkunft, Inhalt und Stellung des institutionellen Gesetzesvorbehalts, S. 259 f; vgl. *Oebbecke*, Weisungs- und unterrichtsfreie Räume in der Verwaltung, 35 f.

246 Darauf komme ich später noch näher zu sprechen.

247 *Bohn*, Die Anstalt des öffentlichen Rechts unter Berücksichtigung des Wandels der Anstalt durch die Beteiligung Dritter, S. 110.

Bundesminister (BMF) nachgeordnet waren.[248] In diesem Zusammenhang ist zu klären, ob und inwieweit sich aus dem Beiwort *„selbständig“* zumindest die Möglichkeit einer Weisungsunabhängigkeit von der ministeriellen Spitze ergeben kann.[249]

Die selbständige Bundesoberbehörde nimmt eine besondere Stellung ein, wie sie nur im Bereich der Bundesverwaltung vorkommen kann: Im Grundgesetz wird sie immer als eine Behördenart der unmittelbaren Bundesverwaltung angesehen, so dass sie diejenigen Aufgaben, die sich ihrem Wesen nach zur zentralen Erledigung eignen, ohne untergeordnete Behörden sachgerecht für das gesamte Bundesgebiet erledigen muss.[250] Dieser Organisationsform liegt die Vorstellung zugrunde, dass „im Interesse der Spezialisierung bestimmte Arbeitsbereiche aus einer obersten Bundesbehörde auszugrenzen und einer selbstständigen (spezialisierten) Behörde zu übertragen“[251] sind. Die selbständige Bundesoberbehörde soll so durch besonders qualifizierte Experten als ein Gebilde verstanden werden, dem sachlich-technische Aufgaben übertragen werden.[252] Darüber hinaus ist sie aufgrund ihrer eigenen Selbständigkeit in Bezug auf Funktionen und Entscheidungen in die Hoheitsverwaltung eingegliedert; statt von außen gesteuert zu werden, kommt ihr ein freier Entscheidungsspielraum zu.[253]

Zu beachten bleibt auch, dass diese organisatorische Verselbständigung bzw. die Trennung von der oberen Bundesbehörde nicht zwingend die Ausstattung mit eigener Rechtsfähigkeit bedeutet. Eine solche spielt bei der Unterscheidung zwischen selbständigen und unselbständigen Oberbehörden keine wichtige Rolle, denn die selbständigen Bundesoberbehörden sind ausschließlich als solche Gebilde anzusehen, denen eine keine eigene Rechtsfähigkeit zukommt.[254] „Selbständig“ im verfassungsrechtlichen Sinn weist nicht darauf hin, dass die Behörde als rechtsfähige Anstalt oder juristische Person anzusehen ist. Dies bedeutet nur, dass die Oberbehörden keinen Mittel- und Unterbau haben und nur mit Aufgaben

---

248 Vgl. dazu § 5 Abs. 1 S. 1 KWG a.F und § 3 Abs. 1 WpHG a. F.

249 Da einige der weisungsfrei gestellten Verwaltungen Bundesoberbehörden sind (z.B. Bundesschuldenverwaltung, Bundesprüfstelle).

250 *Jecht*, die öffentliche Anstalt, S. 68; vgl. *Krebs*, Verwaltungsorganisation, § 108 Rdnr. 19; *Herdegen*, WM 2000, S. 2122; *Kluth*, Verwaltungsrecht III, § 81 Rdnr. 86; BVerfGE 14, 197 (211).

251 *Maunz*, Kommentar zum GG, Art. 87 Rdnr. 54 und 79.

252 *Jecht*, Die öffentliche Anstalt, S. 69 f.

253 *Jecht*, Die öffentliche Anstalt, S. 70.

254 M.w. Nachw. *Jecht*, Die öffentliche Anstalt, S. 69, 74; vgl. *Schmidt*, DÖV 2005, S. 1025 (1027).

betraut werden können, „die der Sache nach für das ganze Bundesgebiet“ zentral „und ohne Inanspruchnahme von Verwaltungsbehörden der Länder – außer für reine Amtshilfe – wahrgenommen werden können“.[255] Entscheidend ist daher zum einen, dass durch die Selbständigkeit der Bundesoberbehörde ihre Stellung festgelegt wird und zum anderen, dass „das Auf-sich-allein-Gestelltsein i.S des mangelnden Bedürfnisses nach einem Verwaltungsunterbau verdeutlicht wird“.[256]

Alles in allem ist das Merkmal der „Selbständigkeit“, das den nach Art. 87 Abs. 3 S. 1 GG errichteten Bundesoberbehörden eigen ist, vor dem Hintergrund des Regelungsgehalts des ganzen Art. 87 GG zu verstehen. In Art. 87 GG werden die Verwaltungskompetenzen des Bundes im Verhältnis zu den Ländern näher geregelt: Es ist „daher Bestandteil unserer föderativen Verfassung, keine eigentliche Organisationsform“.[257] Daher ist die zutreffende Antwort auf die eingangs erwähnte Frage dem Art. 87 Abs. 3 GG jedenfalls nicht zu entnehmen. Vor diesem Hintergrund erscheint es deshalb auch organisationsrechtlich sachgerechter, dass hinsichtlich des Begriffs der in Art. 87 Abs. 3 S. 1 GG umschriebenen Selbständigkeit nicht von der Unabhängigkeit der Behörden, sondern zunächst von der organisatorischen Verselbständigung von der Ministerialverwaltung zu sprechen ist.[258]

bb) Die Kontrolle des BMF über die drei bisherigen Bundesoberbehörden

BAKred, BAWe und BAV wurden folgerichtig in die Geschäftsbereiche des BMF eingegliedert: Denn das Ministerium ist für den Wirtschaftsbereich zuständig[259] Der Finanzminister war auch Dienstvorgesetzter des Präsidenten dieser Behörden

255 *Bähre/Schneider*, KWG-Kommentar, § 5 S. 110; BVerfGE 14, 197 (198): Dagegen entspricht es diesem Begriff der Selbständigkeit, dass die Bundesoberbehörde ihre Aufgaben „nur in Zusammenarbeit mit einer bereits bestehenden anderen Bundesoberbehörde oder einer bundesunmittelbaren Körperschaft oder Anstalt des öffentlichen Rechts, oder in Anlehnung an eine solche, auf der Ebene der Gleichordnung erfüllen kann“.

256 *Klein*, Die verfassungsrechtliche Problematik des ministerialfreien Raumes, S. 140 f.

257 *Klein*, Die verfassungsrechtliche Problematik des ministerialfreien Raumes, S. 140 f.

258 Vgl. *Oebbecke*, Verwaltungszuständigkeit, § 136 Rdnr. 91: „Selbständig sind Bundesoberbehörden, wenn sie organisatorisch deutlich von der für sie zuständigen obersten Bundesbehörde abgesetzt sind, indem sie ihre Sachenentscheidungen grundsätzlich ohne Einwirkung des zuständigen Ministeriums treffen, jedenfalls in gewissem Umfang für Personalentscheidung zuständig sind und einige Haushaltsmittel verwalten.“

259 Vgl. *Bähre/Schneider*, Kommentar zum KWG, § 5 S. 111.

und das BMF oberste Dienstbehörde für deren Beamte.[260] Demnach waren die Behörden der Dienstaufsicht des BMF sowohl bei der Aufsichtstätigkeit als solcher als auch im Einzelfall an die gesetzmäßigen Weisungen gebunden, die das Ministerium im Allgemeinen oder im Einzelfall erteilen kann.[261] Durch diese grundsätzliche Fach- und Dienstaufsicht wurden die Behörden – zumindest potentiell – politisch abhängig.[262] Mit deren Errichtung war keine Integration der privaten Kräfte in die Verwaltungsorganisation verbunden, es ließ sich nur die Schaffung hochrangiger, fachlich qualifizierter Sonderbehörden, deren Struktur dem herkömmlich bürokratischen Modell nachgebildet war,[263] beobachten.[264]

Wie oben schon erwähnt wurden diese Behörden für spezifische Aufgaben errichtet und mussten für deren Wahrnehmung daher unbedingt Fachkenntnisse besitzen. Durch diese umfassenden Kenntnisse wurde ihnen eine relativ hohe Eigenverantwortung übertragen.[265] Dabei wurde dem Ministerium die Verantwortung für die fachlichen Entscheidungen der Behörden auferlegt.[266] In diesem Bereich konnte der Minister jederzeit von seinem Weisungsrecht Gebrauch machen.[267] Der Minister verfügte aber über keine Weisungsbefugnisse gegenüber

---

260 Vgl. § 3 BBG; *Bähre/Schneider*, Kommentar zum KWG, § 5 S. 111.

261 *Bähre/Schneider*, Kommentar zum KWG, § 5 S. 111; *Schmidt*, Kommentar zum VAG, § 1 Rdnr. 2; *Müller*, Kommentar zum VAG, § 90 Rdnr. 2; *Junker*, Gewährleistungsaufsicht über Wertpapierdienstleistungsunternehmen, S. 70.

262 Vgl. *Oertel*, Die Unabhängigkeit der Regulierungsbehörde nach §§ 66 ff. TKG, S. 187 ff.

263 *Junker*, Gewährleistungsaufsicht über Wertpapierdienstleistungsunternehmen, S. 71: „Demzufolge nur der Staat als Hüter des Gemeinwohls auftritt, dessen Inhalt ausschließlich von staatlichen Institutionen definiert wird."

264 *Junker*, Gewährleistungsaufsicht über Wertpapierdienstleistungsunternehmen, S. 71.

265 *Müller*, Kommentar zum VAG, § 90 Rdnr. 2: „Dieser Verantwortung können sie nur gerecht werden, wenn der durch das Gesetz eingeräumte Entscheidungsspielraum nicht durch fachliche Weisungen der vorgesetzten obersten Bundesbehörden, die naturgemäß über umfassende Spezialkenntnisse nicht verfügen, empfindlich eingeschränkt wird."

266 Auch ist „der Minister kraft seiner Dienstaufsicht in der Lage, dafür zu sorgen, dass die nachgeordnete Behörde vor allem in personeller Hinsicht qualitativ und quantitativ so besetzt ist, dass sie ihre Aufgaben erfüllen kann". Lässt das Gesetz der Behörde einen politischen Entscheidungsspielraum zu, kann allerdings etwas anderes gelten (hierzu *Müller*, Kommentar zum VAG, § 90 Rdnr. 2); *Schmidt*, Kommentar zum VAG, § 1 Rdnr. 2.

267 *Müller*, Kommentar zum VAG, § 90 Rdnr. 2.

den Mitgliedern der Beschlusskammer, auch wenn diese Beamte des BAV sind.[268] Die Weisungsunabhängigkeit der Vorläuferbehörden der BaFin, z.B. der BAV, wurde überwiegend „aus der Kollegialstruktur, der Beteiligung von Beiratsmitgliedern und dem gerichtsähnlichen Verfahren“ abgeleitet.[269]

III. Postulat der anstaltlichen Verselbständigung der BaFin

1. Die BaFin als bundesunmittelbare rechtsfähige Anstalt des öffentlichen Rechts

Gemäß § 1 Abs. 1 FinDAG ist die Bundesanstalt für Finanzdienstleistungsaufsicht eine „bundesunmittelbare rechtsfähige Anstalt des öffentlichen Rechts“.[270] Durch diesen „rechtsfähigen“ Charakter unterscheidet sich die BaFin von einer nicht rechtsfähigen Anstalt.[271] Der Schöpfer des Gesetzes über die Bundesanstalt für Finanzdienstleistungsaufsicht zielte darauf ab, dass die Anstalt durch ihren rechtsfähigen Status und die damit verbundene Trennung vom Bundeshaushalt mehr Unabhängigkeit im budgetären, organisationsrechtlichen und personellen Bereich erhalten sollte.[272] Dabei ist die Frage zu stellen, ob die Unabhängigkeit der BaFin in der Tat verwirklicht worden ist, wenn die von der BaFin wahrgenommenen Aufgaben und die oben beschriebenen typischen Merkmale der Anstalt insgesamt berücksichtigt werden.

Bei näherer Betrachtung ist die BaFin als eine hoheitliche Behörde der wichtigste Akteur hinsichtlich der administrativen Aufsicht über den Finanzmarkt.[273] Die Aufgabe der BaFin gehört dabei weder zur Leistungsverwaltung, noch sind die Handlungen der BaFin vornehmlich auf Realakte bezogen. Auf dem Gebiet des materiellen Polizeirechts findet sich im Bund zudem keine andere vergleichbare

---

268 *Müller*, Kommentar zum VAG, § 90 Rdnr. 2 f.

269 m.w.N. *Schuppert*, Die Erfüllung öffentlicher Aufgaben durch verselbständigte Verwaltungseinheiten, S. 21.

270 Zu den vollrechtsfähigen Anstalten gehören beispielsweise die Bundesanstalt für Finanzdienstleistungsaufsicht, die deutsche Bundesbank und die Bundesanstalt für Landwirtschaft sowie der Weinfonds, vgl. *Berg*, NJW 1985, S. 2294 (2296).

271 *Pieper*, Aufsicht, S. 110; vgl. *Heuterkes*, Rechtsfähige Organisationseinheiten in der Verwaltungsstruktur Frankreichs, Deutschlands und der Europäischen Gemeinschaften, S. 104 f.

272 Begründung zum Entwurf eines Gesetzes über die integrierte Finanzdienstleistungsaufsicht, BR-Drs, 14/7033, S. 33; auf die Unabhängigkeit im personellen und budgetären Bereich wird im Teil D. E. dieser Arbeit näher eingegangen werden.

273 *Wende*, NVwZ 2006, S. 765 f.; vgl. *Maurer*, Allgemeines Verwaltungsrecht, § 23 Rdnr. 53.

Einrichtung in der Rechtsform der selbständigen Anstalt des öffentlichen Rechts.[274] Zudem ist die BaFin nicht nur für die beaufsichtigten Unternehmen und Institute, die an der Ausführung der Aufgaben der BaFin ein konkretes Interesse haben, sondern auch für die Öffentlichkeit im Aufsichtsbereich tätig. Damit stellt sich die Frage nach dem Sinn und Zweck der Anstaltserrichtung im Bereich des Bundes im Zusammenhang mit Art. 87 Abs. 3 GG. Obwohl die herrschende Ansicht die Rechtsform der selbständigen Anstalt nicht in Frage stellt, ist doch zu klären, aus welchem Grund die Bundesanstalt für Finanzdienstleistungsaufsicht gerade in dieser Rechtsform errichtet wurde. An dieser Stelle kann gesagt werden, dass es sich dabei um den größten organisationsrechtlichen Unterschied zwischen den ehemaligen Behörden und der BaFin handelt.

2. Die Unabhängigkeit weiterer Aufsichtsbehörden

Zum besseren Verständnis der Rechtsformwahl erscheint es an dieser Stelle angebracht, auf einige organisationsrechtliche Aspekte weiterer atypischer Anstalten einzugehen, nämlich diejenigen der Deutschen Bundesbank und der Bundesnetzagentur als Bundesoberbehörde. Die Darstellung der Organisation dieser beiden Institutionen soll die Verselbständigung und damit die Unabhängigkeit der BaFin deutlich machen.

a) Deutsche Bundesbank

Die Deutsche Bundesbank ist gemäß § 2 BBanKG eine bundesunmittelbare juristische Person des öffentlichen Rechts.[275] Art. 88 S. 1 GG ist die verfassungsrechtliche Grundlage der Bundesbank und überträgt mit einer knappen Formulierung die währungspolitische Verantwortung im Bereich der Währungshoheit einer unabhängigen Zentralbank. Kraft des Art. 88 GG wird eine Bundesbank mit festgelegten Kompetenzen errichtet.[276] Die Tatsache, dass Art. 88 die Bezeichnung

---

274 Vgl. *Hagemeister,* WM 2002, S. 1773 (1774); *Schwirten,* Kommentar zum KWG, § 1 FinDAG Rdnr. 3; *Werheit,* Die Bundesanstalt für Finanzdienstleistungsaufsicht, S. 72; *Halfpap,* Kapitalmarktaufsicht in Europa und den USA, S. 183; *Frach,* Finanzaufsicht in Deutschland und Großbritannien, S. 74; *Junker,* Gewährleistungsaufsicht über Wertpapierdienstleistungsunternehmen, S. 74.

275 Die Bundesbank ist i.d.R. als rechtsfähige Lenkungsanstalt anzusehen; *Breuer,* VVDStRL Heft 44 (1986), S. 211 (234); *Müller,* Verwaltungsrecht II, § 86 Rdnr. 33.

276 Auch noch zur ausführlichen Auslegung des Art. 88 GG siehe *Samm,* Die Stellung der Deutschen Bundesbank im Verfassungsgefüge, S. 179 ff.; *Bohn,* Die Anstalt des öffentlichen Rechts unter Berücksichtigung des Wandels der Anstalt durch die Beteiligung Dritter, S. 120 f., 127; kritisch: *Oebbecke,* Weisungs- und unterrichtsfreie

„Währungsbank“ einführt, weist darauf hin, dass „ihr die alleinige und eigenverantwortliche Führung der Währungspolitik [obliegt]“.[277] Durch diese verfassungsrechtliche Vorschrift, die sich in bestimmten Bereichen der direkten staatlichen Einflussnahme entzieht, kann eine bestimmte Organisationsform, d.h. die Deutsche Bundesbank, gegründet werden.[278]

Was die staatliche Aufsicht über die Bundesbank angeht, so spricht – anders als bei anderen öffentlich-rechtlichen Anstalten – vieles für eine mangelnde Staatsaufsicht oder eine rudimentäre Staatsaufsicht.[279] Nach § 12 BBankG ist die Bundesbank wesensmäßig oder aus der Natur der Sache[280] verpflichtet, „bei der Ausübung der Befugnisse, die ihr nach diesem Gesetz zustehen, von Weisungen der Bundesregierung unabhängig“ zu sein. Die Unabhängigkeit der Deutschen Bundesbank wurde vom Bundestagsausschuss für Geld und Kredit dadurch ausgedrückt, dass „die Bank bei ihren währungspolitischen Entscheidungen nicht der parlamentarischen Kontrolle unterliegt, nicht an Weisungen der Bundesregierung gebunden ist und unter Einfluss potentieller Interessenten an einer für die Sicherheit unserer manipulierten Währung gefährlichen Ausdehnung des Geldvolumens gerät“.[281] Daher unterliegt sie keiner staatlichen Aufsicht, also weder einer fachlichen noch einer rechtsaufsichtlichen Kontrolle.[282] Im Verhältnis zwischen der Bundesbank und dem zuständigen Minister wird also Weisungsfreiheit gewährleistet.[283] Eine

Räume in der Verwaltung, 170 ff.; weniger skeptisch: *Klein*, die verfassungsrechtliche Problematik des ministerialfreien Raumes, S. 127 ff.; *Breuer*, VVDStRL Heft 44 (1986), S. 211 (237) dagegen kritisch: „Insbesondere ist es daher verfassungsrechtlich nicht geboten, die Bundesbank als rechtsfähige und autonome Anstalt des öffentlichen Rechts auszugestalten.“

277 *Samm*, Die Stellung der Deutschen Bundesbank im Verfassungsgefüge, S. 180.

278 Vgl. *Bohn*, Die Anstalt des öffentlichen Rechts unter Berücksichtigung des Wandels der Anstalt durch die Beteiligung Dritter, S. 128.

279 Ihre Beteiligungen an Einrichtungen (§ 4 BBankG), Ernennungsvorschlagsrecht bei der Bestellung von Organmitgliedern der Bundesbank (§ 7 Abs. 3 Satz 2 BBankG) sowie die Prüfung des Jahresabschlusses der Bundesbank durch den Bundesrechnungshof (§ 26 Abs. 3 BBankG) werden als Beispiele für Rudimente einer Staatsaufsicht genannt, hierzu *Klein*, die verfassungsrechtliche Problematik des ministerialfreien Raumes, S. 116 f.

280 *Oebbecke*, Weisungs- und unterrichtsfreie Räume in der Verwaltung, S. 54.

281 Vgl. *Klein*, Die verfassungsrechtliche Problematik des ministerialfreien Raumes, S. 116.

282 *Klein*, Die verfassungsrechtliche Problematik des ministerialfreien Raumes, S. 116; dagegen die Bejahung der rechtsaufsichtlichen Ausübung, *Müller*, Verwaltungsrecht II, § 86 Rdnr. 21.

283 *Oebbecke*, Weisungs- und unterrichtsfreie Räume in der Verwaltung, S. 170.

Weisungsgebundenheit besteht damit nur dann, wenn aufgrund anderer Rechtsvorschriften der Bundesbank zusätzliche Befugnisse zukommen.[284] In diesem Zusammenhang ist die Bundesbank überwiegend als eine atypische Anstalt anzusehen.[285] Sie ist als ein mit einem Regierungsorgan vergleichbares Exekutivorgan besonderer Art oder als ein Teil der Exekutive zu verstehen, wenn sie eine spezielle und besonders abgegrenzte Sachaufgabe alleine wahrnimmt.

Gemäß § 29 Abs. 1 Satz 1 BBankG hat der Zentralbankvorstand die Stellung einer obersten Bundesbehörde. Daher kommt ihm bezüglich seines Geschäftsbereichs eine von den anderen Stellen zu respektierende Autonomie zu.[286] Das vielfältige Ernennungssystem für die Vorstandsmitglieder, die ausreichend lange Amtszeit und die hohe Rangstellung des Vorstandes dienen im hierarchischen Behördenaufbau der parteipolitischen Neutralisierung und der Sicherstellung der funktionell-sachlichen Unabhängigkeit der Bundesbank.[287] An dieser Stelle ist „eine verhältnismäßig geringe Einflußnahme der Regierung“ zu beobachten.[288] Die Bundesbank „mag als unabhängige Institution besser ihre Aufgaben erfüllen können; unerlässlich oder begriffsnotwendig ist die Unabhängigkeit indessen nicht“.[289]

In diesem Zusammenhang wird die Behauptung aufgestellt, dass das völlige Fehlen von Staatsaufsicht und die deshalb vom Gesetzgeber getroffene Regelung, dass dem Vorstand mit der Zentrale am Sitz der Bank die Stellung einer obersten Bundesbehörde (§ 29 Abs. 1 BBankG) zukomme, zur Folge habe, dass die Bundesbank in die unmittelbare Staatsverwaltung einzugliedern sei, obwohl sie im Grundgesetz als bundesunmittelbare juristische Person des öffentlichen Rechts bezeichnet wird.[290] Diese Ansicht kann sich vernünftigerweise nicht durchsetzen,

---

284 *Klein*, Die verfassungsrechtliche Problematik des ministerialfreien Raumes, S. 115; Nachw. bei *Oebbecke*, Weisungs- und unterrichtsfreie Räume in der Verwaltung, S. 170 ff.

285 Vgl. *Schuppert*, Die Erfüllung öffentlicher Aufgaben durch verselbständigte Verwaltungseinheiten, S. 10; sie ist für die Erfüllung bestimmter Zweck errichtet worden, nicht aber mitgliedschaftlich organisiert, *Klein*, Die verfassungsrechtliche Problematik des ministerialfreien Raumes, S. 117.

286 Vgl. *Chae*, Die Staatsaufsicht über die Anstalt des öffentlichen Rechts im deutsch-koreanischen Vergleich, S. 72.

287 *Klein*, Die verfassungsrechtliche Problematik des ministerialfreien Raumes, S. 115 f.

288 Vgl. § 7 BBankG; *Klein*, Die verfassungsrechtliche Problematik des ministerialfreien Raumes, S. 115; *Müller*, Verwaltungsrecht II, § 86 Rdnr. 21.

289 *Oebbecke*, Weisungs- und unterrichtsfreie Räume in der Verwaltung, S. 54.

290 Vgl. *Jecht*, Die öffentliche Anstalt, S. 96; *Klein*, Die verfassungsrechtliche Problematik des ministerialfreien Raumes, S. 117.

weil sie die Aufsicht zum Begriffsmerkmal mittelbarer Staatsverwaltung macht, wobei sie doch höchstens dazu dienen kann, die Verfassungsmäßigkeit der mittelbaren Staatsverwaltung zu begründen.[291] Daher ist sie als Anstalt des öffentlichen Rechts anzusehen.

Die Rechtsform der Anstalt dient der Stellung der Bundesbank als potentielle Kontra-Regierung, die zweckmäßig nur als aufsichtsfreie Anstalt funktionieren kann.[292] Durch diese Organisationsform herrscht ein latentes Spannungsverhältnis zwischen Regierung und Bundesbank. Positiv hervorzuheben ist, dass die Anstalt die ihr übertragenen Aufgaben zweckmäßig wahrnehmen kann, ohne die Beeinflussung durch andere und möglicherweise kurzfristig wechselnde staatliche Ziele.[293] Es ist daher zu betonen, dass „die außerhalb der Ministerialverwaltung gesondert eingeräumte Organisationsform als Anstalt für die Zentralbank ebenso wie das die Unabhängigkeit der Zentralbank bestimmende materielle Recht zur effektiven Aufgabenerfüllung unerlässlich" ist.[294]

Dadurch soll die Deutsche Bundesbank – wie auch der Rundfunk – von jeglicher politischer Einflussnahme ferngehalten werden; es kann insofern von einem staatsfreien Raum gesprochen werden. Diese Tatsache wird dadurch verstärkt, dass deren ausdrückliche organisatorische Verselbständigung im Grundgesetz (Art. 88 GG) ausnahmsweise festgelegt ist. Ein anderes Beispiel dafür ist die Rundfunkanstalt (Art. 5 Abs. 1 S. 2 GG).[295] Mit dieser Vorschrift wird geregelt, dass die anstaltliche Verselbständigung nicht verfassungsrechtlich gewährleistet wird.

b) Bundesnetzagentur

Telekommunikationsdienstleistungen wurde auf der europäischen Ebene jahrzehntelang nur von nationalen Monopolanbietern erbracht, weil sie über lange Zeit hinaus als Gegenstand der Daseinsvorsorge und daher für eine originär

---

291 M.w.Nachw. *Klein*, Die verfassungsrechtliche Problematik des ministerialfreien Raumes, S. 117 f.

292 *Schuppert*, Die Erfüllung öffentlicher Aufgaben durch verselbständigte Verwaltungseinheiten, S. 10.

293 Vgl. *Lange*, VVDStRL 44 (1986), S. 169 (192).

294 *Chae*, Die Staatsaufsicht über die Anstalt des öffentlichen Rechts im deutsch-koreanischen Vergleich, S. 74.

295 M.w. Nachw. zur verfassungsrechtlichen Garantie der anstaltlichen Verselbständigung siehe *Breuer*, VVDStRL Heft 44(1986), 211 (235 f.); *Bohn*, die Anstalt des öffentlichen Rechts, S. 121; vgl. *Gärtner*, Finanzielle Beteiligung an Anstalten des öffentlichen Rechts, S. 14.

hoheitliche Aufgabe gehalten wurde.[296] Erst nach der Öffnung des Marktes entstand ein Bedarf nach einer hoheitlichen Regulierung im Bereich des Privatisierungsfolgenrechts, um einen funktionierenden und chancengleichen Wettbewerb sicherzustellen.[297] Daher wurde die Vorgängerbehörde der Bundesnetzagentur, die Regulierungsbehörde für Post und Telekommunikation (RegTP), durch das im Rahmen der Postreform III erlassene TKG 1996 als Regulierungsbehörde geschaffen. Danach wurde am 13.7.2005 die RegTG zur Bundesnetzagentur für Elektrizität, Gas, Telekommunikation, Post und Eisenbahnen (Kurzform: Bundesnetzagentur – BNetzA).[298] Die BNetzA ist eine selbständige obere Regulierungsbehörde des Bundes im Geschäftsbereich des Bundesministeriums für Wirtschaft und Technologie (§ 1 BEGTPG). Ihre Aufgaben bestehen in der Aufrechterhaltung und der Förderung des Wettbewerbs auf dem Netzmarkt. Im Vergleich zur Vorgängerbehörde verzeichnet sie eine deutliche Erweiterung ihres Zuständigkeitsbereiches.[299] Durch die Rechtstellung der Agentur als Bundesoberbehörde und durch die Eingliederung in die Behördenhierarchie eines Bundesministeriums unterliegt sie den generellen Leitungs- und Einwirkungsrechten des Ministeriums, namentlich der Rechts-, Fach- und Dienstaufsicht.[300]

Dessen ungeachtet soll ihre Unabhängigkeit dadurch gewährleistet werden, dass Weisungen des Ministeriums veröffentlicht werden müssen und dadurch politische Einflussnahme transparent gemacht wird (§ 117 TKG, § 61 EnWG). Insbesondere aber werden zentrale Regulierungsentscheidungen in gerichtsähnlichen Beschlusskammern getroffen (§ 132 Abs. 2 S. 1 TKG; § 59 S. 1 EnWG). Die Agentur verfügt zwar naturgemäß nicht über die richterliche Unabhängigkeit, da sie eine Verwaltungsbehörde ist.[301] Die Bundesnetzagentur sichert sich aber eine gewisse institutionelle und strukturelle Unabhängigkeit. Dies ist vor dem Hintergrund zu beachten, dass die Vorgaben der Gemeinschaft, die die

296 *Holznagel/Enaux/Nienhaus*, Telekommunikationsrecht, § 1 Rdnr. 5.

297 *Holznagel/Enaux/Nienhaus*, Telekommunikationsrecht, § 1 Rdnr. 142.

298 *Holznagel/Enaux/Nienhaus*, Telekommunikationsrecht, § 1 Rdnr. 142: „Änderung infolge der Einrichtung der BnetzA gibt es im Vergleich zur früheren Regulierungsbehörde lediglich im organisatorischen Behördenaufbau“; m.w. Nachw siehe dazu auch *Schmidt*, DÖV 2005, S. 1025 ff.; auch *ders*, NVwZ 2006, S. 907 ff.

299 Vertiefend dazu bei *Holznagel/Enaux/Nienhaus*, Telekommunikationsrecht, § 1 Rdnr. 142.

300 Vgl. *Schmidt*, DÖV 2005, S. 1025 (1027).

301 m.w. Nachw. *Holznagel/Enaux/Nienhaus*, Telekommunikationsrecht, § 5 Rdnr. 149.

Grundidee der von der BNetzA durchzusetzenden Regulierungsverwaltung ist, eine unabhängige Regulierungsbehörde erfordern.

Art. 3 Abs. 2 RRL sieht vor, „dass die Mitgliedstaaten die Unabhängigkeit der nationalen Regulierungsbehörden gewährleisten, indem sie dafür sorgen, dass sie rechtlich und funktional von allen Unternehmen unabhängig sind, die elektronische Kommunikationsnetze, -geräte oder -dienste anbieten".[302] Etwas deutlicher heißt es in den energierechtlichen Binnenmarktrichtlinien, dass für die Sicherstellung der Unabhängigkeit der jeweiligen Regulierungsbehörde „Regulierungsaufgaben rechtlich getrennt und funktional unabhängig von anderen öffentlichen und privaten Einrichtung[en]" ausgeübt und bei deren Erfüllung „keine direkten Weisungen von Regierungsstellen oder anderen öffentlichen oder privaten Einrichtungen ein[ge]holt oder entgegengenommen" werden sollen.[303] Den Richtlinien würden Zweckmäßigkeitserwägungen zugrunde liegen, um ein von einer wettbewerbsverzerrenden Einflussnahme losgelöstes, sachverständiges Regulierungsverfahren zu organisieren.[304]

---

302 RL 2002/21/EG, ABlEU L 108/34 vom 07.03.2002 (Rahmenrichtlinie).

303 RL 2009/72 des Europäischen Parlaments und des Rates v. 13.7.2009 über gemeinsame Vorschriften für den Elektrizitätsbinnenmarkt und zur Aufhebung der RL 2005/55/EG, ABlEU L 211, S. 55; RL 2009/73 des Europäischen Parlaments und des Rates vom 13.7.2009 über gemeinsame Vorschriften für den Ergasbinnenmarkt und zur Aufhebung der RL 2003/55/EG, ABlEU L 211, S. 94; RL 2002/21/EG Art. 3 Abs. 3a: „Die für die Vorabregulierung des Markts oder für die Beilegung von Streitigkeiten zwischen Unternehmen nach den Artikeln 20 oder 21 zuständigen nationalen Regulierungsbehörden [handeln] unabhängig und holen im Zusammenhang mit der laufenden Erfüllung der ihnen nach den nationalen Rechtsvorschriften zur Umsetzung des Gemeinschaftsrechts übertragenen Aufgaben weder Weisungen einer anderen Stelle ein noch nehmen sie solche entgegen. Dies steht einer Aufsicht im Einklang mit dem nationalen Verfassungsrecht nicht entgegen."

304 Vgl. *Ruffert*, Grundlagen der Wirtschaftsregulierung, § 21 Rdnr. 27; § 1 TKG verpflichtet dazu, „durch technologieneutrale Regulierung den Wettbewerb im Bereich der Telekommunikation, leistungsfähige Telekommunikationsinfrastrukturen zu fördern und flächendeckend angemessene und ausreichende Dienstleistungen zu gewährleisten". Infolgedessen wird angenommen, dass die umfassende Unabhängigkeit der Bundesnetzagentur neben dem Verfassungsrecht (Art. 87e und 87f GG) und dem Europarecht (Art. 3 lit. 16, 81 ff., 107 AEUV) gewissermaßen aus der Verpflichtung der EG und ihrer Mitgliedstaaten im Rahmen des Vierten Protokolls zum GATS abgeleitet wird (zur konkreten Ausgestaltung der weitgehenden Unabhängigkeit siehe bei *Schmidt*, DÖV 2005, S. 1025 (1028 ff.)).

Dieses Unabhängigkeitspostulat scheint jedoch einem nicht unwesentlichen Einwand ausgesetzt zu sein: Die Ausgliederung aus der Weisungshierarchie bedeutet einen Verstoß gegen das Demokratieprinzip.[305] Diesbezüglich war in der Tat seit der Formulierung des Unabhängigkeitspostulats im Regulierungsrecht ein Konflikt zwischen der konkreten Regelung und dem Demokratieprinzip vorauszusehen.[306] In diesem Zusammenhang bezieht sich die Problematik weniger auf das EU-rechtliche Demokratieprinzip des Art. 10 Abs. 2 und 2 EUV, sondern auf dessen Vereinbarkeit mit mitgliedstaatlichen verfassungsrechtlichen Maßstäben.[307] Die Auskoppelung aus der Weisungshierarchie widerspricht Art. 20 Abs. 3 GG und „löse den Identitätsvorbehalt aus Art. 79 Abs. 3 GG aus".[308]

Diesbezüglich hat das Bundesverfassungsgericht festgehalten, dass Art. 20 Abs. 3 GG kein maximales Legitimationsniveau im Sinne ununterbrochener Legitimationsketten erfordert. Vielmehr wird eine Legitimationsstufe eingefordert, die hinreichend mit Formen der institutionellen, funktionellen, sachlich-inhaltlichen und personellen Legitimation zusammenhängt.[309] Im Schrifttum wird die Existenz „ministerialfreie[r] Räume", also „Organe innerhalb der Verwaltung, die von ministerieller Weisungsgewalt freigestellt und zu autonomer Entscheidung berufen sind", eingeräumt: Dies kann auf einen Verzicht des Parlaments auf seine Kontrollkompetenz zurückgeführt werden. Trotz des dafür bestehenden verfassungsrechtlichen Rückhalts kann dies allenfalls insoweit als notwendig erachtet werden, als es hierfür eine Rechtfertigung in Form einer Sachaufgabe gibt.[310] Dies ist „im Ansatz der Regulierung, Entscheidungsstrukturen im Spannungsfeld von Staats- und Marktversagen unabhängigen Behörden zu überantworten, als einer konkreten organisationsrechtlichen Option der Gemeinwohlsicherung" anzusehen.[311] Die parlamentarische Verantwortung wird verwirklicht, indem „Einfluss- und Kontrollmöglichkeiten des Deutschen Bundestages durch die weitere informatorische Einbindung des Beirates und die Möglichkeit der Formulierung allgemeiner politischer Leitlinien sowie durch direkte Auskunft und Kontrollrechte des

---

305 Vgl. *Gärditz*, AöR 135 (2010), S. 251 (283 ff.).

306 m.w. Nachw *Ruffert*, Grundlagen der Wirtschaftsregulierung, § 21 Rdnr. 30.

307 *Ruffert*, Grundlagen der Wirtschaftsregulierung, § 21 Rdnr. 30.

308 Vgl. *Gärditz*, AöR 135 (2010), S. 251 (283 ff.); *Ludwigs*, die Bundesnetzagentur auf dem Weg zur independent agency?, Die Verwaltung 44 (2011), S. 41, 47 f.

309 BVerfGE 83, 60 (72); BVerfGE 93, 37 (66 f.); BVerfGE 107, 59 (87).

310 Vgl. *Böckenförde*, Demokratie als Verfassungsprinzip, § 24 Rdnr. 24; *Gärditz*, AöR 135 (2010), S. 251 (284 f.).

311 *Ruffert*, Grundlagen der Wirtschaftsregulierung, § 21 Rdnr. 31.

Wirtschaftsausschusses realisiert werden".[312] Auf die weitere Zulässigkeit ministerialfreier Räume bei der BNetzA im Zusammenhang mit dem Demokratiekonzept des Grundgesetzes wird in der Arbeit nicht näher eingegangen.

Alles in allem taucht somit insbesondere in rechtlicher Hinsicht das Problem auf, dass die Bundesbank auf dem geldpolitischen Feld eine ausreichende Unabhängigkeit genießt und die BNetzA auf der Ebene von Elektrizität, Gas, Telekommunikation, Post und Eisenbahnen eine organisatorische Unabhängigkeit besitzt, während die BaFin der umfangreichen Kontrolle durch das Bundesministerium der Finanzen unterliegt.

3. Die Rolle der anstaltlichen Rechtsfähigkeit

Zunächst soll nun die für die Verselbständigung wichtige Frage der Bedeutung der Rechtsfähigkeit innerhalb des Anstaltsbegriffs untersucht werden. Denn die Rechtsfähigkeit der BaFin, die – wie bereits erwähnt – Teil der bundesmittelbaren Verwaltung ist, trägt zum genaueren Verständnis der Verselbständigung einer Verwaltungseinheit wesentlich bei.[313] Diesbezüglich kommt es in erster Linie darauf an, dass der Anstalt – im Gegensatz zur Bundesoberbehörde – eine eigene Rechtsfähigkeit zukommt und sie die Organisationsform der bundesmittelbaren Verwaltung besitzt. Dies ist auch bei der BaFin der Fall.[314]

Die Rechtsfähigkeit im Sinne des öffentlichen und privaten Rechts ist „der Inbegriff der rechtlichen Selbständigkeit".[315] Dies bedeutet, dass dadurch rechtsfähige Anstalten mit einer eigenen Rechtspersönlichkeit ausgestattet sind und der selbständige Verwaltungsträger in die Lage versetzt wird, aufgrund seiner

---

312 *Ruffert*, Grundlagen der Wirtschaftsregulierung, § 21 Rdnr. 31: „Insgesamt muss in der Umsetzung ein parlamentarisch verantwortetes legitimationsstiftendes Ensemble einzelner Mechanismen wie Berichtspflichten, Kontrastorgane, Evaluationen, Kontrollverbünde von konkurrierenden Behörden oder Beiträge, die vorwirkend parlamentarische Einfluss- und Kontrollrechte aktualisieren, entstehen."

313 *Kluth*, Verwaltungsrecht III, § 81 Rdnr. 72; vgl. *Krebs*, Verwaltungsorganisation, § 108 Rdnr. 18; *Bohn*, Die Anstalt des öffentlichen Rechts unter Berücksichtigung des Wandels der Anstalt durch die Beteiligung Dritter, S. 108 f.; *Junker*, Gewährleistungsaufsicht über Wertpapierdienstleistungsunternehmen, S. 73.

314 Exemplarisch hierfür stehen: die Bundesanstalt für Arbeit oder die Bundesanstalt für vereinigungsbedingte Sonderaufgaben, *Junker*, Gewährleistungsaufsicht über Wertpapierdienstleistungs-unternehmen, S. 73.

315 Unter rechtlicher Selbständigkeit versteht man die Rechtsfähigkeit im öffentlichen und privatrechtlichen Sinne. Zu weiteren Selbständigkeitselementen siehe *Schlüter*, Behörde und Anstalt, S. 56 f.

rechtlichen Verselbständigung die ihm obliegenden Aufgaben eigenverantwortlich wahrzunehmen.[316] Maßgeblich in diesem Zusammenhang ist die Tatsache, dass die Anstalt als mittelbares Verwaltungsorgan des Staates an Bedeutung gewinnt, wenn sie infolge ihrer Rechtsfähigkeit öffentliche Pflichten sowie Rechte hat.[317] Kraft dieser Fähigkeit kann die Anstalt nach außen für den Verwaltungsträger handeln, ohne dass die interne hierarchische Weisungskette beeinträchtigt würde.[318] Die Begründung des Aufsichts- oder Weisungsrechts gegenüber der rechtsfähigen Anstalt ergibt sich auch nicht per se, sondern bedarf einer gesetzlichen Zuweisung bzw. Grundlage.[319] Insbesondere wird als Begriffsmerkmal der rechtsfähigen Anstalt zusätzlich der Umstand angeführt, dass sich ein Dritter allein an der rechtsfähigen Anstalt finanziell beteiligen kann; sie ist doch deutlich aus dem Muttergemeinwesen ausgegliedert, so dass hier eindeutige und klare rechtliche Zuordnungskriterien durch ein eigenes Rechtssubjekt gegeben sind.[320] Eine solche Beteiligung Dritter kann wesentlich zur anstaltlichen Verselbständigung beitragen.[321]

Der Umfang der Rechtsfähigkeit richtet sich vor allem nach den konkret zugewiesenen Kompetenzen; daraus erklärt sich auch der Grad der Verselbständigung, also die Tatsache, inwieweit die Anstalt verselbständigt werden kann.[322] Dieser Grad der Verselbständigung gegenüber dem Träger der Anstaltslast spielt eine wichtige Rolle: Sie ist umso größer, je weniger die allgemeinen Verwaltungsbehörden die der Anstalt zugewiesenen Aufgaben selbst ausüben.[323]

316 *Bohn*, Die Anstalt des öffentlichen Rechts unter Berücksichtigung des Wandels der Anstalt durch die Beteiligung Dritter S. 108 ff.; vgl. *Raab*, Die Durchsetzung der Marktmissbrauchsverbote in Deutschland und den USA, S. 64.

317 Vgl. *Breuer*, VVDStRL Heft 44 (1986), S. 211 (224 ff.); *Heuterkes*, Rechtsfähige Organisationseinheiten in der Verwaltungsstruktur Frankreichs, Deutschlands und der Europäischen Gemeinschaften, S. 100.

318 *Loschelder*, Weisungshierarchie und persönliche Verantwortung, § 107 Rdnr. 48.

319 *Bohn*, Die Anstalt des öffentlichen Rechts unter Berücksichtigung des Wandels der Anstalt durch die Beteiligung Dritter S. 108; vgl. *Burmeister*, Herkunft, Inhalt und Stellung des institutionellen Gesetzesvorbehalts, S. 252.

320 *Bohn*, Die Anstalt des öffentlichen Rechts unter Berücksichtigung des Wandels der Anstalt durch die Beteiligung Dritter, S. 131.

321 Vgl. *Bohn*, Die Anstalt des öffentlichen Rechts unter Berücksichtigung des Wandels der Anstalt durch die Beteiligung Dritter, S. 131.

322 Vgl. *Krebs*, Verwaltungsorganisation, § 108 Rdnr. 27; *Bohn*, Die Anstalt des öffentlichen Rechts unter Berücksichtigung des Wandels der Anstalt durch die Beteiligung Dritter, S. 82.

323 Vgl. *Schlüter*, Behörde und Anstalt, S. 54 f.

Diese Verselbständigung trägt zur konzentrierteren Wahrnehmung der Aufgaben bei.[324] Eine möglichst selbständige und autonome Anstalt vermag die Selbständigkeit im Bereich der ihr übertragenen Aufgaben besser zu berücksichtigen.[325] Die größte Bedeutung kommt der anstaltlichen Verselbständigung im Wesentlichen auf solchen Gebieten zu, auf denen der Staat aus sozialen Gründen gezwungen ist, Leistungen anzubieten, weil deren Produktion sich für private Unternehmungen überhaupt nicht lohnt.[326] Dies kann aufgrund des Staatsvorbehalts als ein Grund für die Verselbständigung der BaFin im Rahmen der staatlichen Aufgabe der Finanzaufsicht angeführt werden.

Allerdings liegt der Rechtsfähigkeit ganz generell die Vorstellung zugrunde, dass „sie immer nur eine abgeleitete, durch Gesetz gewährleistete Rechtsfähigkeit ist, die entsprechend eingeschränkt bzw. geändert werden kann".[327] Im Übrigen wird unter der Rechtsfähigkeit nicht bloß eine Begrifflichkeit, sondern vielmehr die Folge einer politischen Entscheidung verstanden.[328] Aus der Rechtsfähigkeit ergibt sich in der Tat nur eine begrenzte Auskunft über den tatsächlichen Grad an Selbständigkeit einer Verwaltungseinheit, da die Rechtsfähigkeit ein gradueller Begriff mit vielen Abstufungen („Teilrechtsfähigkeit") ist.[329] Im Verhältnis zur Mutterkörperschaft und zur Rechtsbeziehung nach außen ist die Rechtsfähigkeit der Anstalt im allgemeinen Rechtsverkehr nicht immer entscheidend, da die Bedeutung dieser Eigenschaft als eine rein terminologische bezeichnet werden kann.[330] Daher bedeutet die eigene Rechtsfähigkeit nicht zwingend, dass die Anstalt sich auch dem staatlichen Einflussbereich entzieht.[331] Denn die rechtliche Selbständigkeit der Anstalt geht damit einher, dass der Anstaltsträger mit ihr organisationsrechtlich verbunden ist; die Rechtsfähigkeit der Anstalt wird daher in

---

324 Vgl. *Schlüter*, Behörde und Anstalt, S. 55.

325 Vgl. *Schlüter*, Behörde und Anstalt, S. 55.

326 *Schlüter*, Behörde und Anstalt, S. 55.

327 *Bohn*, Die Anstalt des öffentlichen Rechts unter Berücksichtigung des Wandels der Anstalt durch die Beteiligung Dritter, S. 82.

328 *Burmeister*, Herkunft, Inhalt und Stellung des institutionellen Gesetzesvorbehalts, S. 224.

329 *Krebs*, Verwaltungsorganisation, § 108 Rdnr. 18 (26); *ders*, NVwZ 1985, S. 609 (615): „Gibt der Ausdruck „Rechtsfähigkeit" nur begrenzt Aufschluss über das Ausmaß der (Un-)Abhängigkeit einer Verwaltungseinheit von einer anderen."

330 *Rüfner*, DÖV 1985, S. 605 (609); vgl. *Klein*, Die verfassungsrechtliche Problematik des ministerialfreien Raumes, 106; *Berg*, NJW 1985, S. 2294 (2296); *Gärtner*, Finanzielle Beteiligung Privater an Anstalten des öffentlichen Rechts, S. 3; *Groß*, Die Verwaltungsorganisation, § 13 Rdnr. 71.

331 *Dörr*, Die Privatisierung der Deutschen Bundespost, S. 106.

mancherlei Hinsicht beschränkt.[332] Darüber hinaus hängt die praktische Relevanz der Frage nach Art und Umfang ihrer Selbstbestimmung bzw. ihrer Unabhängigkeit vom Staat in gewissem Maße von der materiellen Verfassungsgrundlage und nicht nur von der Rechtsfähigkeit bzw. der Organisationsform ab.[333]

Nichtsdestotrotz ist davon auszugehen, dass der Gesetzgeber die BaFin nicht ohne Grund mit einer vollen Rechtsfähigkeit ausgestattet hat. Denn die Tatsache, dass die Anstalt des öffentlichen Rechts grundsätzlich rechtsfähig handeln kann,[334] weist darauf hin, dass er hier dem Charakter der Rechtsfähigkeit der Anstalt eine höhere als eine rein rechtstechnische, formelle Bedeutung beimisst.[335]

In der Gesamtschau der bis hierhin durchgeführten Untersuchung wird im Hinblick auf die Rechtsfähigkeit deutlich, dass eine rechtsfähige Einheit als verselbständigte Einheit verstanden wird und die Vollrechtsfähigkeit ein Indikator für die partielle Autonomie ist.[336] Diesbezüglich ist klar geworden, dass die Rechtsfähigkeit als ein Aspekt der Verselbständigung anzuführen ist.

4. Postulat der anstaltlichen Verselbständigung

Die Frage, inwieweit die Verselbständigung der Anstalt verfassungsrechtlich zulässig sein kann, betrifft nicht nur die Frage des ministerialfreien, sondern auch des vom Parlament nicht kontrollierten Raumes.[337] Die Beantwortung hängt davon ab,

---

332 Nachw. *Bohn*, Die Anstalt des öffentlichen Rechts unter Berücksichtigung des Wandels der Anstalt durch die Beteiligung Dritter, S. 87 f.

333 *Berg*, NJW 1985, S. 2294 (2296 f.); dagegen dazu *Lange*, VVDStRL Heft 44 (1986), 169 (188 f.); *Schüppert*, Die Erfüllung öffentlicher Aufgaben durch verselbständigte Verwaltungseinheiten, S. 5 ff.

334 Darum ist der Zusatz „*rechtsfähige*" überflüssig, vgl. *Werheit*, Die Bundesanstalt für Finanzdienstleistungsaufsicht, S. 51.

335 *Bohn*, Die Anstalt des öffentlichen Rechts unter Berücksichtigung des Wandels der Anstalt durch die Beteiligung Dritter, S. 86: „Die volle Rechtsfähigkeit wird vom Gesetzgeber somit nur dann verliehen, wenn eine bestimmte organisatorische Verwaltung gewollt ist, gekennzeichnet durch Ausgliederung und Autonomie."

336 Vgl. *Krebs*, NJW 1985, S. 609 ff.

337 Vgl. „Parlamentsfreie Räume sind aber auch immer ministerialfreie", *Klein*, Die verfassungsrechtliche Problematik des ministerialfreien Raumes, S. 67; Ministerialfreiheit ist gleich Parlamentsfreiheit", *Müller*, JuS 1985, S. 487 (498); ursprünglich wurde der Begriff „ministerialfreie Räume" verwendet, „[...]möchte ich aber nicht von Parlamentsfreiheit, sondern von Ministerialfreiheit sprechen, weil mir dies der sich unmittelbar bietende und zugleich umfassendere Begriff zu sein scheint", *Loening*, DVBl. 1954, S. 173; „Diese Gleichung von ministerialfrei=parlamentsfrei", *Schuppert*, Die Erfüllung öffentlicher Aufgaben durch verselbständigte Verwaltungseinheiten,

inwieweit der Gesetzgeber eine organisationsrechtliche Abhängigkeit der Anstalt vom Staat vorsieht.[338] Wie oben schon erwähnt enthält das Grundgesetz für die Errichtung einer Anstalt keine ausdrücklichen verfassungsrechtlichen Vorgaben. Daher wird dem Gesetzgeber bei der Errichtung und Ausgestaltung ein weites organisatorisches Ermessen eingeräumt und festgelegt, dass die organisatorische Verselbständigung einer Anstalt in jedem Fall rechtfertigungsbedürftig ist.[339] Dabei ist der Grad der Verselbständigung davon abhängig, inwieweit die Anstalt ihre Aufgaben zentralisiert wahrnimmt.[340] Dafür ist zwischen solchen Aufgaben zu unterscheiden, die das Gemeinwesen insgesamt betreffen, und solchen, die ohne Schaden für das Ganze dezentralisiert werden können: Wenn die Anstalt bei der Wahrnehmung einer Aufgabe das Staatsvolk insgesamt nicht wesentlich berührt und zumindest eine geringe Kontrolle durch übergeordnete Behörden erhalten bleibt, dürfte ein Mehr an Verselbständigung möglich sein.[341]

5. Die Verwirklichung der Unabhängigkeit der BaFin

a) Ausgangspunkt

Angesichts der bis dahin angestellten Überlegungen ist die Frage aufzuwerfen, ob die für den Bereich der Finanzmarktaufsicht errichtete BaFin im Rahmen ihrer atypischen Anstaltsform mehr Unabhängigkeit im Vergleich zu ihren Vorgängerbehörden besitzt. Dies kann anhand des Verselbständigungsprozesses

---

S. 351; *Berg*, NJW 1985, S. 2294 (2301); *Burmeister*, Herkunft, Inhalt und Stellung des institutionellen Gesetzesvorbehalts, S. 288; dagegen *Krebs*, NVwZ 1985, S. 609 (615); für die Grenzen der weiteren Untersuchung können diese „ministerialfreien Räume" deshalb weitgehend außer Betracht bleiben.

338 Vgl. *Breuer*, VVDStRL Heft 44 (1986), S. 211 (237 f.); *Krebs*, NVwZ 1985, S. 609 (616); weil der Anstalt a priori eigene organisationsrechtliche Verselbständigung immanent ist, *Maurer*, Allgemeines Verwaltungsrecht, § 23 Rdnr. 48; *Jecht*, Die öffentliche Anstalt, S. 34 f.: „Die rechtsfähige öffentlich rechtliche Anstalt wird auch als selbstständige öffentliche Anstalt bezeichnet."; *Burmeister*, Herkunft, Inhalt und Stellung des institutionellen Gesetzesvorbehalts, S. 224; *Heuterkes*, Rechtsfähige Organisationseinheiten in der Verwaltungsstruktur Frankreichs, Deutschlands und der Europäischen Gemeinschaften, S. 100; *Müller*, Verwaltungsrecht II, § 86 Rdnr. 28.

339 *Bohn*, Die Anstalt des öffentlichen Rechts unter Berücksichtigung des Wandels der Anstalt durch die Beteiligung Dritter, S. 120 f.

340 *Bohn*, Die Anstalt des öffentlichen Rechts unter Berücksichtigung des Wandels der Anstalt durch die Beteiligung Dritter, S. 121: „Sind diese relativ eng und konkret gefasst, so reicht ein vernünftiger, nachvollziehender Grund aus."

341 Vgl. *Loschelder*, Weisungshierarchie und persönliche Verantwortung, § 107 Rdnr. 17, 21.

der BaFin als eine Anstalt überprüft werden. Diese Verselbständigung der BaFin umfasst nicht nur die rechtliche Selbständigkeit, sondern auch ein bestimmtes Maß an organisationsrechtlicher Verselbständigung.[342] Diese organisatorische Verselbständigung kann völlig unterschiedliche Formen annehmen. Als Modalität können dafür folgende in der Literatur erwähnte Gesichtspunkte angeführt werden, die zweifellos nicht als trennscharfe Kriterien verstanden werden können[343]: Sie kann sich z.B. aus eigener Haushaltsführung, eigener Organbildung, begrenzter Aufsicht, eigener Willensbildung, Selbstverwaltung, Beeinflussung der Stellenbesetzung, Einräumung der Dienstherreneigenschaft, der Einbeziehung von Vertretern gesellschaftlicher Interessen sowie aus eigenen Mitwirkungsrechten der Benutzer ergeben.[344]

Im Folgenden wird die konkrete Modalität der Verwirklichung der Unabhängigkeit der BaFin, insbesondere bezüglich ihres Verwaltungsrates, untersucht.[345] Allerdings ist die Verselbständigung einer Anstalt häufig auf viele Arten ausgestaltet.[346] Dabei sind die Anforderungen an die Verselbständigung allerdings nicht zu hoch anzusetzen.[347] Nichtsdestoweniger kann die konkrete Darstellung dessen, wie die BaFin ihre Unabhängigkeit verwirklicht hat, bezüglich der Umwandlung der Aufsichtsbehörde maßgeblich sein.

b) Begrenzte Aufsicht

aa) Die prinzipielle Anerkennung der Aufsicht über die öffentlichen Anstalten

In einer Verwaltungsorganisation als hierarchischer Einheit steht eine Oberbehörde für die einheitliche Ausübung der Verwaltungsaufgaben. Deren Aufgabe ist es, die Recht- und Zweckmäßigkeit der Handlungen der ihr nachgeordneten Behörden zu überprüfen. Dabei handelt es sich um „die staatliche Aufsicht“ im

---

342 Vgl. *Müller*, Verwaltungsrecht II, § 86 Rdnr. 10.

343 *Breuer*, VVDStRD Heft 44 (1986), S. 211 (229); vgl. auch *Gärter*, Finanzielle Beteiligung Privater an Anstalten des öffentlichen Rechts, S. 11 ff.

344 Siehe dazu *Müller*, Verwaltungsrecht II, § 86 Rdnr. 10; *Breuer*, VVDStRD Heft 44 (1986), S. 211 (227 f.); *Krebs*, NVwZ 1985, S. 609 (616 f.); vgl. *ders*, Verwaltungsorganisation, § 108 Rdnr. 25.

345 Einige Beispiele davon, die bezüglich der Unabhängigkeit der BaFin von Bedeutung sind, d.h. eigene Haushaltsführung, Beeinflussung der Stellenbesetzung, die Einräumung der Dienstherreneigenschaft und gesellschaftlicher Interessen sowie eigener Mitwirkungsrechte der Benutzer werden im nächsten Abschnitt näher behandelt.

346 *Breuer*, VVDStRD Heft 44 (1986), S. 211 (229).

347 Vgl. *Müller*, Verwaltungsrecht II, § 86 Rdnr. 10.

eigentlichen Sinne. Die Aufsicht hat also das Ziel, recht- und zweckmäßiges Handeln der nachgeordneten Behörden zu gewährleisten. Durch die Aufsicht kann nämlich die Ausführung der Aufgaben der nachgeordneten Behörden überwacht und –nach Bedarf – kontrolliert werden.[348] Durch diese Aufsicht als Korrelat der Staatsleitung wird gewährleistet, dass die Verwaltung auf der jeweils nachgeordneten Ebene einheitlich, gleichmäßig und gesetzmäßig erfolgt.[349] Die Organe der Staatsverwaltung unterliegen – sofern keine ausdrückliche gesetzliche Regelung existiert – der grundsätzlichen Aufsicht (der Rechtsaufsicht)[350]; unbeschadet dessen gibt es jedoch im Gesetz weitere zulässige Aufsichtsmittel.[351] Betrachtet man die staatliche Aufsicht unter dem Gesichtspunkt des Art. 20 Abs. 2 GG – nämlich „alle Staatsgewalt geht vom Volk aus, das Handeln der Exekutive muss über die Verantwortlichkeit der Regierung und die Volksvertretung mit dem Volk als Souverän rückgekoppelt sein" –[352] und demjenigen des Art. 20 Abs. 3 GG,[353] dann sticht deutlich hervor, dass es sich bei der Staatsaufsicht gerade um die Heranziehung einer rechtlichen und politischen Verantwortung von Verwaltungseinheiten handelt.[354]

Eine Anstalt des öffentlichen Rechts kann daher, außer bei unmittelbarer Bundesverwaltung, überall vorliegen. Deswegen ist sie weder mit der allgemeinen Verwaltungsstruktur verbunden noch an den gewöhnlichen hierarchisch ordnenden Strukturen beteiligt. Ungeachtet der Trennung wird die Abhängigkeit der Anstalt

348 Vgl. *Frick*, Die Staatsaufsicht über die kommunalen Sparkassen, S. 37.

349 *Pieper*, Aufsicht, S. 17.

350 Vgl. *Röhl*, Finanzmarktaufsicht, § 18 Rdnr. 41; *Löer*, Körperschafts- und anstaltsinterne Rechts- und Zweckmäßigkeitskontrolle, S. 31.

351 Vgl. *Maurer*, Allgemeines Verwaltungsrecht, § 23 Rdnr. 51; *Röhl*, Finanzmarktaufsicht, § 18 Rdnr. 41; *Löer*, Körperschafts- und anstaltsinterne Rechts- und Zweckmäßigkeitskontrolle, S. 31; „Die Aufsicht ist demgemäß beschränkt; Aufsichtsreichweite, Maßnahmen und Mittel bestimmen sich nach den gesetzlichen Vorschriften", m.w.N. dazu *Pieper*, Aufsicht, S. 111.

352 *Lewinski*, JA 2006, S. 517 (520); vgl. *Bohn*, Die Anstalt des öffentlichen Rechts unter Berücksichtigung des Wandels der Anstalt durch die Beteiligung Dritter, S. 116; dazu die Nachweise bei *Burmeister*, Herkunft, Inhalt und Stellung des institutionellen Gesetzesvorbehalts, S. 95 ff.

353 Vgl. *Löer*, Körperschafts- und anstaltsinterne Rechts- und Zweckmäßigkeitskontrolle, S. 6; *Gotzmann*, Die Staatsaufsicht über die öffentlich-rechtlichen Rundfunkanstalten, S. 82.

354 Vgl. *Burmeister*, Herkunft, Inhalt und Stellung des institutionellen Gesetzesvorbehalts, S. 221; *Wendt*, NWVBL 1987, S. 35; *Haverkate*, Die Einheit der Verwaltung als Rechtsproblem, S. 223; *Dörr*, Die Privatisierung der Deutschen Bundespost, S. 109 f.

vom Staat – und dies will ja der Begriff mittelbare Staatsverwaltung zum Ausdruck bringen – in der Tat durch die Staatsaufsicht realisiert.[355] Die Staatsaufsicht ist fast in jedem einzelnen Fall unterschiedlich ausgestaltet; je nachdem, um welche verwaltungspolitisch bedeutsame Anstalt es sich handelt und wie sehr sie Gewalt gegenüber dem einzelnen Bürger ausübt.[356] Die Erscheinungsformen der Staatsaufsicht über die öffentlich-rechtliche Anstalt sind daher nicht einheitlich, sondern je nach Eigenart der betreffenden Anstalt vielfältig organisiert.[357]

Die bloße Rechtsaufsicht ist nur zulässig, soweit die Anstaltsträger ihr eigenes Selbstverwaltungsrecht ausüben.[358] Allerdings ist auch zu beachten, dass der bei der Rechtsaufsicht vorgeschriebene Umfang nicht überschritten werden darf.[359] Anders als die oben dargestellte Rechtsaufsicht erfolgt eine Fachaufsicht zwischen den verselbständigten Verwaltungsträgern zusätzlich, soweit die juristische Person neben den eigenen noch zusätzliche Aufgaben im Auftrag oder auf Weisung eines anderen Verwaltungsträgers wahrnimmt.[360] Im Rahmen der Fachaufsicht werden die Ökonomie und die Effizienz bei der Entscheidungsfindung berücksichtigt.[361] Außerdem gibt die Fachaufsicht „Auskunft über das Ausmaß an Eigenverantwortlichkeit".[362] Und je stärker die Entscheidungskompetenz von dem entsprechenden Anstaltssubjekt eingefordert wird, umso weniger muss die Fachaufsicht eingreifen.[363] Da die mittelbaren Verwaltungsformen – einschließlich

355 *Klein*, Die verfassungsrechtliche Problematik des ministerialfreien Raumes, S. 105.

356 *Klein*, Die verfassungsrechtliche Problematik des ministerialfreien Raumes, S. 105.

357 *Frick*, Die Staatsaufsicht über die kommunalen Sparkassen, S. 63; *Klein*, Die verfassungsrechtliche Problematik des ministerialfreien Raumes, S. 105.

358 Vgl. *Röhl*, Finanzmarktaufsicht, § 18 Rdnr. 42; *Heuterkes*, Rechtsfähige Organisationseinheiten in der Verwaltungsstruktur Frankreichs, Deutschlands und der Europäischen Gemeinschaften, S. 135; *Breitkreuz*, Die Ordnung der Börse, S. 201 f.; *Pieper*, Aufsicht, S. 78; *Franz*, JuS 2004, S. 937 f.; *Klein*, Die verfassungsrechtliche Problematik des ministerialfreien Raumes, S. 105.

359 Vgl. *Lange*, VVDStRD Heft 44 (1986), S. 169 (201).

360 Vgl. *Röhl*, Finanzmarktaufsicht, § 18 Rdnr. 42, 44; *Sachs*, NJW 1987, S. 2338 (2343); *Löer*, Körperschafts- und anstaltsinterne Rechts- und Zweckmäßigkeitskontrolle, S. 6; *Gotzmann*, Die Staatsaufsicht über die öffentlich-rechtlichen Rundfunkanstalten, S. 30; *Müller*, Verwaltungsrecht II, § 86 Rdnr. 58; *Burmeister*, Herkunft, Inhalt und Stellung des institutionellen Gesetzesvorbehalts, S. 253 f.

361 Vgl. *Maurer*, Allgemeines Verwaltungsrecht, § 23 Rdnr. 12 ff.

362 *Burmeister*, Herkunft, Inhalt und Stellung des institutionellen Gesetzesvorbehalts, S. 253.

363 Vgl. *Breuer*, VVDStRL Heft 44 (1986), S. 211 (230); *Wendt*, NWVBL 1987, S. 33 (38); *Lange*, VVDStRD Heft 44 (1986), S. 169 (200).

der Anstalt – einen höheren Selbständigkeitsgrad aufweisen als die unmittelbaren Verwaltungsformen, stehen dem Staat gegenüber den mittelbaren Verwaltungseinheiten keinerlei Weisungsbefugnisse, sondern lediglich begrenzte Aufsichtsrechte zur Verfügung.[364]

In der Tat bestehen bei der Durchführung von staatlichen Aufgaben i. d. R. umfassende Sachweisungsbefugnisse vorgesetzter staatlicher Behörden gegenüber nachgeordneten Behörden.[365] Entsprechend ist die Auftragsverwaltung, bei der den Rechtspersonen des öffentlichen Rechts bestimmte Aufgaben vom Staat zugewiesen werden, der Fachaufsicht über die nachgeordneten Behörden unterworfen, die zur Ausübung der Zweckmäßigkeitsprüfung bei Ermessensentscheidungen nicht nur die Kontrolle und Steuerung, sondern auch das Weisungsrecht umfasst.[366] Diesbezüglich ist auf der Ebene der Anstalt eine über den allgemeinen Rahmen der Aufsicht hinausgehende Abhängigkeit zu erkennen, die sich in der Leitungsbefugnis einerseits und der Weisungsbindung andererseits niederschlägt.[367] Dies bedeutet umgekehrt, dass eine über die Rechtsmäßigkeitskontrolle hinausgehende allgemeine Zweckmäßigkeitskontrolle mit Weisungsrechten gegenüber der verselbständigten Verwaltungseinheit, der rechtsfähigen Anstalt des öffentlichen Rechts, zulässig sein kann.[368] Insofern ist kein Unterschied zur

---

364 *Müller*, JuS 1985, S. 487 (498); vgl. *Loening*, DVBl. 1954, S. 173 f.; doch bei einer wirtschaftsteuernden Anstalt, die eine zentrale staatliche Ordnungsaufgabe ausführt, unterliegt die wirtschaftsteuernde Anstalt der umfassenden Rechts- und Fachaufsicht des zuständigen Ministeriums aufgrund der Nähe zum Staat. Im Falle der Filmförderungsanstalt ist die Beschränkung auf die Rechtsaufsicht gerechtfertigt, da den Bewertungs- und Vergabekommissionen der Anstalt die Beurteilungsspielräume einer Verwaltung zugestanden werden. Dabei können diese Spielräume eine Verwaltungsfreiheit von der parlamentarischen Kontrolle bedeuten (hierzu *Breuer*, VVDStRL Heft 44 (1986), S. 211 (240)); *Schuppert*, Die Erfüllung öffentlicher Aufgaben durch verselbständigte Verwaltungseinheiten, S. 58 ff.; *Haverkate*, Die Einheit der Verwaltung als Rechtsproblem, S. 223 f.

365 *Hübner*, Die Befugnisse der Fachaufsicht im KWG im Verhältnis zu denen der Staatsaufsicht (Anstaltsaufsicht), S. 15.

366 Vgl. *Lange*, VVDStRD Heft 44 (1986), S. 169 (199); *Gotzmann*, Die Staatsaufsicht über die öffentlich-rechtlichen Rundfunkanstalten, S. 22.

367 m.w. Nachw. siehe *Klein*, die verfassungsrechtliche Problematik des ministerialfreien Raumes, 105 f.; m.w.N. dazu *Maurer*, Allgemeines Verwaltungsrecht, § 23 Rdnr. 51: „Der Anstaltsträger hat ferner jedenfalls die Rechtsaufsicht über die rechtsfähige Anstalt, häufig auch noch weitergehende Einwirkungsrechte verschiedener Art, z.B. Weisungsbefugnisse, Genehmigungsvorbehalte, Mitwirkung bei der Besetzung der Anstaltsorgane, Recht zur Entsendung von Vertretern in diese Organe und dgl."

368 *Franz*, JuS 2004, S. 937, 942: „Das typische Mittel der Fachaufsicht ist die Weisung."

oben dargestellten Dienstaufsicht über die ehemaligen Aufsichtsbehörden zu erkennen.[369] Demgemäß wurde in der Literatur die Meinung vertreten, dass mit der Dienstaufsicht auch die Fachaufsicht aus dem Begriff der „Aufsicht" herausgenommen und dem der „Weisung" zugeordnet worden sei.[370] Dabei ist jedoch zu beachten, dass die Dienstaufsicht von der Fachaufsicht grundsätzlich zu unterscheiden ist; die Dienstaufsicht hängt mit der personalrechtlichen Aufsicht über die Pflichterfüllung der Amtswalter im Innenverhältnis zu ihrem Dienstherren durch den jeweiligen Dienstvorgesetzten zusammen.[371]

bb) Ausübung der Rechts- und Fachaufsicht in der Verwaltungspraxis

Das Bundesministerium der Finanzen trägt als Anstaltsträger die politische Verantwortung für die Tätigkeit der BaFin. Um im Bank-, Versicherungs- und Wertpapierbereich die Funktionsfähigkeit, Stabilität und Integrität des Finanzsystems zu sichern (der Grundsatz der Ausübung der Rechts- und Fachaufsicht in der Verwaltungspraxis), übt es gemäß Art. 2 FinDAG die Rechts- und Zweckmäßigkeitskontrolle aus.[372]

Bei der folgenden Darstellung der Rechts- und Fachaufsichtsausübung des BMFs wird meistens der Originaltext der Grundsätze (Grundsätze für die Ausübung der Rechts- und Fachaufsicht des Bundesministeriums der Finanzen (BMF) über die BAFin) zitiert, weil der ausführliche Inhalt der Rechts- und Fachaufsichtsausübung für die Entwicklung der weiteren Arbeit von wesentlicher Bedeutung ist.

(1) Informationspflichten der BAFin

Die Informationspflichten sind Grundlagen der Ausübung der rechts- und fachaufsichtlichen Kontrolle.[373] Das Bundesministerium der Finanzen stützt sich bei

---

369 Vgl. *Klein*, Die verfassungsrechtliche Problematik des ministerialfreien Raumes, S. 47.

370 Vgl. *Klein*, Die verfassungsrechtliche Problematik des ministerialfreien Raumes, S. 47.

371 *Pieper*, Aufsicht, S. 421.

372 Grundsätze für die Ausübung der Rechts- und Fachaufsicht des Bundesministeriums der Finanzen (BMF) über die BAFin I; vgl. *Halfpap*, Kapitalmarktaufsicht in Europa und den USA, S. 24 f.; *Hagemeister*, WM 2002, S. 1773 (1776); *Fricke*, NVersZ 2002, S. 337 (339): „Die demokratische Legitimation und Verantwortung für die Tätigkeit der Behörde wird durch das Ministerium hergestellt."; *Schwirten*, Kommentar zum KWG, § 2 FinDAG Rdnr. 1; *Herdegen*, WM 2000, S. 2121 (2123); *Raab*, Die Durchsetzung der Marktmissbrauchsverbote in Deutschland und den USA, S. 65.

373 Grundsätze für die Ausübung der Rechts- und Fachaufsicht des Bundesministeriums der Finanzen (BMF) über die BAFin I.

seiner Ausübung der Rechts- und Fachaufsicht auf Informationspflichten der BaFin, die dazu angehalten ist, das Ministerium über ihre Erkenntnisse oder ihre Handlungen zu unterrichten und ihm die Unterlagen zu übersenden kann.[374] Die Informationspflichten erfüllt die BAFin durch „schriftliche Berichte“[375], „Mitteilungen aus besonderem Anlass“[376], „den Bundesrechnungshof und andere Prüfungsinstanzen“[377], „Fachgespräche und Treffen zu ausgewählten Themen“[378] und „Austausch von Fachwissen“.[379] Die Informationspflicht ist ein wichtiges

374 Grundsätze für die Ausübung der Rechts- und Fachaufsicht des Bundesministeriums der Finanzen (BMF) über die BAFin III.

375 Grundsätze für die Ausübung der Rechts- und Fachaufsicht des Bundesministeriums der Finanzen (BMF) über die BAFin III 1: „Über interne Erlasse betreffend die Organisation und das Personal der BaFin wird das BMF zeitnah unterrichtet.[...] Die BaFin berichtet dem BMF regelmäßig und bei besonderem Anlass jeweils gesondert über beabsichtigte und bereits eingeleitete aufsichtsrechtliche Maßnahmen von wesentlicher Bedeutung bei Ausübung der Aufsicht nach den einschlägigen Finanzdienstleistungsaufsichtsgesetzen.“

376 Grundsätze für die Ausübung der Rechts- und Fachaufsicht des Bundesministeriums der Finanzen (BMF) über die BAFin III 2: „Die BAFin unterrichtet das BMF unverzüglich bei Erkenntnissen über mögliche Gefahren für beaufsichtigte Kreditinstitute, Finanzdienstleistungsinstitute, Investmentfonds oder Versicherungsunternehmen mit systemweiter Bedeutung, über drohende Störungen bei den regulierten Börsen und Wertpapiermärkten oder aber bei sich anbahnenden anderweitigen Schieflagen im Finanzdienstleistungsbereich. Bei Ereignissen, die nicht als Gefahren anzusehen sind, aber gleichwohl im Interesse der Öffentlichkeit stehen, teilt die BAFin aktuelle Erkenntnisse dem BMF mit, soweit diese für die Tätigkeit des Ministeriums von Belang sind.“

377 Grundsätze für die Ausübung der Rechts- und Fachaufsicht des Bundesministeriums der Finanzen (BMF) über die BAFin III 3: „Die BAFin unterrichtet das BMF unverzüglich über Prüfungen und Auskunftsersuchen des BRH noch vor Beginn der Prüfungen. Nach Beendigung einer Prüfung wird das Ergebnis zusammengefasst mitgeteilt. Entsprechendes gilt für Prüfungen, die andere Behörden veranlassen oder durchführen.“

378 Grundsätze für die Ausübung der Rechts- und Fachaufsicht des Bundesministeriums der Finanzen (BMF) über die BAFin III 4: „Ergänzend zu den schriftlichen Berichten finden Treffen zwischen dem BMF und der BAFin zum Austausch zusätzlicher Informationen zu ausgewählten Themen in einem flexiblen Turnus statt. Je nach Themenschwerpunkt können die Fachgespräche auch als „Workshops“ durchgeführt werden. Der Kreis der Teilnehmer auf beiden Seiten kann je nach Fachgebiet, Brisanz und personeller Verfügbarkeit wechseln.“

379 Grundsätze für die Ausübung der Rechts- und Fachaufsicht des Bundesministeriums der Finanzen (BMF) über die BAFin III 5: „Die BAFin informiert das BMF

Mittel, um die Recht- und Zweckmäßigkeit der hoheitlichen Aufgaben der BaFin und ihres Organisationsapparates wirkungsvoll zu überprüfen.

(2) Erlaubnisvorbehalte

(i) *Rundschreiben zu einzelnen Regelungspunkten:* „Über andere Verlautbarungen und Mitteilungen der BaFin, welche im Hinblick auf den Regelungsgehalt und die Auswirkungen auf die beaufsichtigten Institute und Unternehmen nicht auf einer Stufe mit Rechtsverordnungen stehen, wird das BMF vor der Veröffentlichung informiert.“[380]
(ii) *Änderung der Verwaltungspraxis:* „Beabsichtigt die BAFin ihre Verwaltungspraxis bei der Anwendung besonders bedeutsamer Aufsichtsvorschriften zu ändern, teilt sie dies dem BMF mit und informiert dieses über die Gründe und Auswirkungen des geplanten Vorgehens.“[381]
(iii) *Dienstaufsichtsbeschwerden gegen Bedienstete der BAFin:* „Das BMF entscheidet über Dienstaufsichtsbeschwerden gegen den Präsidenten und die Exekutivdirektoren der BaFin sowie Aufsichtsbeschwerden über die Institution.“[382]
(iv) *Erlasse im Geschäftsbereich des Bundesministeriums der Finanzen:* „Erlasse, die die Organisation, Verhaltensregeln oder andere Vorkehrungen im Bereich der Bundesfinanzverwaltung betreffen, finden auf die BaFin, unter besonderer Berücksichtigung ihrer Dienstherrenfähigkeit, grundsätzlich Anwendung.“[383]
(v) *Pressearbeit der BAFin:* Mit dem Jahresbericht, mit dem „sich das BMF über den Inhalt des Jahresberichts frühzeitig Kenntnis verschaffen kann, wird dieser dem BMF rechtzeitig vor der Jahrespressekonferenz der BAFin versandt,

---

über die Ergebnisse ihrer Untersuchungen zu Finanzmarktthemen, welche für das Ministerium von grundsätzlichem Interesse sind.“

380 Grundsätze für die Ausübung der Rechts- und Fachaufsicht des Bundesministeriums der Finanzen (BMF) über die BAFin IV 1.b).

381 Grundsätze für die Ausübung der Rechts- und Fachaufsicht des Bundesministeriums der Finanzen (BMF) über die BAFin IV 1.c).

382 Grundsätze für die Ausübung der Rechts- und Fachaufsicht des Bundesministeriums der Finanzen (BMF) über die BAFin IV 2: „Hingegen werden Dienstaufsichtsbeschwerden gegen andere Bedienstete der BaFin vom Präsidenten der BaFin entschieden.“

383 Grundsätze für die Ausübung der Rechts- und Fachaufsicht des Bundesministeriums der Finanzen (BMF) über die BAFin IV 3.

auf der die BaFin den Bericht der Öffentlichkeit vorstellt".[384] Außerdem werden „Interviews und vorhandene Redetexte des Präsidenten und der Exekutivdirektoren der BaFin zu Themen von finanzmarktpolitischer Relevanz dem BMF vor ihrem Erscheinen bzw. vor einer Berichterstattung in der Presse zur Kenntnis gebracht".[385]

(vi) *Aussagen vor Gerichten:* „Das BMF entscheidet über die Erteilung von Aussagegenehmigungen für den Präsidenten und die Exekutivdirektoren der BaFin."[386]

(vii) *Anfragen aus dem parlamentarischen Raum:* „Das BMF ist zuständig für die Beantwortung von Anfragen aus dem parlamentarischen Raum zu laufenden Gesetzgebungsvorhaben oder allgemeinen Fragen der Finanzmarktpolitik. Empfängt die BAFin solche Anfragen, leitet sie diese an das BMF weiter. Die BaFin teilt dem jeweiligen Abgeordneten mit, dass sie Äußerungen zu laufenden Gesetzgebungsverfahren nicht abgeben kann."[387] „Anfragen zur Anwendung und Interpretation der bestehenden Aufsichtsvorschriften beantwortet die BaFin. [...] In allen Fällen übersendet die BAFin Kopien ihrer Antwortschreiben an das BMF."[388]

cc) Zwischenergebnis

Wie oben erwähnt, unterliegt die Bundesanstalt a priori der Rechtsaufsicht des Verwaltungsträgers.[389] Anders als die Rechtsaufsicht ist die Fachaufsicht nicht von vornherein zulässig.[390] Bezüglich der Anstaltsaufsicht ist die Abhängigkeit von

---

384 Grundsätze für die Ausübung der Rechts- und Fachaufsicht des Bundesministeriums der Finanzen (BMF) über die BAFin IV 4 a).

385 Grundsätze für die Ausübung der Rechts- und Fachaufsicht des Bundesministeriums der Finanzen (BMF) über die BAFin IV 4 b).

386 Grundsätze für die Ausübung der Rechts- und Fachaufsicht des Bundesministeriums der Finanzen (BMF) über die BAFin IV 5.

387 Grundsätze für die Ausübung der Rechts- und Fachaufsicht des Bundesministeriums der Finanzen (BMF) über die BAFin IV 6.

388 Grundsätze für die Ausübung der Rechts- und Fachaufsicht des Bundesministeriums der Finanzen (BMF) über die BAFin IV 6.

389 Vgl. *Breuer*, VVDStRD Heft 44 (1986), S. 211 (239).

390 Vgl. *Hagemeister*, WM 2002, S. 1773 (1776); denn wenn in einem bestimmten Bereich die fachaufsichtliche Kontrolle zu umfangreich ausgeübt werden würde, ist dies mit den Grundsätzen der erforderlichen demokratischen Legitimation der Verwaltung nicht mehr in Einklang zu bringen (hierzu *Burmeister*, Herkunft, Inhalt und Stellung des institutionellen Gesetzesvorbehalts, S. 254 f.; *Frick*, Die Staatsaufsicht über die kommunalen Sparkassen, 1961, S. 58 ff.; *Sachs*, NJW 1987, S. 2338

der gesetzlichen Regelung uneinheitlich, da die Reichweite der Aufsicht somit von der gesetzgeberischen Ausgestaltung abhängig ist.[391] Demgemäß unterliegt die BaFin der Rechts- und Fachaufsicht durch das für die BaFin verantwortliche Bundesministerium der Finanzen, wenngleich sie die ihr übertragenen Aufgaben selbständig erfüllt. Denn die anstaltliche Aufgabe gehört als hoheitliche Aufgabe zu der Eingriffsverwaltung.[392] Die hier erwähnte politische Verantwortung ist als Außenverantwortung zu bezeichnen und von der rechtlichen Verantwortung im Instanzenzug zu unterscheiden.[393]

In Bezug auf die Sicherung der demokratischen Legitimation der Aufsichtsaufgaben wird die Rechts- und Fachaufsicht des BMF im Allgemeinen problemlos angenommen, soweit es sich dabei um eine bundeseigene Verwaltung handelt.[394] Vor diesem Hintergrund erscheint es deshalb logisch und sachgerecht, dass die ehemaligen drei Aufsichtsämter der Weisungsbefugnis des übergeordneten Bundesfinanzministeriums unterlagen, weil sie keine eigene Rechtsfähigkeit besaßen.[395] Dies kann im Umkehrschluss bedeuten, dass es unlogisch und nicht sachgerecht ist, die Aufsicht des Ministeriums über die BaFin genauso wie bei den früheren Ämtern erfolgen zu lassen.[396] Bei der BaFin ist daher aufgrund ihrer Form der bundesmittelbaren Verwaltung eine anstaltliche Verselbständigung erforderlich. Zudem wird zugunsten der Rechtsfähigkeit auch angeführt, dass der Gesetzgeber bei der Errichtung der BaFin die Organisationsform „rechtsfähige Anstalt“ wählte, um die Unabhängigkeit vom Staat zumindest einigermaßen zu gewährleisten.[397] Die Wahl wird im Entwurf dementsprechend begründet.[398] Diese Entscheidung der Legislative zugunsten dieser Rechtsform

---

(2344); *Werheit,* Die Bundesanstalt für Finanzdienstleistungsaufsicht, S. 3; *Faber*, Von der Kreditaufsicht zur Allfinanzaufsicht, S. 186).

391 *Pieper*, Aufsicht, S. 111, 130.

392 Vgl. Begründung zum Entwurf eines Gesetzes über die integrierte Finanzdienstleistungsaufsicht, BR-Drs. 14/7033, S. 33.

393 *Loschelder,* Weisungshierarchie und persönliche Verantwortung, § 107 Rdnr. 88.

394 *Faber*, Von der Kreditaufsicht zur Allfinanzaufsicht, S. 187.

395 *Fricke*, NversZ 2002, S. 337 (339).

396 Vgl. Begründung zum Entwurf eines Gesetzes über die integrierte Finanzdienstleistungsaufsicht, BR-Drs. 14/7033, S. 33.

397 *Heuterkes,* Rechtsfähige Organisationseinheiten in der Verwaltungsstruktur Frankreichs, Deutschlands und der Europäischen Gemeinschaften, S. 105; *Schwirten*, Kommentar zum KWG, § 1 FinDAG Rdnr. 4.

398 Vgl. Begründung zum Entwurf eines Gesetzes über die integrierte Finanzdienstleistungsaufsicht, BR-Drs, 14/7033, S. 33; Grundsätze für die Ausübung der Rechts- und Fachaufsicht des Bundesministeriums der Finanzen (BMF) über die BAFin I;. ferner

deutet darauf hin, dass die Verselbständigung der Anstalt durch umfangreiche fachaufsichtliche Handlungen des Ministeriums nicht berührt werden darf und dass bei der Ausübung der Fachaufsicht die anstaltliche Rechtsfähigkeit stets gewährleistet sein muss.[399]

Die Entscheidung, ob es von einer rechtlichen oder fachaufsichtlichen Kontrolle Gebrauch macht, wird dadurch erleichtert, dass die BaFin gegenüber dem Bundesministerium der Finanzen informationspflichtig ist. Die Informationspflicht ist eine Voraussetzung dafür, dass die Recht- und Zweckmäßigkeit bezüglich der hoheitlichen Aufgaben der BaFin und deren Organisationsapparates wirkungsvoll überprüft werden kann. Diese Hinweise sprechen dafür, dass die Informationspflicht eine ausreichende Auskunft darüber gibt, ob und inwieweit die Handlungen der Geschäftsführung und die Verwaltungshandlungen der BaFin rechtmäßig sind. Damit ist klargestellt, dass die BaFin der umfassenden Fachaufsicht nicht unbedingt unterworfen werden muss. Dies ist vor allem vor dem Hintergrund zu betrachten, dass bereits die Rechtsaufsicht des BMF ein rechtmäßiges Verwaltungshandeln hervorzurufen vermag, auch wenn die BaFin ihre Aufgaben in diesem Fall weiterhin selbständig wahrnehmen kann.

c) Die eigene Willensbildung

aa) Die umfassende Einflussnahmemöglichkeit des BMF auf die BaFin

Abgesehen von der Rechts- und Fachaufsicht des BMF kann es wie folgt Einfluss nehmen: Erlass und Änderung der Satzung der BaFin (§ 5 Abs. 3) und Genehmigung der Geschäftsordnung der BaFin und deren Änderung (§ 6 Abs. 2), Entsendung des Vorsitzenden, dessen Stellvertreters und eines weiteren Mitglieds des Verwaltungsrats (§ 7 Abs. 3), Bestellung der Mitglieder des Verwaltungsrats (§ 7 Abs. 5), Bestellung der Mitglieder des Fachbeirats (§ 8 Abs. 2), Bestellung der Mitglieder des Verbraucherbeirats (§ 8a Abs. 2), Wahrung der Aufgaben als oberste Dienstbehörde für den Präsidenten und die Exekutivdirektoren (§ 9 Abs. 3 und 4), Zustimmung zur Entlastung des Direktoriums nach

---

Faber, Von der Kreditaufsicht zur Allfinanzaufsicht, S. 187: „Rechtsfähigkeit ist vielmehr als Schutz für Autonomie-Bereich gedacht."

399 Vgl. *Frick*, Die Staatsaufsicht über die kommunalen Sparkassen, S. 63; *Chae*, Die Staatsaufsicht über die Anstalt des öffentlichen Rechts im deutsch-koreanischen Vergleich, S. 124 f.; dagegen *Sachs*, NJW 1987, S. 2338 (2343): „Weisungsabhängigkeit und Rechtsfähigkeit sind [...] verschiedene Kriterien."

Ende des Haushaltsjahrs (§ 12 Abs. 3), Befassung mit den Ergebnissen von Prüfungen des Bundesrechnungshofes (§ 12 Abs. 5) und Erlass einer Rechtsverordnung zur Erhebung von Gebühren und Umlagen (§ 14 Abs. 2, § 16). Dadurch erstreckt sich dessen ressortverantwortlicher Einfluss sowohl auf die Aufgaben und die Organisation der BaFin als auch auf die Rechte und Pflichten ihrer Organe, auf die Bestellung und Abberufung der Verwaltungsratsmitglieder und der Mitglieder des Fachbeirats sowie auf die Haushaltsführung und die Rechnungslegungspflichten.[400]

Bei der rechtsfähigen Anstalt wird ihre rechtliche Selbständigkeit zumindest insoweit relativiert, „als der Anstaltsträger alle oder einige Walter der Hauptorgane bestellen und in gesetzlich vorgesehener Weise Einfluss auf die Leitung der Anstalt nehmen kann".[401] Unter diesem Gesichtspunkt betrachtet man die soeben dargestellte Einflussnahmemöglichkeit des BMF, denn es sticht deutlich hervor, dass es sich bei der BaFin gerade um die Beschränkung der anstaltlichen Verselbständigung handeln muss.

In diesem Zusammenhang stellt sich im Hinblick auf das Genehmigungserfordernis des Ministeriums die Frage, ob es nicht um eine Leitung geht. Die Beantwortung der Frage, wieweit diese Einflussnahme im Rahmen der Aufsicht zulässig ist, soll anhand der Abgrenzung der Begriffe *Aufsicht* und *Leitung* vorgenommen werden.[402] Die hier dargestellte Leitung bedeutet nicht die Leitung nach Art. 65 S. 2 GG,[403] da die in Art. 65 S. 2 GG gemeinte Leitung als eine Aufsicht im allgemein-organisatorischen Sinne zu verstehen ist.[404] Die terminologische Abgrenzung von Fachaufsicht und Leitung verliert an Bedeutung – abgesehen von der Tatsache, dass die Leitung von der Fachaufsicht unterschieden werden muss – wenn durch die Aufsichtsmaßnahmen die Handlungen der Unterworfenen so beeinflusst werden, dass eigene verantwortliche Handlungen nicht mehr

400 Vgl. Begründung zum Entwurf eines Gesetzes über die integrierte Finanzdienstleistungsaufsicht, BR-Drs, 14/7033, S. 34; *Werheit,* Die Bundesanstalt für Finanzdienstleistungsaufsicht, S. 56.

401 *Müller*, Verwaltungsrecht II, § 86 Rdnr. 28.

402 Vertiefend dazu siehe *Oebbecke*, Weisungs- und unterrichtsfreie Räume in der Verwaltung, S. 35 f.

403 *Oebbecke*, Weisungs- und unterrichtsfreie Räume in der Verwaltung, S. 36: „Hier besteht nämlich Einigkeit, dass Objekt der Leitung nicht nur die rechtlich unselbständige Bundesverwaltung, sondern auch die rechtlich verselbständigten juristischen Personen sind, die zum Geschäftsbereich gehören."

404 Vgl. *Oebbecke*, Weisungs- und unterrichtsfreie Räume in der Verwaltung, S. 36.

möglich sind.[405] Diesbezüglich könnten mit der oben erwähnten Fachaufsicht dann Leitungshandlungen vollzogen werden.[406]

bb) Begrenzte Autonomie des Verwaltungsrats

Zugunsten der umfassenden Einflussnahmemöglichkeit des BMF und der oben dargestellten Ausübung der Rechts- und Fachaufsicht des BMF wird im Weiteren angeführt, inwieweit es bei der BaFin eine eigene Willensbildung gibt.

Das Bundesministerium kann nicht nur unmittelbar durch die zuvor dargestellten Handlungen, sondern auch mittelbar als Mitglied des Verwaltungsrats auf diesen Einfluss nehmen. Damit steht dem Ministerium die Möglichkeit offen, überall in die Geschäftsführung der BaFin einzugreifen. Bei näherer Betrachtung der Rechts- und Fachaufsicht des Bundesministeriums wäre das Ministerium auch ohne ein Genehmigungserfordernis ohne weiteres in der Lage, auf die Bundesanstalt einzuwirken.[407] In diesem Zusammenhang überprüft die Rechts- und Fachaufsicht des Ministeriums nicht nur die Legalität, sondern auch die Opportunität der Entscheidungen der BaFin.[408] Es ist daher möglich, dass der Verwaltungsrat bei Entscheidungen der aufsichtlichen Einflussnahme des Ministeriums ausgesetzt ist. Dies könnte sogar so weit gehen, dass der Verwaltungsrat seine Entscheidungen stets vom Ministerium korrigieren lassen muss: Daher gibt es keine Autonomie des Verwaltungsrats nach dem FinDAG.[409] Die Kontrollfunktion

---

405 Aufsicht und Leitung sind voneinander zu unterscheiden, wenn jemand innerhalb bestimmter Vorgaben selbstverantwortlich handelt, vgl. dazu *Erlers,* Ziele der Wirtschaftsaufsicht, S. 5.

406 Vgl. *Frick,* Die Staatsaufsicht über die kommunalen Sparkassen, S. 30: „Ist die Durchführung eines Planes von der vorherigen Genehmigung durch den Aufsichtsführer abhängig, so fragt sich, ob es sich hierbei nicht eigentlich um Leitung handelt."; *Sachs,* NJW 1987, S. 2338 (2342); *Gotzmann,* Die Staatsaufsicht über die öffentlich-rechtlichen Rundfunkanstalten, S. 25 f.: „In der Fachaufsicht ein Mittel zur Verwirklichung von Leitung zu sehen."

407 § 6 Abs. 3 FinDAG; *Hagemeister,* WM 2002, S. 1773 (1775); vgl. *Dörr,* Die Privatisierung der Deutschen Bundespost, S. 107.

408 Vgl. *Volz,* Die Zukunft der europäischen Kapitalmarktaufsicht, S. 103.

409 Zu diesem Aspekt ist zu sagen: „Eine irgendwie geartete Autonomie des Verwaltungsrates gib es nach dem FinDAG nicht", *Hagemeister,* WM 2002, S. 1773 (1775); *Yoo,* Umlagefinanzierte Regulierung, S. 38: „Die Begründung mit der organisationsrechtlichen Unabhängigkeit ist daher wenig stichhaltig"; *Faber,* Von der Kreditaufsicht zur Allfinanzaufsicht, S. 188: „Es ist im Bereich der Allfinanzaufsicht kaum ein Anhaltspunkt für Autonomie zu entdecken"; *Volz,* Die Zukunft der europäischen Kapitalmarktaufsicht, S. 102: „Im Verwaltungsrat der BaFin zeigt sich der Einfluss des Staates"; *Halfpap,* Kapitalmarktaufsicht in Europa und den

des Verwaltungsrats ist schon deswegen außer Acht zu lassen, da „wie festgestellt weder hinsichtlich der Anstalt insgesamt noch hinsichtlich des Verwaltungsrates Unabhängigkeit besteht. Kontrolle übt letzten Endes nur das BMF aus“.[410]

Allerdings ist dabei zu berücksichtigen, dass durch die Aufsichtstätigkeit das Verhalten des Beaufsichtigten mit einem Sollzustand in Einklang gebracht werden und demgemäß ggf. auf den Beaufsichtigten korrigierend eingewirkt werden kann.[411] Zu beachten bleibt jedoch, dass die die Aufsicht umfassende, verbindliche Weisung von unzulässiger Einflussnahme unterschieden werden muss.[412] Daher ist bei der BaFin als rechtsfähiger Anstalt die übermäßige Einflussnahme des BMF auf den Verwaltungsrat weitestgehend zu beschränken. Überdies gibt es ein derartiges Zusammentreffen von Verwaltungsrat und Fachaufsicht bei den anderen rechtsfähigen Bundesanstalten des öffentlichen Rechts nicht.[413]

Wie in Abschnitt B erwähnt, ist der Verwaltungsrat dem Aufsichtsrat einer Aktiengesellschaft nachgebildet. Nach § 111 AktG ist der Aufsichtsrat in der Lage, in weitem Umfang auf die Geschäftsführung Einfluss zu nehmen; insbesondere kann er gem. § 111 Abs. 4 AktG bestimmte Arten von Geschäften von seiner Zustimmung abhängig machen.[414] Demgemäß scheinen auch dem Verwaltungsrat der BaFin umfangreiche Möglichkeiten und echte Entscheidungsbefugnisse zu obliegen. Diesbezüglich zeigen sich bei näherer Betrachtung jedoch entscheidende Unterschiede. Zunächst sind die Mitglieder des Verwaltungsrats ehrenamtlich tätig (§ 3 Abs. 5 Satzung), während nach dem Aktienrecht eine Vergütung gezahlt werden kann und auch regelmäßig gezahlt wird (§ 113 AktG). Hinzu kommt, dass die Bestellung und die Abberufung des Vorstandes des Aufsichtsrats einer Aktiengesellschaft keiner besonderen Erwähnung bedürfen, während dieser Umstand bei der Bundesanstalt keine Entsprechung findet.[415] Im Gegensatz zum Aufsichtsrat einer Aktiengesellschaft besitzt der Verwaltungsrat auch kein Recht auf Einsicht in die Akten der Bundesanstalt, ihm kommt vielmehr lediglich ein Auskunftsanspruch gegen den Präsidenten zu (§ 4 Abs. 2 Satzung). Damit wäre

---

USA, S. 27: das Errichtungsgesetz „sieht insoweit keine Autonomie des Verwaltungsrates vor“; *Junker*, Gewährleistungsaufsicht über Wertpapierdienstleistungsunternehmen, S. 77.

410 *Junker*, Gewährleistungsaufsicht über Wertpapierdienstleistungsunternehmen, S. 78.

411 *Junker*, Gewährleistungsaufsicht über Wertpapierdienstleistungsunternehmen, S. 41.

412 Vgl. *Loschelder*, Weisungshierarchie und persönliche Verantwortung, § 107 Rdnr. 44.

413 *Hagemeister*, WM 2002, S. 1773 (1778).

414 *Junker*, Gewährleistungsaufsicht über Wertpapierdienstleistungsunternehmen, S. 76.

415 M.w. Nachw. siehe *Hagemeister*, WM 2002, S. 1773 (1777).

zu dem Ergebnis zu kommen, dass die BaFin weitaus weniger Autonomie besitzt, als dies bei den früheren Behörden der Fall war.[416]

d) Die Selbstverwaltung

aa) Satzungshoheit als Selbstverwaltungskorrelat

Die Selbstverwaltung der rechtlich verselbständigten Organisationseinheiten, die neben dem Hauptverwaltungsträger stehen, besteht neben dem kommunalen Bereich auch in vielen anderen Verwaltungsbereichen.[417] Eine solche Selbstverwaltung beginnt mit der Errichtung des Verwaltungsträgers mit eigener Rechtspersönlichkeit und ist dem Vorbehalt des Gesetzes unterstellt.[418] An dieser Stelle kann man sich die Frage stellen, ob der rechtsfähigen Anstalt des öffentlichen Rechts ein Selbstverwaltungsrecht zukommt. Ungeachtet der eher skeptischen Auffassung[419] kann sich der Begriff der Selbstverwaltung auch auf die mittelbare Staatsverwaltung und die Anstalten – nicht jedoch auf alle Träger der mittelbaren Verwaltungsorganisation – erstrecken, obwohl diesen auch eine besondere Aufgabe zur Erfüllung zugewiesen ist.[420] In einer Literatur wird vertreten, dass in Art. 87 Abs. 3 GG die bundeseigene Verwaltung und die bundesunmittelbare „Selbstverwaltung" festgelegt ist.[421] Allerdings sind die Selbstverwaltungsbefugnisse bei den Anstalten des öffentlichen Rechts allgemein weit weniger ausgeprägt als bei den Körperschaften.[422] Auch die Tatsache, dass der Deutschen Bundesbank

---

416 Vgl. *Hagemeister*, WM 2002, S. 1773 (1775); *Yoo*, Umlagefinanzierte Regulierung, S. 38; *Fricke*, NVersZ 2002, S. 337 (339).

417 *Krebs*, Verwaltungsorganisation, § 108 Rdnr. 23; vgl. *Schuppert*, Die Erfüllung öffentlicher Aufgaben durch verselbständigte Verwaltungseinheiten, S. 66.

418 *Loschelder*, Weisungshierarchie und persönliche Verantwortung, § 107 Rdnr. 54.

419 M.w. Nachw. siehe *Klein*, die verfassungsrechtliche Problematik des ministerialfreien Raumes, S. 103 f.

420 M.w.Nachw. siehe *Breuer*, VVDStRL Heft 44 (1986), S. 211 (222); *Müller*, Verwaltungsrecht II, § 86 Rdnr. 28 (55); *Bohn*, Die Anstalt des öffentlichen Rechts unter Berücksichtigung des Wandels der Anstalt durch die Beteiligung Dritter, S. 128 f.; vgl. *Krebs*, Verwaltungsorganisation, § 108 Rdnr. 23; zur funktionalen Selbstverwaltung und mittelbaren Staatsverwaltung siehe *Kluth*, Funktionale Selbstverwaltung, S. 26 f.

421 Vgl. *Hartkopf*, DÖV 1979, S. 349 ff.; zur Gleichsetzung von Selbstverwaltung und mittelbarer Staatsverwaltung skeptisch siehe *Krebs*, Verwaltungsorganisation, § 108 Rdnr. 18; *Loschelder*, Weisungshierarchie und persönliche Verantwortung, § 107 Rdnr. 53; *Hendler*, Das Prinzip Selbstverwaltung, § 143 Rdnr. 41.

422 Vgl. *Oebbecke*, Verwaltungszuständigkeit, § 136 Rdnr. 98; *Rüfner*, DÖV 1985, S. 609; *Kluth*, Funktionale Selbstverwaltung, S. 235 f.

aufgrund deren Entpolitisierung ein Selbstverwaltungsrecht zukommt, ist als ein weiterer Grund anzuführen.[423] Diesem Verständnis liegt die Vorstellung zugrunde, dass „sich technisches Fachwissen und Sachverstand nicht hierarchisch organisieren lassen".[424] Die Selbstverwaltung der Anstalt ist durch die Garantie der Distanz zum Staat und durch die Schaffung von Freiräumen in einem sachlich vorgegebenen rechtlich-institutionellen Rahmen verwirklicht worden.[425]

Vor allem aber ist aus der Tatsache, dass der rechtsfähigen Anstalt eine eigene Satzungsgewalt zukommt, zu schließen, dass ihr zumindest – da der Umfang des Selbstverwaltungsrechts vom Organisationsspielraum des Gesetzgebers abhängig ist – ein partielles Selbstverwaltungsrecht zusteht.[426] Dies besagt aber gerade nicht, dass die Einräumung der Selbstverwaltung zwingend eine begrenzte Aufsicht impliziert.[427]

Wird einer Anstalt das Recht auf Selbstverwaltung zuerkannt, wird damit zugleich klargestellt, dass die eigene Befugnis zur Rechtssetzung – die Satzungsautonomie – zur Rechtsfähigkeit der Anstalt führen muss, geht doch mit der Satzungsautonomie eine eigenverantwortliche Aufgabenwahrnehmung einher.[428] „Die Satzungsgewalt steht zur Selbstverwaltung in einem instrumentalen Verhältnis: Sie erweist sich allerdings als ein besonderes wichtiges Handlungs- und Gestaltungsmittel der Selbstverwaltungsträger bei der eigenverantwortlichen Wahrnehmung der ihnen obliegenden Aufgaben."[429] Diese autonome Satzung können nur rechtsfähige Anstalten erlassen; dabei wird i.d.R. eine Genehmigung des Anstaltsträgers oder einer anderen staatlichen Behörde vorausgesetzt.[430]

bb) Die mangelnde Satzungshoheit der BaFin

Vor dem Hintergrund der bisherigen Untersuchung würde das besagen, dass die BaFin eine eigene Satzungshoheit besitzen könnte, ist sie doch eine rechtsfähige Anstalt, die ihre Aufgaben selbständig wahrnimmt. Die BaFin besitzt eine solche

---

423 Vgl. *Krebs*, Verwaltungsorganisation, § 108 Rdnr. 24.

424 M.w.Nachw. *Jecht*, Die öffentliche Anstalt, S. 63 ff.

425 *Kluth*, Funktionale Selbstverwaltung, S. 234.

426 *Müller*, Verwaltungsrecht II, § 86 Rdnr. 28.

427 Z.B. besitzt ein Studentenwerk ein Selbstverwaltungsrecht, unterliegt jedoch der Fachaufsicht (hierzu *Berg*, NJW 1985, 2296 f.); *Heuterkes*, Rechtsfähige Organisationseinheiten in der Verwaltungsstruktur, S. 112.

428 M.w.Nachw. *Bohn*, Die Anstalt des öffentlichen Rechts unter Berücksichtigung des Wandels der Anstalt durch die Beteiligung Dritter, S. 86 f.

429 *Hendler*, Das Prinzip Selbstverwaltung, § 143 Rdnr. 39.

430 Vertiefend dazu *Müller*, Verwaltungsrecht II, § 86 Rdnr. 55.

jedoch nicht. Vielmehr wird das Bundesministerium der Finanzen dazu ermächtigt, durch eine Rechtsverordnung die Satzung zu erlassen (§ 5 Abs. 3 FinDAG). Dies ist mittlerweile geschehen. Die Geschäftsordnung, die die innere Organisation der Bundesanstalt regelt (§ 6 Abs. 2 Satz 3 FinDAG), benötigt die Genehmigung des Bundesministeriums (§ 6 Abs. 2 Satz 4 FinDAG). Allerdings kann dem Hoheitsträger, dem der Gesetzgeber das Selbstverwaltungsrecht eingeräumt hat, nicht automatisch auch die Satzungshoheit zukommen. Dies ist vielmehr jeweils im Einzelfall anhand der einschlägigen Normen speziell zu untersuchen.[431] In der Regel gehört die Erlassung der Geschäftsordnung zur Führungsbefugnis des Verwaltungsrats.[432] Obwohl die Fachaufsicht dem Ministerium bereits genügend Einflussnahmemöglichkeiten eingeräumt hat, obliegt diesem auch die Satzungshoheit. Dadurch ist eine starke Einflussnahme des BMF auf die Bundesanstalt festzustellen. Aufgrund des mittelbaren Einflusses des Finanzressorts auf den Geschäftsablauf der BaFin erscheint es naheliegend, dass die organisatorische Selbständigkeit der BaFin nicht vollständig gewährleistet ist.[433] Daher sollte die Bundesanstalt de lege ferenda dazu ermächtigt werden, die Satzung selbständig zu erlassen.

IV. Ergebnis

Im organisationsrechtlichen Sinne ist die einschlägige Rechtsgrundlage für die Bundesanstalt für Finanzdienstleistungsaufsicht lediglich Art. 87 Abs. 3 GG und Art. 86 GG. Denn die oben dargestellten Merkmale der BaFin treffen auf die typische Form der bundesunmittelbaren öffentlich-rechtlichen Anstalt nicht zu. Diese atypische Charakteristik ist darauf zurückzuführen, dass die BaFin ihre Aufgaben nicht im Bereich der Leistungsverwaltung, sondern im gewerbepolizeirechtlichen Bereich erfüllt. Des Weiteren gehört die von der BaFin wahrgenommene Aufgabe der Finanzaufsicht nicht zu der sog. „distanzierten Staatsnähe“, die

---

431 *Hendler*, Das Prinzip Selbstverwaltung, § 143 Rdnr. 38.

432 Vgl. *Bohn*, Die Anstalt des öffentlichen Rechts unter Berücksichtigung des Wandels der Anstalt durch die Beteiligung Dritter, S. 146.

433 Vgl. *Werheit*, Die Bundesanstalt für Finanzdienstleistungsaufsicht, S. 57; *Hagemeister*, WM 2002, S. 1773 (1775): *Hill/Martini*, Normsetzung und andere Formen exekutivischer Selbstprogrammierung, § 34 Rdnr. 26: „Die organisatorische Selbständigkeit der Anstalt allerdings ist nicht sehr ausgeprägt“; vgl. *Müller*, JuS 1985, S. 497; *Wendt*, NWVBL 1987, S. 33 (38); *Maurer*, Allgemeines Verwaltungsrecht, § 23 Rdnr. 49 ff.; *Raab*, Die Durchsetzung der Marktmissbrachsverbote in Deutschland und den USA, S. 65; *Fricke*, NVersZ 2002, S. 337 (340); *Gramlich*, Die rechtswissenschaftliche Sicht, S. 327; *Laars*, Kommentar zum FinDAG, § 2 Rdnr. 1.

typisches Merkmal der bundesmittelbaren Verwaltung ist. Darüber hinaus sind die dem Anstaltsnutzungsverhältnis immanenten Benutzer der BaFin nicht nur für die beaufsichtigten Unternehmen und Institute, die an der Ausführung der Aufgaben der BaFin ein Interesse haben können, sondern auch für die Öffentlichkeit tätig. Alles in allem lässt sich sagen, dass die Bundesanstalt für Finanzdienstleistungsaufsicht durchaus eine „atypische" Anstalt ist.[434] Die Form dieser für die Eingriffsverwaltung atypischen Neuorganisation scheint auf „ein Abrücken von staatlichem Einfluss" bei der Finanzmarktaufsicht abzuzielen.[435]

Für die Anstalt ist die Weisungsfreiheit nicht begriffsnotwendig; sie kann vielmehr Einflüssen der Muttergemeinwesen in vielfältiger Form unterliegen.[436] Diese Einflussnahme der übergeordneten Behörden kann sich von einer bloßen Rechtsaufsicht bis hin zu einer Leitung durch das zuständige Ministerium unter Mitwirkung des Verwaltungsrats erstrecken.[437] Dies darf jedoch auch bei Entscheidungshandlungen der verselbständigten Verwaltungseinheiten keine wichtige Rolle spielen. Bei der BaFin zeigt sich die (zumindest einigermaßen) organisatorische Verselbständigung durch die volle Souveränität, durch die Zusammenarbeit mit der Bundesbank und durch die Rechenschaftspflichten.[438] Doch wegen der mangelnden Satzungshoheit wird das eigene Organisationsrecht der BaFin weniger gewährleistet als dasjenige der anderen öffentlich-rechtlichen Anstalten. Diese fehlende organisatorische Selbständigkeit wird durch die Steuerung und Kontrolle durch das zuständige Bundesministerium besonders evident.

Die staatsinterne Aufsicht des BMF ergibt sich im Ergebnis aus der damaligen Dienstaufsicht über die Ämter bzw. nunmehr aus der Fachaufsicht über die BaFin. Diese Aufsicht über die nachgeordneten Behörden geht von der systematisch organisierten gesamten Verwaltung, deren vorrangiges Ziel die Verfolgung des öffentlichen Interesses ist, aus. Um die Verselbständigung zu gewährleisten,

---

434 Vgl. *Hagemeister*, WM 2002, S. 1773 (1774); *Schwirten*, Kommentar zum KWG § 1 FinDAG Rdnr. 3; *Halfpap*, Kapitalmarktaufsicht in Europa und den USA, S. 183; *Frach*, Finanzaufsicht in Deutschland und Großbritannien, S. 74; *Junker*, Gewährleistungsaufsicht über Wertpapierdienstleistungsunternehmen, S. 74; es handelt sich bei den Anstalten, die im Bereich der Wirtschaftsaufsicht sowie in anderen Hoheitsbereichen eine originäre Hoheitsaufgabe ausüben, um selbst nicht wirtschaftlich tätige Anstalten (hierzu *Bohn*, Die Anstalt des öffentlichen Rechts unter Berücksichtigung des Wandels der Anstalt durch die Beteiligung Dritter, S. 137).

435 *Junker*, Gewährleistungsaufsicht über Wertpapierdienstleistungsunternehmen, S. 74.

436 *Rüfner*, DÖV 1985, S. 609.

437 Vgl. *Rüfner*, DÖV 1985, S. 605 (609).

438 Vgl. *Werheit*, Die Bundesanstalt für Finanzdienstleistungsaufsicht, S. 72 f.

spricht die Aufsicht nicht von Eingriffen in die Geschäftsleitung, sondern von der bloßen Überwachung der Geschäftsleitung.[439] Um eine umfassende Eingliederung einer juristischen Person des öffentlichen Rechts in das Hierarchiegeflecht eines Ministeriums zu verwirklichen, wird im Allgemeinen ein besonderes Verhältnis zum Bundesministerium vorausgesetzt. Damit unterliegt die juristische Person nicht nur der Rechtsaufsicht, sondern auch der Kontrolle in Gestalt der Fachaufsicht. Die Ausführung der Aufsichtstätigkeit kann aber nicht mehr gerechtfertigt werden, sobald die Aufsicht einen bestimmten Teil der Anstalt nicht nur begrenzt, sondern sogar die Verselbständigung der Anstalt berührt. Auch in Anbetracht der umfangreichen fachaufsichtlichen Kontrolle des Ministeriums wird erkennbar, dass die BaFin keinen wesentlichen Unterschied zu den früheren drei Ämtern aufweist.[440] Aufgrund der mittelbaren Einflussnahme des Finanzressorts auf den Geschäftsablauf innerhalb der BaFin erscheint es vielmehr naheliegend, dass die organisatorische Selbständigkeit der BaFin nicht vollständig gewährleistet ist.

Darüber hinaus können, aufgrund der Forderung nach einer reduzierten Staatlichkeit, die ministeriellen Zugriffsrechte der mittelbaren Bundesverwaltung, die sich aus dem Anstaltsstatus ergeben,[441] regelmäßig auf eine reine Rechtsaufsicht

---

439 Der Begriff der Aufsicht kann bezüglich der Gewährleistung der Verantwortung und Selbständigkeit der Angewiesenen eine andere Bedeutung als jener der Leitung aufweisen, vgl. *Wendt*, NWVBL 1987, S. 33 (38); *Burmeister*, Herkunft, Inhalt und Stellung des institutionellen Gesetzesvorbehalts, S. 259 ff.; *Frick*, Die Staatsaufsicht über die kommunalen Sparkassen, S. 29 f.; *Sachs*, NJW 1987, S. 2338 (2342).

440 *Junker*, Gewährleistungsaufsicht über Wertpapierdienstleistungsunternehmen, S. 78: „Eine wegen der besonderen Konstellation der Aufgabenwahrnehmung vielleicht wünschenswerte Einbindung Privater in die Verwaltungsorganisation findet nur formell statt."

441 In Europa hat Großbritannien die Reform der Regelung für Aufsichtsbehörden durchgesetzt, indem es die weisungsunabhängigen Behörden des US-amerikanischen Rechts übernahm. Auch der deutsche Gesetzgeber hat bei der Reform des Marktaufsichtsrechts das Modell von Großbritannien und den USA berücksichtigt (hierzu vgl. *Bullinger*, DVBl. 2003, S. 1355 (1356); *Binder*, WM 2001, S. 2230 (2232 ff.)). Die Form einer weisungsunabhängigen Behörde ist dem Charakter der BaFin immanent (hierzu *Yoo*, Umlagefinanzierte Regulierung, S. 33 f.). Bei einer solchen Behörde wird eine starke Unabhängigkeit und Selbstständigkeit als wesentliche Voraussetzung gefordert, obwohl sie in hierarchischer Ordnung dem zuständigen Ministerium unterliegt (hierzu vgl. *Bullinger*, DVBl. 2003, S. 1355 (1356); *Binder*, WM 2001, S. 2230 (2232 ff.); *Yoo*, Umlagefinanzierte Regulierung, S. 33 f.; *Linneweber*, Einführung in die US-amerikanische Verwaltung, S. 59; *Junker*, Gewährleistungsaufsicht über Wertpapierdienstleistungsunternehmen, S. 74).

beschränkt werden.[442] Daher kann die Verselbständigung und Unabhängigkeit der BaFin durch die Beschränkung der Entscheidungsträger verwirklicht werden; z.B. durch Freistellung von Einzelweisungen und die Beschränkung auf Rechtsaufsicht.[443] Alles in allem sollte sich die staatliche Aufsicht über die BaFin – schon im Hinblick auf die Durchsetzung ihrer Aufgaben und ihren Errichtungszweck – als eng umrissene Ausnahme auf eine rechtsaufsichtliche Kontrolle beschränken. Denn anders kann die Verselbständigung der BaFin bei ihren Entscheidungen nicht gewährleistet werden.[444]

Es wird nach den großen Finanzkrisen immer notwendiger, dass alle politischen Einflussnahmemöglichkeiten auf das Finanzaufsichtssystem vollständig ausgeschlossen werden, um ein Versagen der finanzaufsichtlichen Mechanismen zu verhindern.[445] Die grundsätzliche Anerkennung der Rechtsaufsicht ist aber erforderlich, da die ministeriale Verantwortung des Anstaltsträgers zwar begrenzt, aber nicht gänzlich ausgeschlossen werden darf.[446] Eine reine Rechtsaufsicht trägt zur Durchsetzung der aufsichtsrechtlich gefärbten Vorgaben bei und trägt zudem nicht zur Abhängigkeit von den übergeordneten Behörden bei.[447] Überdies ist eine vollständige Herauslösung der Finanzmarktaufsicht aus der Leistungszuständigkeit der Bundesregierung und damit eine Kontrolle des Bundestages weder praktisch möglich noch mit dem Demokratieprinzip aus Art. 20 Abs. 3 GG in Einklang zu bringen.[448] Deshalb kann die Beschränkung der staatlichen Aufsicht auf die Rechtmäßigkeit eine Lösung zur Sicherung der gewünschten politischen Unabhängigkeit und Neutralität im Rahmen der grundsätzlichen demokratischen Legitimation sein. Die Informationspflicht der BaFin gibt eine ausreichende Auskunft darüber, ob und inwieweit die Geschäftsführung und die Verwaltungshandlungen der BaFin rechtmäßig sind. Die Rechtsaufsicht des BMF, die mit dessen Informationspflicht einhergeht, kann ein größeres Maß an

---

442 *Junker*, Gewährleistungsaufsicht über Wertpapierdienstleistungsunternehmen, S. 74.

443 Vgl. *Krebs*, NVwZ 1985, S. 609 (616).

444 Vgl. *Krebs*, NVwZ 1985, S. 609 (616 f.); *Haverkate*, Die Einheit der Verwaltung als Rechtsproblem, S. 225.

445 *Kohtamäki*, Die Reform der Bankenaufsicht in der Europäischen Union, S. 208; vgl. *Quintyn/Ramirez/ W. Taylor*, The Fear of Freedom: Politicians and the Independence and Accountability of Financial Sector Supervisors, IMF Working Paper, WP/07/25, 2007; *Bullinger*, DVBI. 2003, S. 1355 (1360); *Häde*, Kreditwesen 2009, S. 64 (65); *Volz*, Die Zukunft der europäischen Kapitalmarktaufsicht, S. 102.

446 Vgl. *Müller*, Verwaltungsrecht II, § 86 Rdn. 22; *Herdegen*, WM 2000, S. 2121 (2124 f.).

447 Vgl. *Ruffert*, Grundlagen der Wirtschaftsregulierung, § 21 Rdnr. 31.

448 Vgl. *Ohler*, Bankenaufsichtsrecht, § 32 Rdnr. 32.

Rechtsmäßigkeit der Verwaltung der BaFin gewährleisten, obwohl die BaFin ihre Aufgaben selbständig wahrnehmen kann.

Die oben genannten Besonderheiten der BaFin weisen darauf hin, dass es sich bei der BaFin nicht bloß um eine staatsunmittelbare Verwaltungseinheit handelt, sondern vielmehr um einen eigenen, rechtlich selbständigen Willensträger. Um eine vollständige Unabhängigkeit der BaFin von der Bundesregierung sicherzustellen, könnte die Aufsichtstätigkeit den absolut unabhängigen Bundestellen – z.B. dem Bundesrechnungshof – übertragen werden.[449] Die sich daraus ergebende mangelnde parlamentarische Verantwortung kann dadurch kompensiert werden, dass die Aufsichtsbehörde einen Bericht abfasst und somit dem Parlament Einblick in ihre Geschäftsführung gewährt.

449 Vgl. *Hübner*, Die Befugnisse der Fachaufsicht im KWG im Verhältnis zu denen der Staatsaufsicht (Anstaltsaufsicht), S. 77.

D. Die Unabhängigkeit der BaFin im personellen Bereich

In diesem Kapitel wird die Unabhängigkeit der BaFin im personellen Bereich zusammen mit deren Organmitgliedern und deren Verwaltungsbediensteten behandelt. An dieser Stelle soll nun die Frage beantwortet werden, inwieweit die Bundesanstalt im personellen Bereich eine organisationsrechtliche Verselbständigung als eine Anstalt besitzt. Neben der Darstellung der personellen Unabhängigkeit im Bereich des Direktoriums sowie des Verwaltungsrats wird zu diesem Zweck die personelle Hoheit der Bundesanstalt näher beleuchtet. Hierbei soll besonders darauf eingegangen werden, ob und inwieweit die Verleihung der Dienstherreneigenschaft der BaFin und die sich daraus ergebende verfassungsrechtliche Regelung des Art. 33 Abs. 4, 5 GG zur Unabhängigkeit der Bundesanstalt im personellen Bereich beitragen.

I. Die Unabhängigkeit im Bereich des Direktoriums

1. Die besondere Nähe des politischen Beamten zur Staatsleitung

Seit der konstitutionellen Monarchie hängen Strukturmerkmale des politischen Amtes und des Verwaltungsamtes mit dem Status des politischen Beamten zusammen.[450] Die Inhaber dieser Ämter zeichnen sich dadurch aus, dass sie sich genau im Grenzbereich zwischen Politik und Verwaltung bewegen und zu der Ausübung des Amtes eine fortdauernde Übereinstimmung mit den grundsätzlichen politischen Ansichten und Zielen vorausgesetzt wird; sie können damit gerade von bestimmten Grundsätzen des Beamtentums abweichen.[451]

Was unter der besonderen Nähe des politischen Beamten zur Staatsleitung zu verstehen ist, ergibt sich vor allem aus den statusrechtlichen Annäherungen an das politische Amt. Obwohl im Allgemeinen auf Lebenszeit eingestellt, dürfen politische Beamte jederzeit in den einstweiligen Ruhestand versetzt werden, wenn die Übereinstimmung ihrer Amtsführung mit der Regierungspolitik nicht mehr

---

450 Vgl. dazu *Schunke*, Die politischen Beamten, S. 6 ff.

451 Siehe dazu *Schröder*, Die Bereiche der Regierung und der Verwaltung, § 106 Rdnr. 37; *Schunke*, Die politischen Beamten, S. 140; *Lecheler*, Der öffentliche Dienst, § 110 Rdnr. 20, 72 f.: „Für bestimmte exponierte Spitzenpositionen kennt es die Figur des politischen Beamten“; vgl. § 31 Abs. 1 BRRG a.F.

gewährleistet scheint.[452] Dementsprechend werden inhaltlich zwei Schwerpunkte gesetzt: Zum einen liegt einer solchen Möglichkeit die Vorstellung zugrunde, dass die „politische Steuerung eine dauernde Übereinstimmung mit dem Regierungskonzept voraussetzt, die über hierarchische Weisungsgebundenheit und Loyalität grundsätzlich hinausgeht", und zum anderen „wird aber durch die spezifisch beamtenrechtliche Konfliktlösung gerade unterstrichen, dass der Betroffene nicht über die Linie zwischen Verwaltung und Regierung hinübergewechselt ist, auch in seiner Grenzposition an fremdgesetzte Vorgaben gebunden bleibt".[453]

2. Die Gewährleistung der Unabhängigkeit der Mitglieder des Direktoriums

Der Präsident und die Mitglieder des Direktoriums können außerhalb eines Disziplinarverfahrens nicht in den einstweiligen Ruhestand versetzt werden, weil sie keine politischen Beamten sind.[454] Da sie in einem öffentlich-rechtlichen Amtsverhältnis zum Bund stehen (§ 9 Abs. 1 FinDAG),[455] kann eine Beendigung des Amtsverhältnisses nur aus wichtigem Grund (§ 9 Abs. 2 FinDAG), der sich nach allgemeinem Arbeitsrecht bestimmt, erfolgen.[456] Die Mitglieder des Direktoriums dürfen ohne Zustimmung des BMF kein anderes besoldetes Amt, kein Gewerbe und keinen Beruf ausüben (§ 9 Abs. 4 FinDAG), um Interessenkollisionen zu vermeiden und die Funktionsfähigkeit der BaFin sicherzustellen.[457] Dadurch ist die Unabhängigkeit der BaFin im personellen Bereich teilweise erkennbar.

---

452 Vgl. § 37 Abs. 1 BBG.

453 *Loschelder,* Weisungshierarchie und persönliche Verantwortung, § 107 Rdnr. 30; vgl. zur Stellung des politischen Beamten nach Versetzung in den einstweiligen Ruhestand *Schunke*, Die politischen Beamten, S. 271 ff.

454 Vgl. *Hagemeister,* WM 2002, S. 1773 (1777); *Werheit,* Die Bundesanstalt für Finanzdienstleistungsaufsicht, S. 60; *Laars,* Kommentar zum FinDAG, § 6 Rdnr. 4; ferner *Epping,* ZBR 1997, S. 383 (388).

455 Vgl. *Bohn*, Die Anstalt des öffentlichen Rechts unter Berücksichtigung des Wandels der Anstalt durch die Beteiligung Dritter S. 143: „Die Mitglieder des Vorstandes sind heute durchweg nicht mehr Beamte im staatsrechtlichen Sinne. Dennoch sind sie nach heute herrschender Ansicht als Amtsträger im Sinne von § 11 Abs. 1 Nr. 2 StGB anzusehen. Die Einzelheiten des Beschäftsverhätnisses zwischen den Mitgliedern des Vorstandes und der Anstalt werden durch privatrechtliche Dienstverträge geregelt."

456 *Laars,* Kommentar zum FinDAG, § 6 Rdnr. 4.

457 *Laars,* Kommentar zum FinDAG, § 9 Rdnr. 4.

II. Die Unabhängigkeit im Bereich der Mitglieder des Verwaltungsrats

Die Verselbständigung einer Anstalt kann auch dadurch verwirklicht werden, dass die Organstruktur der Anstalt gesellschaftlichen Gruppen die Möglichkeit einer partizipatorischen Mitverwaltung eröffnet.[458] Als solches Organ ist hier der Verwaltungsrat anzuführen, dem neben staatlichen Vertretern auch Repräsentanten bestimmter wirtschaftlicher Interessengruppen angehören können.[459] So gibt es das Organ „Verwaltungsrat" typischerweise bei solchen Anstalten des öffentlichen Rechts, bei denen der Grund für die Verselbständigung in der Einbeziehung von Vertretern gesellschaftlicher Interessen sowie in eigenen Mitwirkungsrechten der Benutzer liegt.[460] Daher ist die Partizipation bestimmter Interessengruppen an Entscheidungen der Verwaltung durch den Verwaltungsrat, aufgrund seiner zuvor dargestellten Steuerungs- und Überwachungskompetenzen, bei der Untersuchung der Verselbständigung innerhalb der Organe der Anstalt ein entscheidender Gesichtspunkt. Bei der Besetzung und der personellen Zusammensetzung des Verwaltungsrats muss staatlicherseits grundsätzlich für eine angemessene Vertretung aller betroffenen Gruppen gesorgt werden.[461] Dies dient der Stärkung eines partizipatorischen Moments und auch dem Sachgrund der anstaltlichen Verselbständigung.[462] Das Gleiche gilt grundsätzlich für den Verwaltungsrat der BaFin.

1. Die bisherige personelle Zusammensetzung des Verwaltungsrats

Der Verwaltungsrat setzte sich nach § 7 Abs. 3 FinDAG a. F. aus 21 Mitgliedern zusammen: aus vier Vertretern des BMF, einem Vertreter des Bundesministeriums für Wirtschaft und Technologie, einem Vertreter des Bundesministeriums der Justiz, fünf Mitgliedern des Deutschen Bundestages sowie fünf Vertretern

---

458 Siehe dazu *S. 55*.

459 *Breuer*, VVDStRL Heft 44 (1986), S. 211 (228); vgl. *Bohn*, Die Anstalt des öffentlichen Rechts unter Berücksichtigung des Wandels der Anstalt durch die Beteiligung Dritter, S. 126 f.

460 Vgl. *Junker*, Gewährleistungsaufsicht über Wertpapierdienstleistungsunternehmen, S. 76; *Breuer*, VVDStRL 44(1986), S. 211 (228 f.); Beispiele sind die öffentlich-rechtlichen Rundfunkanstalten, die Sozialversicherungsträger und die Filmförderungsanstalt, *Hagemeister*, WM 2002, S. 1773 (1778).

461 *Lange*, VVDStRL Heft 44 (1986), S. 169 (198).

462 Vgl. *Breuer*, VVDStRL Heft 44 (1986), S. 211 (228 f.); *Lange*, VVDStRL Heft 44 (1986), S. 169 (198 f.).

der Kreditinstitute, vier Vertretern der Versicherungsunternehmen und einem Vertreter der Kapitalanlagegesellschaften. Die Repräsentanten der Betroffenen wurden wie die übrigen staatlichen Mitglieder nach § 7 Abs. 5 FinDAG durch das BMF bestellt. Gemäß § 3 Abs. 1 S. 1 i. V. m. Abs. 6 der Satzung erfolgte diese Bestellung aber auch auf Vorschlag der im Rat vertretenen Stellen und Interessenverbände. Damit konnte materieller Einfluss auf die Besetzung der Vertreter der Interessengruppen genommen werden.[463]

Bezüglich der soeben erwähnten Vertretung der Interessen der Wirtschaftssektoren ist die Frage zu stellen, ob der Verwaltung die Funktion der partizipatorischen Mitwirkung gesellschaftlicher Gruppen tatsächlich zukommt. Nach der Gesetzesbegründung sollen die Mitglieder des Verwaltungsrats einerseits der Absicherung der Arbeitstätigkeit des Gremiums und andererseits der angemessenen Vertretung der teilweise nicht deckungsgleichen Interessen der Sektoren der Finanzwirtschaft dienen.[464] In der Sitzung des Verwaltungsrats wurden daher die materiell-rechtlichen und finanzpolitischen Fragen von anderen Bundesministerien und den Abgeordneten des Bundestags (im Rahmen der Rechts- und Fachaufsicht durch das BMF) diskutiert. Auch wurden daneben die Interessen der Beaufsichtigten angemessen berücksichtigt, weil sie die Kosten der Anstalt – in erster Linie über Umlagen und Gebühren – vollständig tragen. Eine Beteiligung wäre daher als eine Gegenleistung zur finanziellen Last anzusehen;[465] daraus dürfte sich das eigentliche Motiv für die Einrichtung eines Verwaltungsrats ergeben.[466] Eine Beteiligung gesellschaftlicher Gruppen im Sinne einer partizipatorischen Mitwirkung wurde es daher bei der BaFin nicht gegeben.[467]

2. Die neue personelle Zusammensetzung des Verwaltungsrats

Der Verwaltungsrat besteht nun seit 2013 aus 17 Mitgliedern, wovon 2, nämlich der Vorsitzende und sein Vertreter, vom Bundesministerium der Finanzen zur Ausübung ihrer Rechts- und Fachaufsicht an die Bundesanstalt entsendet werden.

---

463 *Junker*, Gewährleistungsaufsicht über Wertpapierdienstleistungsunternehmen, S. 76.

464 Begründung zum Entwurf eines Gesetzes über die integrierte Finanzdienstleistungsaufsicht, BR-Drs, 14/7033, S. 35; vgl. *Raab*, Die Durchsetzung der Marktmissbrauchsverbote in Deutschland und den USA, S. 66.

465 Vgl. unter: http://www.ad-hoc-news.de/banken-stellen-finanzierung-der-bafin-in-frage--/de/News/23478307: „Wenn die Kreditinstitute weiter die BaFin finanzieren sollen, müssen auch deren Verbände im Verwaltungsrat mitwirken können."

466 M.w.Nachw. siehe dazu *Hagemeister*, WM 2002, S. 1773 (1778); vgl. *Werheit*, Die Bundesanstalt für Finanzdienstleistungsaufsicht, S. 57.

467 *Hagemeister*, WM 2002, S. 1773 (1778).

Daneben gehören dem Verwaltungsrat ein weiterer Vertreter des Bundesministeriums, ein Vertreter des Bundesministeriums für Wirtschaft und Technologie, ein Vertreter des Bundesministeriums der Justiz, ein Vertreter des Bundesministeriums für Ernährung, Landwirtschaft und Verbraucherschutz, fünf Mitglieder des Deutschen Bundestages (hinsichtlich der rechtlichen und politischen Berührungspunkte)[468] sowie sechs Personen aus dem Bereich des Kredit-, Finanzdienstleistungs-, Zahlungsdienste-, Investment-, Wagniskapitalbeteiligungs-, Versicherungswertpapier- oder Bilanzwesens an. Die Deutsche Bundesbank sowie der Vorsitzende des Personalrats und seine Stellvertreter können auch ohne Stimmrecht an den Sitzungen des Verwaltungsrats teilnehmen (§ 7 Abs. 3 FinDAG).

Anzumerken ist in diesem Zusammenhang, dass die bisherigen Repräsentanten der beaufsichtigten Unternehmen sich durch sechs Personen mit beruflicher Erfahrung oder besonderen Kenntnissen auf dem Gebiet des Kredit-, Finanzdienstleistungs-, Zahlungsdienste-, Investment-, Versicherungs-, Wertpapier- oder Bilanzwesens ersetzen lassen. Allerdings werden auch die Mitglieder des Verwaltungsrats durch das Bundesministerium auf Vorschlag der vertretenen Stellen und der Interessenverbände bestellt (§ 7 Abs. 5 FinDAG).

Der Veränderung liegt die Vorstellung zugrunde, dass es die Beteiligung der Interessengruppen am Verwaltungsrat möglich mache, dass die Beaufsichtigten in die Aufsichtsentscheidung eingreifen könnten,[469] obwohl die Vertreter der beaufsichtigten Unternehmen mit 10 von 21 Sitzen im Verwaltungsrat nur eine Minderheitenposition innehatten. Diese Neugestaltung der personellen Zusammensetzung des Verwaltungsrats ist zudem in Bezug auf die fehlenden nicht-staatlichen, gesellschaftlichen Mitglieder zu begrüßen. Der bisherige Verwaltungsrat bestand entweder aus Personen von Seiten des Staats oder aus

---

468 Begründung zum Entwurf eines Gesetzes über die integrierte Finanzdienstleistungsaufsicht, BR-Drs, 14/7033, S. 35; gegen die Teilnahme der Bundestagsabgeordneten aufgrund von Gewaltenteilungsgründen, vgl. *Hagemeister*, WM 2002, S. 1773 (1777).

469 In einem Referentenentwurf des Finanzministeriums von Mitte Februar 2012 heißt es, um die Unabhängigkeit der BaFin zu stärken, würden künftig „anstelle von zehn Vertretern der Kredit- und Versicherungswirtschaft sowie der Kapitalanlagegesellschaften sechs vom Bundesministerium der Finanzen bestellte Persönlichkeiten mit Fachexpertise im Bereich der Finanzindustrie vertreten sein" (abrufbar unter http://www.t-online.de/wirtschaft/unternehmen/id_55117458/banken-stellen-finanzierung-der-bafin-infrage.html; die verringerte Zahl der Vertreter der Finanzindustrie im Verwaltungsrat soll die Unabhängigkeit der BaFin von den beaufsichtigten Unternehmen verstärken", *Marzahn*, 01/13 BAFin Journal, S. 9.

Vertretern von Seiten der Aufsichtsunterworfenen. Negativ lässt sich daher formulieren, dass die Entscheidungen des Verwaltungsrats nicht völlig vom Staat oder den Wirtschaftsgruppen unabhängig sein können. Infolgedessen könnte in der neuen personellen Zusammensetzung des Verwaltungsrats eine Lösung für das Neutralitätsproblem darin gesehen werden, dass sich die nicht-staatlichen Fachkräfte an Entscheidungen beteiligen.[470]

3. Zwischenergebnis

Aus diesem Grunde dürfte nunmehr die echte partizipatorische Mitverwaltung von Vertretern gesellschaftlicher Interessen, dank der personellen Zusammensetzung des Verwaltungsrats, zu bejahen sein. Dennoch bleibt festzuhalten, dass diese personelle Zusammensetzung zwar für einen weiten Rückzug der beaufsichtigten Gruppen aus dem Verwaltungsrat spricht, ein Verzicht auf politische Einflussnahme beinhaltet dies jedoch nicht. Im Zuge der Gewaltenteilung ist es systemfremd und nicht wünschenswert, dass der Exekutive angehörige Gremium mit einzelnen Mitgliedern des Deutschen Bundestages zu besetzen. Vielmehr ist es die Aufgabe der Legislative, die Exekutive als Ganzes über die parlamentarische Verantwortlichkeit der Bundesregierung hinaus zu kontrollieren.[471]

III. Die Unabhängigkeit im Bereich der Verwaltungsbediensteten

1. Personelle Zusammensetzung der Verwaltungsbediensteten der BaFin

a) Beamte

Die BaFin besitzt Dienstherrenfähigkeit im Sinne des § 121 BRRG (§ 9 a Abs. 1 FinDAG).[472] Aufgrund der Verleihung der Dienstherrenfähigkeit können die Aufgaben der bundesunmittelbaren Anstalt des öffentlichen Rechts von Beamten wahrgenommen werden. Des Weiteren erhalten die Beamten bei der Bundesanstalt eine nicht ruhegehaltfähige Stellenzulage in Höhe von 80 Prozent der

470 Vgl. *Loschelder*, Weisungshierarchie und persönliche Verantwortung, § 107 Rdnr. 67 f.; *Bohn*, Die Anstalt des öffentlichen Rechts unter Berücksichtigung des Wandels der Anstalt durch die Beteiligung Dritter, S. 148.

471 Nachw. bei *Hagemeister*, WM 2002, S. 1773 (1777).

472 Begründung zum Entwurf eines Gesetzes über die integrierte Finanzdienstleistungsaufsicht, BR-Drs, 14/7033, S. 35; vgl. *Halfpap*, Kapitalmarktaufsicht in Europa und den USA, S. 25.

Zulage nach Vormerkung Nummer 7 der Anlage I (Bundesbesoldungsordnung A und B) des Bundesbesoldungsgesetzes (§ 10a Abs. 1 FinDAG). Die Funktion dieser Stellenzulage ist es, die Zahlungsmöglichkeiten des Direktoriums i.S.d. § 9 FinDAG zu verbessern.[473] Diese Beamten der BaFin spielen im Folgenden eine große Rolle.

b) Angestellte, Arbeiter und Auszubildende

Die Angestellten, Arbeiter und Auszubildenden der Bundesanstalt unterliegen den jeweils für Arbeitnehmer und Auszubildende des Bundes geltenden Tarifverträgen und sonstigen Bestimmungen (§ 10 Abs. 1 FinDAG). Angestellte können im Einzelfall mit Zustimmung des Verwaltungsrats auch oberhalb der höchsten tarifvertraglichen Vergütungsgruppe in einem außertariflichen Angestelltenverhältnis tätig sein, sofern dies für die Durchführung der Aufgaben erforderlich ist (§ 10 Abs. 2 FinDAG). Des Weiteren kann die Zulage für Tarifbeschäftigte der Anstalt mit Zustimmung des Bundesministeriums der Finanzen und des Bundesministeriums des Inneren als einseitige, außertarifliche Maßnahme des Arbeitgebers gewährleistet werden (§ 10 a Abs. 2 FinDAG). Darüber hinaus kann die Bundesanstalt durch Beschluss des Direktoriums mit Zustimmung des Verwaltungsrats § 45 Absatz 11 des Bundesbesoldungsgesetzes nicht anwenden (§ 10 b FinDAG).

c) Zwischenergebnis

Im Bereich der Verwaltungsbediensteten der BaFin gibt es die im Vorfeld angesprochene Loslösung von dem als zu starr empfundenen Beamtenrecht bzw. Beamtenbesoldungsrecht nicht. Der Gesetzgeber regelt lediglich die Verbesserungen im kommenden Besoldungsstrukturgesetz. Insbesondere können gemäß § 10 Abs. 2 FinDAG Angestellte auch oberhalb der höchsten tarifvertraglichen Vergütungsgruppe außertariflich beschäftigt werden sowie tariflich nicht vorgesehene Sonderleistungen erhalten. Hierdurch kann die Bundesanstalt hoch qualifizierte Spezialisten gewinnen. Auf jeden Fall kann die BaFin aber auch gemäß § 4 Abs. 3 FinDAG auf anderes Personal und Einrichtungen zurückgreifen. Nicht nur nach Art. 33 Abs. 1 GG, sondern auch nach § 4 Abs. 3 Tarifvertragsgesetz ist es der BaFin möglich, außertarifliche Kräfte heranzuziehen.[474] Daher kann § 10 FinDAG als überflüssig angesehen werden.[475] Die praktische Relevanz

---

473 *Laars,* Kommentar zum FinDAG, § 10a Rdnr. 1.

474 Siehe dazu *Hagemeister,* WM 2002, S. 1773 (1775).

475 *Laars,* Kommentar zum FinDAG, § 10 Rdnr. 3: „Die gefundene Lösung ist unpraktikabel und dürfte in der Praxis weitgehend leer laufen"; vgl. *Dreyling,* Kommentar

dieser Vorschrift würde im Übrigen in gewissem Maße von der Sicherstellung adäquater Aufgabenerfüllung abhängen. Bei den Erfüllungsgehilfen nach § 4 Abs. 3 FinDAG ist es mühsam, ständig die fachspezifischen Kenntnisse bei der Finanzmarktaufsicht sicherzustellen. Somit kann dem Art. 10 FinDAG in der Praxis insofern eine maßgebliche Bedeutung beigemessen werden, als diese Regelung als eine Alternative für die Einbeziehung der Experten in das Interne einer Verwaltungsstruktur anzusehen ist.

2. Die Einstellung hoch qualifizierter Spezialisten

Die oben dargestellten Vorschriften sind vor dem Hintergrund zu betrachten, dass der Bereich der Finanzmarktaufsicht aufgrund der hohen Komplexität moderner Finanzmarkttransaktionen und aufgrund seines grenzüberschreitenden Aufgabenbereichs die Beschäftigung hoch qualifizierte Spezialisten benötigt.[476] Aufgrund der hohen Komplexität moderner Finanzmarkttransaktionen und der weltweiten Finanzkrise[477] ist es erforderlich, einen punktuellen Know-how-Transfer aus der Finanzindustrie durchzuführen.[478] Die Anwerbung und die adäquate Vergütung hoch qualifizierter Fachkräfte nehmen auf Aufsichtsebene immer mehr

---

zum WpHG, § 4 Rdnr. 18; die Bundesanstalt kann aber auch die Mitwirkung Dritter (§ 4 Abs. 3 FinDAG) nur nach Bedarf in Anspruch nehmen, wobei tatsächlich die Beistandsleistung nicht zu den eigenen Hoheitsbefugnissen der Bundesanstalt gehört, siehe dazu *Döhmel,* Wertpapierhandelsgesetz, vor § 3 Rdnr. 21 ff.; vgl. *Dörr,* Die Privatisierung der Deutschen Bundespost, S. 130: „Hilfsdienste [...] gehören nicht zu den hoheitlichen Befugnissen"; *Schulze-Fieltz,* Grundmodi der Aufgabenwahrnehmung, § 12 Rdnr. 105; *Hagemeister,* WM 2002, S. 1773 (1775): „Selbst eine Behörde hätte theoretisch allein aufgrund des Günstigkeitsprinzips die Möglichkeit zur Einstellung außertariflich entlohnter Fachkräfte gehabt. Voraussetzung wäre allerdings die Einstellung der erforderlichen Finanzmittel in den Bundeshaushalt gewesen (§ 28 Abs. 2 HGrG; § 51 BHO)."

476 *Hagemeister,* WM 2002, S. 1773 f.; das Merkmal ist insbesondere im Bereich der Telekommunikation und Energiewirtschaft ausgeprägt, wobei die Aufsichtsbehörden von den Fachkräften abhängig sind (hierzu *Yoo,* Umlagefinanzierte Regulierung, 38 ff).

477 *Yoo,* Umlagefinanzierte Regulierung, S. 2: „Wie anfällig hingegen Finanzmärkte für Marktstörungen sind, wird eindrucksvoll durch die Ereignisse der Finanzkrise demonstriert, die seit dem Jahr 2007 die Weltwirtschaft heimsucht."

478 Rede des Präsidenten der Bundesanstalt für Finanzdienstleistungsaufsicht, NVersZ 2002, S. 351; *Hagemeister,* WM 2002, S. 1773 f.; *Yoo,* Umlagefinanzierte Regulierung, 38 ff.; *Schwirten,* Kommentar zum KWG, § 10 FinDAG Rdnr. 2 ff.

an Bedeutung zu.[479] Nach der Gesetzesbegründung soll § 10 Abs. 2 FinDAG bewirken, dass hoch spezialisierte Experten, die nicht nur innovative Produkte und Dienstleistungen entwickeln können und die fachspezifische Informationstechnologie beherrschen, sondern auch bereits Erfahrung im Banken-, Versicherungs- bzw. Wertpapiersektor gesammelt haben, gewonnen werden können.[480] Darüber hinaus sind die oben erwähnten Zuschläge eine logische Folge der in den letzten Jahren immer weiter gestiegenen Anforderungen an die Beschäftigten der BaFin,[481] die für sämtliche Aufgaben gut ausgebildet und hoch spezialisiert sein sollen.[482] Durch diese Maßnahmen kann die BaFin in die Lage versetzt werden, gegenüber den auf dem freien Markt tätigen privaten Unternehmen bei der Indienstnahme der Arbeitnehmer wettbewerbsfähig zu sein.[483]

Dadurch wird die anstaltliche Verselbständigung begründet. Weil ein spezialisierter und entsprechend qualifizierter Verwaltungsapparat zur Erledigung seiner Fachaufgabe innerhalb eines normativen Rahmens in begrenzter technokratischer Eigenregie benötigt wird, führt dies oftmals zu ausgegliederten unabhängigen Verwaltungseinheiten.[484]

---

479 Siehe dazu *Schäfer*, Bankenaufsichtsrecht in Deutschland, dem Vereinigten Königreich und den Vereinigten Staaten, S. 84.

480 Begründung zum Entwurf eines Gesetzes über die integrierte Finanzdienstleistungsaufsicht, BR-Drs, 14/7033, S. 36; vgl. *Binder*, WM 2001, S. 2230 (2231); kritisch dagegen *Laars*, Kommentar zum FinDAG, § 10 Rdnr. 3.

481 Begründung zum Entwurf eines Gesetzes über die integrierte Finanzdienstleistungsaufsicht, BR-Drs, 14/7033, S. 32: „Angesichts der neuen Anforderungen durch die Überarbeitung der Eigenkalital-Übereinkunft des Baseler Ausschusses für Bankenaufsicht […] ist insbesondere eine hoch qualifizierte, marktnahe Aufsicht über die Banken sowie bei Finanzkonglomerate vonnöten."

482 Siehe dazu *Laars*, Kommentar zum FinDAG, § 10 Rdnr. 3 f.; vgl. „Kluge Köpfe kann die Anstalt auf Dauer nur gewinnen, wenn das Gehaltsniveau angehoben wird" (hierzu Financial Times Deutschland 7.5.2002, S. 21; zitiert nach *Hagemeister*, WM 2002, S. 1773 (1775)).

483 Bei der Gewinnung von Spezialisten ist eine Bundesoberbehörde nicht konkurrenzfähig, Begründung zum Entwurf eines Gesetzes über die integrierte Finanzdienstleistungsaufsicht, BR-Drs, 14/7033, S. 32; vgl. *Laars*, Kommentar zum FinDAG, § 10 Rdnr. 3; *Halfpap*, Kapitalmarktaufsicht in Europa und den USA, S. 25: „Durch diese Öffnungsklausel ist es der BaFin nun generell möglich, hoch qualifizierten Arbeitskräften eine adäquate und konkurrenzfähige Vergütung anzubieten."

484 Vgl. *Bohn*, Die Anstalt des öffentlichen Rechts unter Berücksichtigung des Wandels der Anstalt durch die Beteiligung Dritter, S. 126.

3. Die eigene Dienstherrenfähigkeit der BaFin

a) *Der Begriff der Dienstherrenfähigkeit*

Die Dienstherrenfähigkeit ist eine Fähigkeit, Beamtinnen und Beamte zu haben. Nach § 121 Nr. 1 BRRG besitzen außer dem Bund die Länder, Gemeinden und Gemeindeverbände die Dienstherrenfähigkeit. Sonstigen juristischen Personen des öffentlichen Rechts kann die Dienstherrenfähigkeit nach § 121 Nr. 2 BRRG verliehen werden; dennoch hat außer dem Bund nur eine juristische Person das Recht, Dienstherr von Beamten zu sein.[485] Danach soll lediglich denjenigen Verwaltungseinheiten das Recht zukommen, eigene Beamte zu haben, die es zum Zeitpunkt des Inkrafttretens des BRRG bereits besaßen oder denen diese Fähigkeit durch Gesetz, Rechtsverordnung oder durch eine genehmigte Satzung übertragen worden ist.[486]

b) *Voraussetzungen der Dienstherrenfähigkeit*

aa) Allgemeines

Bei näherem Hinsehen liegt dem § 121 BRRG aus rechtlicher Sicht der Gedanke zugrunde, dass die zur Ernennung befähigten Instanzen nicht nur darüber befinden, wem die Dienstherrenfähigkeit zusteht,[487] sondern auch ausschließliche Träger aller derjenigen Rechte und Pflichten sind, die bei der Ernennung für die konstitutive Begründung eines Beamtenverhältnisses notwendig sind.[488] D. h., dass die Dienstherrenfähigkeit nur demjenigen zur Verfügung steht, dem das Recht zukommt, Träger eines Beamtenverhältnisses zu sein.[489] Grund dafür ist,

---

485 Vgl. auch § 2 Nr. 2 BeamtStG.

486 Skeptisch dazu *Quidde*, ZBR 1958, S. 229 (235): „Die hier vorgesehene Verleihung der Dienstherrenfähigkeit [hat] lediglich deklaratorische Bedeutung"; auch *Kluth*, Funktionale Selbstverwaltung, S. 256; *Lecheler*, Die Personalgewalt öffentlicher Dienstherren, S. 54: „Das Recht, Beamte zu haben, kann sinnvoll nur bedeuten, dass der betreffenden Körperschaft diese Beamten auch eingeordnet sind."

487 Umstritten dazu *Mronz*, Körperschaften und Zwangsmitgliedschaft, S. 183: „So umfaßt die Dienstherrenfähigkeit zwar in der Regel, nicht aber notwendig die Befugnis, Beamte zu ernennen"; *Lecheler*, Die Personalgewalt öffentlicher Dienstherren, S. 56: „Streitig ist weiter auch, ob die Dienstherrenfähigkeit das Beamtenernennungsrecht einschließt."

488 *Quidde*, ZBR 1958, S. 229 f.

489 *Mronz*, Körperschaften und Zwangsmitgliedschaft, S. 183: „Träger eines Beamtenverhältnisses kann folglich nur der Staat einschließlich der seinem Organisations- und Funktionsbereich zuzurechnenden öffentlich-rechtlichen Gebilde sein."

dass die Dienstherrenfähigkeit auf die Staatsgewalt zurückzuführen ist.[490] Daher ist die Fähigkeit „als Ausfluß hoheitlicher Kompetenzen“ anzusehen und nicht umgekehrt.[491] Damit ist klargestellt, dass nicht allen juristischen Personen des öffentlichen Rechts die Fähigkeit zustehen kann, Träger eines Beamtenverhältnisses zu sein, weil es ihnen zuweilen an der Verfügungsmacht über die öffentliche Gewalt mangelt; d.h., dass ihnen keine hoheitlichen Aufgaben übertragen worden sind.[492] Die Übertragung der Dienstherrenfähigkeit auf juristische Personen des öffentlichen Rechts setzt daher einen Bestand an hoheitlichen Aufgaben voraus, anderenfalls würden diese allgemeinen Bestimmungen missachtet.[493]

Im Übrigen bedeutet die rechtliche Autonomie vor allem auch eine umfassende Selbständigkeit in Personalfragen.[494] Aber selbst mit der Entscheidung zugunsten einer rechtsfähigen Anstalt des öffentlichen Rechts war durchaus nicht immer und ohne weiteres eine Entscheidung für eine eigene Dienstherrenfähigkeit der Anstalt getroffen worden, denn den meisten rechtsfähigen Körperschaften und Anstalten des öffentlichen Rechts kommt keine Dienstherreneigenschaft zu.[495] Nichtsdestoweniger braucht hier auf die öffentlich-rechtliche Ausgestaltung einer juristischen Person nicht weiter eingegangen zu werden, weil diese öffentlich-rechtliche Ausgestaltung die Voraussetzung für die Dienstherrenfähigkeit ist. Der Grund dafür ist, dass lediglich öffentliche Gemeinwesen Träger öffentlicher Dienst- und Treueverhältnisse sein können.[496] Daraus ergeben sich

---

490 *Quidde*, ZBR 1958, S. 229 f.; *Mronz*, Körperschaften und Zwangsmitgliedschaft, S. 185.

491 *Mronz*, Körperschaften und Zwangsmitgliedschaft, S. 185.

492 M.w.Nachw. *Quidde*, ZBR 1958, S. 229 (231 ff.); *Mronz*, Körperschaften und Zwangsmitgliedschaft, S. 186 f.

493 *Quidde*, ZBR 1958, S. 229 (231); *Mronz*, Körperschaften und Zwangsmitgliedschaft, S. 186.

494 *Schlüter*, Behörde und Anstalt, S. 56.

495 Vgl. *Quidde*, ZBR 1958, S. 229 (230); *Hagemeister*, WM 2002, S. 1773 (1775); *Werheit*, Die Bundesanstalt für Finanzdienstleistungsaufsicht, S. 52.

496 M.w.Nachw. siehe *Quidde*, ZBR 1958, S. 229 (230): „Für den positiven Nachweis der Dienstherrenfähigkeit war aber mehr erforderlich als die bloße Eigenschaft einer öffentlichen Körperschaft, Anstalt oder Stiftung“; Nachw. siehe *Wichmann/Langer*, Öffentliches Dienstrecht, S. 8: „Haben die privatrechtlich als eingetragene Vereine organisierten kommunalen Spitzenverbände in NW und in anderen Bundesländern keine Dienstherrenfähigkeit. Anders ist es lediglich in Bayern. Die dortigen kommunalen Spitzenverbände sind Körperschaften des öffentlichen Rechts“; *Mronz*, Körperschaften und Zwangsmitgliedschaft, S. 187 f.: auch die Spitzenverbänden in Bayern haben jedoch „keine eigenständige Dienstherrenfähigkeit oder

aber in Anbetracht der Beamtenrechtsvorschriften des GG (Art. 33 Abs. 4 und 5) Schwierigkeiten für eine juristische Person des öffentlichen Rechts, von dieser Vorschrift praktisch Gebrauch zu machen.[497] Darauf wird aber im nächsten Abschnitt näher einzugehen sein.[498]

bb) Bedeutende hoheitliche Befugnisse der BaFin

In diesem Zusammenhang verdient die Frage größeres Interesse, ob die Übertragung der Dienstherrenfähigkeit auf juristische Personen des öffentlichen Rechts bei der BaFin einen Bestand an hoheitlichen Aufgaben voraussetzt. Es bedarf kaum einer näheren Darlegung, dass die von der BaFin wahrgenommene Aufgabe „Finanzmarktaufsicht" zu den hoheitlichen Aufgaben gehört. Darüber hinaus wird die BaFin auch ermächtigt, hoheitliche Befugnisse auszuüben. Um ihre Rolle auszufüllen, wie schon erwähnt, bedient sie sich als eine rechtsfähige bundesunmittelbare Anstalt des öffentlichen Rechts nicht nur der hoheitlichen Maßnahmen, sondern auch der Ermächtigungsnorm.

Eingriffsbefugnisse sind der BaFin in verschiedenen Gesetzen eingeräumt worden. Im Folgenden wird beispielhaft auf grundsätzliche bedeutende Eingriffsbefugnisse der BaFin nach den einschlägigen Vorschriften eingegangen.

Beispiele für den Sektor der Bankenaufsicht sind Maßnahmen zur Sicherung des Eigenkapitals (§§ 10 Abs. 1, 11 Abs. 1 KWG), die Aufhebung der Betriebserlaubnis (§ 35 Abs. 2 KWG), das Verlangen der Abberufung eines Geschäftsleiters (§ 36 KWG), Einstweilige Maßnahmen (§ 46 KWG), Maßnahmen bei Insolvenzgefahr (§ 46 KWG) und die Kontrolle der Werbetätigkeit der Institute und der Bezeichnungsschutz (§ 23 Abs. 1 KWG).[499] Im Sektor der Versicherungsaufsicht sind die Pflicht zur Aufstellung oder Änderung bestimmter unternehmensbezogener Pläne (§ 81 a, b, c, d VAG), die Untersagung einer Beteiligung (§ 82 Abs. 1 VAG), Zahlungsverbote (§ 89 VAG) und die Einsetzung eines Sonderbeauftragten

---

auch nur die Befugnis, Beamte dieser Dienstherren als solche zu übernehmen bzw. weiterzuführen"; z.B. die Umwandlung der Deutschen Bundespost TELEKOM in ein Unternehmen privater Rechtsform, m.w. Nachw. *Oertel*, Die Unabhängigkeit der Regulierungsbehörde nach §§ 66 ff. TKG, S. 153 f.: „Dienstherrenbefugnisse waren den Unternehmen im Wege des Beleihungsmodells sogar nur dank einer ausdrücklichen Verfassungsbestimmung zu erhalten."

497 Ausführlicher dazu siehe *Quidde*, ZBR 1958, S. 229 (230 ff.).

498 M.w.N. zur Dienstherrenfähigkeit juristischer Personen des öffentlichen Rechts, siehe etwa *Quidde*, ZBR 1958, S. 229 ff.

499 M.w.N. zu den Eingriffsbefugnissen der BaFin siehe *Ohler*, Bankenaufsichtsrecht, § 32 Rdnr. 62 ff.

(§ 83 a VAG) zu nennen. Im Sektor der Wertpapieraufsicht sind ferner die Wertpapierangebots- und Handelsuntersagung (§ 21 Abs. 4 WpPG, § 4 Abs. 2 WpHG), die Veröffentlichung von Sanktionen (§ 40 b WpHG) sowie die Ersatzvornahme von Veröffentlichungspflichten (§ 4 Abs. 6 WpHG) relevant. Die BaFin kann im Bereich der Wertpapieraufsicht im Rahmen des Enforcement/der Bilanzkontrolle „hoheitliche Maßnahmen" ergreifen, wenn die Veröffentlichung der festgestellten Fehler des Unternehmens im öffentlichen Interesse liegt.[500] Darüber hinaus erstattet die BaFin Strafanzeige bei der zuständigen Staatsanwaltschaft, sofern sich bei einer förmlichen Untersuchung ein Verdacht auf ein Insidergeschäft erhärtet (§ 4 Abs. 5 WpHG). Diese Verfügung ist gerade auch auf die Marktmanipulationen, die sich nachweislich auf den Börsen- oder Marktpreis ausgewirkt haben, anwendbar. Ansonsten werden Manipulationen von der Bundesanstalt als Ordnungswidrigkeit geahndet.[501] Für die oben erwähnten Verstöße gegen kapitalmarktrechtliche Gesetze sind im Banken-, Versicherungs- und Wertpapieraufsichtsrecht nicht nur strafrechtliche, sondern auch verwaltungsrechtliche Sanktionen festgelegt.[502] Zum Beispiel darf die BaFin gemäß § 56 KWG, § 144 VAG und § 39 WpHG bei Verstößen gegen ein Gesetz Bußgelder verhängen. Außerdem kann sie ohne weiteres gegenüber den beaufsichtigten Instituten und Unternehmen ihre Verfügung selbst mit den Mitteln des Verwaltungsvollstreckungsgesetzes und nach dessen Bestimmungen durchsetzen (§ 17 FinDAG).[503] Dabei sind nur diejenigen Verfügungen vollstreckbar, die Verwaltungsakte bzw. Allgemeinverfügungen sind, nicht jedoch solche, die keinen anordnenden Charakter haben.[504] Durch diese Vorschriften, die vorsehen, dass die BaFin nur im Rahmen ihrer Befugnisse einen Verwaltungsakt erlassen kann, wird dabei nicht nur der Besonderheit einer Finanzaufsichtsintegration, sondern auch den schlichten Grundsätzen des allgemeinen Verwaltungsvollstreckungsrechts Rechnung getragen.[505] Des Weiteren hat das Bundesarbeitsgericht im Jahr 1998 entschieden, dass die Aufgaben des

---

500 http://www.bafin.de/DE/DieBaFin/AufgabenGeschichte/Wertpapieraufsicht/wertpapieraufsicht_node.html.

501 Vgl. *Frach*, Finanzaufsicht in Deutschland und Großbritannien, S. 81.

502 Der BaFin stehen zivilrechtliche Sanktionen im Gegensatz zur FSA nicht zur Verfügung, m.w.N. dazu *Frach*, Finanzaufsicht in Deutschland und Großbritannien, S. 82.

503 In diesen Vorschriften sind die ehemaligen Vorschriften des Verwaltungszwangs, d.h. § 50 KWG, § 93 VAG und § 10 WpHG a. F., zusammengefasst, *Laars,* Kommentar zum FinDAG, § 17 Rdnr. 1; vgl. auch *Schäfer,* Bankenaufsichtsrecht in Deutschland, dem Vereinigten Königreich und den Vereinigten Staaten, S. 239.

504 Siehe dazu *Halfpap,* Kapitalmarktaufsicht in Europa und den USA, S. 34.

505 Vgl. *Werheit,* Die Bundesanstalt für Finanzdienstleistungsaufsicht, S. 124.

Bundesaufsichtsamtes für das Kreditwesen hoheitlich im Sinn des Art. 33 Abs. 4 des Grundgesetzes sind.[506] Diese hoheitlichen Aufgaben der BaFin können die Voraussetzung für ihre Dienstherrenfähigkeit sein.[507]

c) Die Rolle der Dienstherrenfähigkeit für die Verselbständigung der Anstalt

Wenn die Anstalt mit Beamten besetzt werden soll, wobei der Funktionsvorbehalt des Art. 33 Abs. 4 GG unbedingt beachtet werden muss, so ist die Entscheidung für eine eigene Dienstherrenfähigkeit die logische Folge.[508] Es handelt sich aber nicht um die einzige mögliche Lösung. Die Versagung der eigenen Dienstherrenfähigkeit führt nicht immer dazu, dass bei juristischen Personen des öffentlichen Rechts überhaupt keine Beamten beschäftigt werden dürfen. Die Anstalt kann unmittelbare Bundesbeamte, die einem anderen unmittelbaren Dienstherren unterstehen und die der Bund an die Anstalt abordnet, einsetzen. Dies „wäre ebenfalls angängig gewesen und hätte im Falle der Versetzung von Beamten aus der übrigen Bundesverwaltung in die Anstalt durchaus Vorteile gehabt".[509] Dies kann aber auch zu einer noch größeren Fremdbestimmung der Anstalt durch das BMF führen,[510] was umgekehrt wiederum bedeutet, dass die Einräumung der Dienstherreneigenschaft als ein Indikator für die Selbständigkeit der Verwaltungseinheit, insbesondere der organisatorischen Verselbständigung der Personalmittel, angeführt werden kann.[511] Oft wird daraus gefolgert, dass die Dienstherreneigenschaft als ein „Unterfall der Personalhoheit" anzusehen ist; allerdings ist noch nicht eindeutig geklärt, ob aus der Dienstherrenfähigkeit vor allem „die Befugnis, Beamtenstellen einzurichten", gezogen werden kann.[512]

Die ausdrückliche Erwähnung in § 9a Abs. 1 FinDAG lässt darauf schließen, dass die Beamten der Bundesanstalt mittelbare Bundesbeamte i.S.v. § 2 Abs. 2

---

506 Az.: 9 AZR 155/97 vom 11.08.1998, NwVZ 1999, S. 917 ff.

507 Ferner vgl. *Schwirten*, Kommentar zum KWG, § 9 FinDAG, Rdnr. 3; *Höhns,* Die Aufsicht über Finanzdienstleister Kompetenz, Eingriffsbefugnisse, Neustrukturierung, 267 f.; *Werheit,* Die Bundesanstalt für Finanzdienstleistungsaufsicht, S. 124.

508 *Hagemeister,* WM 2002, S. 1773 (1775).

509 Vgl. *Quidde*, ZBR 1958, S. 229 (232); zur Unterscheidung nach dem Dienstherren siehe *Wichmann /Langer,* Öffentliches Dienstrecht, S. 103 f.; *Hagemeister,* WM 2002, S. 1773 (1776).

510 *Hagemeister,* WM 2002, S. 1773 (1776); zur Unterscheidung vom Dienstherren siehe *Wichmann /Langer,* Öffentliches Dienstrecht, S. 103 f.

511 Vgl. *Krebs*, NVwZ 1985, S. 609 (616).

512 M.w.Nachw. siehe *Lecheler,* Die Personalgewalt öffentlicher Dienstherren, S. 54 f.: „Der konkrete Umfang der Dienstherrenfähigkeit liegt so nach wie vor im Dunklen."

Satz 2 a.F. BBG sind. Denn die Dienstherrenfähigkeit steht nicht dem Bund, sondern einer bundesunmittelbaren Anstalt des öffentlichen Rechts zu.[513] Diese Unabhängigkeit der BaFin im personellen Bereich wird daher dadurch verwirklicht, dass sie für die Aufstellung ihres Haushaltsplans einschließlich des Stellenplans selbst zuständig ist und sie folglich die haushaltsrechtliche Unabhängigkeit besitzt.[514] Damit ist die rechtsfähige Bundesanstalt mit der eigenen Dienstherrenfähigkeit in der Lage, dass die Dienstverhältnisse der Anstalt unter Loslösung vom Dienstrecht deutlich flexibler ausgestaltet werden können, als dies bei den bisherigen Aufsichtsämtern der Fall war.[515] Die eigene Dienstherrenfähigkeit ist daher eine unkomplizierte und damit vorzugswürdige Lösung für die organisationsrechtliche Verselbständigung der Bundesanstalt.[516]

4. Der Funktionsvorbehalt (Art. 33 Abs. 4 GG)

a) Der Begriff des Funktionsvorbehalts

Art. 33 Abs. 4 des Grundgesetzes lautet: „Die Ausübung hoheitsrechtlicher Befugnisse ist als ständige Aufgabe in der Regel Angehörigen des öffentlichen Dienstes zu übertragen, die in einem öffentlich-rechtlichen Dienst- und Treueverhältnis stehen." Die Bedeutung des bereits oben beschriebenen öffentlich-rechtlichen Dienst- und Treueverhältnisses ist wiederum in Art. 3 BeamtStG (Landesbeamte) und in Art. 4 BBG (Bundesbeamte) übereinstimmend geregelt: „Beamtinnen und Beamte stehen zu ihrem Dienstherrn in einem öffentlich-rechtlichen Dienst- und Treueverhältnis (Beamtenverhältnis)."[517] Verbindet man die beiden Beamtengesetze mit der Vorgabe des Art. 33 Abs. 4 GG, dann lässt sich festhalten, dass die Ausübung hoheitsrechtlicher Befugnisse in der Regel als ständige Aufgabe Beamten

---

513 Begründung zum Entwurf eines Gesetzes über die integrierte Finanzdienstleistungsaufsicht, BR-Drs, 14/7033, S. 35; siehe dazu auch *Schwirten*, Kommentar zum KWG, § 10 FinDAG Rdnr. 4; *Werheit,* Die Bundesanstalt für Finanzdienstleistungsaufsicht, S. 52; vgl. *Weber*, Die Körperschaften, Anstalten und Stiftungen des öffentlichen Rechts, S. 23.

514 Vgl. § 12 FinDAG.

515 Vgl. *Binder*, WM 2001, S. 2230 (2231); *Hagemeister*, WM 2002, S. 1773 f.; *Herdegen*, WM 2000, S. 2121 (2124).

516 Begründung zum Entwurf eines Gesetzes über die integrierte Finanzdienstleistungsaufsicht, BR-Drs, 14/7033, S. 35; *Hagemeister*, WM 2002, S. 1773 (1776): „Ebenso wie bei einer Entscheidung für eine nicht-rechtsfähige Anstalt hätte man eine Erstattungspflicht der Anstalt gegenüber dem Bund für die Kosten der bei der Anstalt beschäftigten Beamten sowie der Versorgungsempfänger schaffen müssen."

517 § 3 Abs. 1 BeamtStG und § 4 BBG.

übertragen ist. Außerdem ist Art. 33 Abs. 4 GG im Zusammenhang mit Art. 33 Abs. 5 GG zu untersuchen. Daraus geht deutlich hervor, dass Art. 33 Abs. 4 GG ausschließlich Berufsbeamte erfasst.[518] Dies würde bedeuten, dass alle in einem öffentlich-rechtlichen Dienstverhältnis stehenden Dienstnehmer, d. h. nicht verbeamtete Angestellte des öffentlichen Dienstes und nicht dem öffentlichen Dienst angehörende Beliehene, von Art. 33 Abs. 4, 5 GG nicht erfasst werden.[519] Daher lässt sich Art. 33 Abs. 4 GG im Allgemeinen nicht als bloßer Programmsatz bezeichnen und ist – im Zusammenspiel mit Art. 33 Abs. 5 GG – als Sicherung der Institution des Berufsbeamtentums zu verstehen.[520]

Art. 33 Abs. 4 GG begründet als Organisationsnorm den sog. „Funktionsvorbehalt" zugunsten des Berufsbeamtentums.[521] Unter dem Funktionsvorbehalt ist

---

518 Grundlegend BVerfGE 3, 162 (186); diese Ansicht ergibt sich aus der Entstehungsgeschichte des Art. 33 Abs. 4 GG; vgl. dazu etwa *Lindgen*, DöD 1972, S. 1 (4 f.); *Kunig*, Kommentar zum GG, § 33 Rdnr. 39; *Czerwick*, Beschäftigungsstrukturen im öffentlichen Dienst, S. 154; *Quidde*, ZBR 1958, S. 229 (232); *Dörr*, Die Privatisierung der Deutschen Bundespost, S. 126; *Kulas*, Privatisierung hoheitlicher Verwaltung, S. 61.

519 Siehe dazu auch *Lindgen*, DöD 1972, S. 1 (7); *Di Fabio*, JZ 1999, S. 585 (591); *Sander*, Die Stellung der Bediensteten von Sozialversicherungsträgern im Lichte von Art. 33 Abs. 4 GG, S. 91; *Dörr*, Die Privatisierung der Deutschen Bundespost, S. 126; *Kulas*, Privatisierung hoheitlicher Verwaltung, S. 61; *Pilz*, DÖV 2009, S. 103; m.w.N. siehe etwa *Dörr*, Die Abgrenzung von Beamten- und Angestelltenfunktionen im öffentlichen Dienst, S. 5; auch *ders*, Für eine zukunftsorientierte Personalstruktur des öffentlichen Dienstes, S. 15 f.; dagegen *Thieme*, Der öffentliche Dienst in der Verfassungsordnung des Grundgesetzes, S. 35 f.

520 Art. 33 Abs. 4 GG ist nur eine reine Institutsgarantie für das Berufsbeamtentum, siehe die weiteren Nachweise bei *Thieme*, Der öffentliche Dienst in der Verfassungsordnung des Grundgesetzes, S. 30; *Manssen*, ZBR 1999, S. 253 f.; *Badura*, ZBR 1996, S. 321 (325 f.); *Epping*, ZBR 1997, S. 383 (384); *Lehnguth*, ZBR 1991, S. 266 (268); *Kunig*, Kommentar zum GG, § 33 Rdnr. 39; *Sodan*, Grundgesetz Kommentar, Art. 33 Rdnr. 17; *Jung*, Die Zweispurigkeit des öffentlichen Dienstes, S. 95 f.; *Günther*, VerwArch 2008, S. 538 (548); *Pilz*, DÖV 2009, S. 102 (103); *Winkler*, NWVBl. 8/2000, S. 287 (290); *Kulas*, Privatisierung hoheitlicher Verwaltung, S. 66; für einen Blick auf die ausführliche Entstehungsgeschichte siehe *Strauß*, Funktionsvorbehalt und Berufsbeamtentum, S. 86 f.; auch *Lehnguth*, ZBR 1991, S. 266 ff.; *Morsey*, DÖV 1993, S. 1061 ff.; *Quidde*, ZBR 1958, S. 229 (231); Art. 33 Abs. 4 GG begründet aber keinen entsprechend funktionellen Staatsvorbehalt, *Scholz*, NJW 1997, S. 14 (15); zum Staatsvorbehalt siehe auch vgl. *Di Fabio*, JZ 1999, S. 585 (592).

521 Siehe dazu etwa *Thieme*, Der öffentliche Dienst in der Verfassungsordnung des Grundgesetzes, S. 56; *Sodan*, Grundgesetz Kommentar, Art. 33 Rdnr. 17; *Haug*, NVwZ 1999, S. 816 (817); *Günther*, VerwArch 2008, S. 538 (548); *Dörr*, Die Privatisierung der Deutschen Bundespost, S. 125; *Pilz*, DÖV 2009, S. 102 (103).

zu verstehen, dass „die ständige Ausübung hoheitlicher Befugnisse in der Regel Beamten und nicht Angestellten und Arbeitern des öffentlichen Dienstes oder Beliehenen zu übertragen“ ist.[522] Der Funktionsvorbehalt ist dadurch gekennzeichnet, dass bestimmte Aufgaben lediglich von qualifizierten und in einem engen Abhängigkeitsverhältnis zum Staat stehenden – bundeseigenen oder zumindest bundesmittelbaren – Bediensteten zu erfüllen sind.[523] Diesbezüglich zielt der Funktionsvorbehalt darauf ab, dass Beamte dort einzusetzen sind, wo die Gefahr besteht, dass die grundrechtlich geschützte Freiheit der Bürger eingeschränkt wird und damit eine stärkere demokratische Legitimation erforderlich ist.[524] Daraus folgt, dass die öffentlichen Bediensteten ihr Handeln in besonderem Maße an der Berücksichtigung der „grundrechtlichen Freiheit, sozialstaatlichen Sicherheit und rechtsstaatlichen Gesetzmäßigkeit“ auszurichten haben.[525]

b) Relevanter Geltungsbereich des Funktionsvorbehalts

Der Funktionsvorbehalt gilt für solche Befugnisse, bei deren Wahrnehmung „Sachorientierung, Zuverlässigkeit, Neutralität und Kontrollierbarkeit aus verfassungsrechtlichen Gründen eindeutigen Vorrang vor den mit einer privatwirtschaftlichen Aufgabenerledigung verbundenen Vorteilen haben“.[526] Damit ist jedoch nicht geklärt, welche staatlichen Handlungen im Sinne des Art. 33 Abs. 4 GG überhaupt unter den Geltungsbereich des Funktionsvorbehalts fallen. Abgesehen von der Frage nach dem Geltungsbereich des Funktionsvorbehalts des

---

522 Vgl. *Dörr*, Die Privatisierung der Deutschen Bundespost, S. 126; *Werheit*, Die Bundesanstalt für Finanzdienstleistungsaufsicht, S. 87; *Klaus*, Privatisierung hoheitlicher Verwaltung, S. 61.

523 *Maunz*, Kommentar zum GG, Art. 33 Rdnr. 32: „Nur von qualifizierten und außerdem in einem besonderen Abhängigkeitsverhältnis zum Staat stehenden Bediensteten wahrgenommen werden“; *Jung*, Die Zweispurigkeit des öffentlichen Dienstes, S. 151; *Dörr*, Die Privatisierung der Deutschen Bundespost, S. 124; *Sander*, Die Stellung der Bediensteten von Sozialversicherungsträgern im Lichte von Art. 33 Abs. 4 GG, S. 125; vgl. *Sodan*, Grundgesetz Kommentar, Art. 33 Rdnr. 20: „Der Funktionsvorbehalt [ist] vielmehr unabhängig von der Rechtsform des Staatshandelns zu bestimmen.“

524 Siehe dazu etwa *Manssen*, ZBR 1999, S. 253 (255 f.); auch *Czerwick*, Beschäftigungsstrukturen im öffentlichen Dienst, S. 15; *Kulas*, Privatisierung hoheitlicher Verwaltung, S. 61.

525 Siehe *Winkler*, NWVBl. 8/2000, S. 287 (290); *Pilz*, DÖV 2009, S. 102 (103); ferner auch *Dörr*, Für eine zukunftsorientierte Personalstruktur des öffentlichen Dienstes, S. 31 f.

526 *Haug*, NVwZ 1999, S. 816 (817).

Art. 33 Abs. 4 GG bei der Leistungs- und Fiskalverwaltung, besteht zumindest Einigkeit darin, dass der Erlass von freiheitsbeschränkenden Maßnahmen durch die Eingriffsverwaltung – typisch dafür sind Befehl und Zwang – selbstverständlich unter die Ausübung hoheitlicher Befugnisse fällt; insbesondere gehören materiell-polizeiliche Handlungen, einschließlich der Sanktionsbefugnisse, zum Anwendungsbereich des Funktionsvorbehalts.[527]

c) Tatbestandsmerkmale des Funktionsvorbehalts

aa) „Regelcharakter"

Aus der Verwendung des Wortes „in der Regel" ergibt sich, dass es sich um ein Regel-Ausnahme-Prinzip handelt.[528] Zugunsten dieses Prinzips lässt die Verfassung selbst die Ausnahme zu, dass die Übertragung von hoheitlichen Befugnissen auf Nichtbeamte nicht vollkommen ausgeschlossen werden darf.[529] Die Gründe für eine Ausnahmeregelung dürfen aber wegen des im Art. 33 Abs. 4 GG festgelegten unbestimmten Rechtsbegriffs „in der Regel" durch eigenes Ermessen nicht grenzenlos ausgeweitet werden. Für ihre Anwendung bedarf

---

527 Vgl. BVerwGE 34, 123 (126); *Lindgen*, DöD 1972, S. 1 (3 f.); *Haug*, NVwZ 1999, S. 816 (817 f.); *Di Fabio*, JZ 1999, S. 585 (592); § 2 Abs. 1 TKG: „Die Regulierung der Telekommunikation ist eine hoheitliche Aufgabe des Bundes"; *Klaus*, Privatisierung hoheitlicher Verwaltung, S. 49 ff.; „Zwar ist Eingriffsverwaltung stets hoheitliche Verwaltung, umgekehrt aber nicht jede hoheitliche Verwaltung Eingriffsverwaltung"; *Maunz*, Kommentar zum GG, Art. 33 Rdnr. 33; *Dörr*, Die Privatisierung der Deutschen Bundespost, S. 130; *Thieme*, Der öffentliche Dienst in der Verfassungsordnung des Grundgesetzes, S. 57; *Jung*, Die Zweispurigkeit des öffentlichen Dienstes, S. 102, 124 ff.; *Huber*, Überwachung, § 45 Rdnr. 96; *Sander*, Die Stellung der Bediensteten von Sozialversicherungsträgern im Lichte von Art. 33 Abs. 4 GG, S. 107; *Werheit*, Die Bundesanstalt für Finanzdienstleistungsaufsicht, S. 88; *Kulas*, Privatisierung hoheitlicher Verwaltung, S. 62; *Pilz*, DÖV 2009, S. 102 (103); *Strauß*, Funktionsvorbehalt und Berufsbeamtentum, S. 61; *Winkler*, NWVBl. 8/2000, S. 287 (289); *Dörr*, Für eine zukunftsorientierte Personalstruktur des öffentlichen Dienstes, S. 8, 34: „Dies bedeutet jedoch nicht, dass alle Tätigkeiten im Bereich der Eingriffsverwaltung zu den hoheitsrechtlichen Befugnissen gehören."

528 Vgl. BVerfGE 9 S. 268 (284); *Lindgen*, DöD 1972, S. 1 f., 7; *Kunig*, Grundgesetz Kommentar, Art. 33 Rdnr. 50; *Sander*, Die Stellung der Bediensteten von Sozialversicherungsträgern im Lichte von Art. 33 Abs. 4 GG, 147; *Günther*, VerwArch 2008, S. 538 (553); *Pilz*, DÖV 2009, S. 102 (104 f.); *Jung*, Die Zweispurigkeit des öffentlichen Dienstes, S. 126; *Thieme*, Der öffentliche Dienst in der Verfassungsordnung des Grundgesetzes, S. 56; *Lehnguth*, ZBR 1991, S. 266 f.

529 Vgl. *Dörr*, Die Privatisierung der Deutschen Bundespost, S. 129; *Dörr*, Für eine zukunftsorientierte Personalstruktur des öffentlichen Dienstes, S. 37.

es eines „unbedingten und zwingenden Gebots".[530] Dieser Abweichung vom Grundsatz liegt aber die Vorstellung zugrunde, dass eine besondere Rechtfertigung nur in bestimmten Sonderkonstellationen vorliegen kann.[531] Die Frage, ob sachliche Gründe vorliegen, hängt freilich ausschließlich von der Beurteilung der einzelnen Dienstposten der bereichsspezifischen Aufgabenfelder ab.[532] Bezüglich dieser besonderen rechtsstaatlichen Bindung und innerhalb des Verwaltungsrechtsystems können als Ausnahmefälle beispielsweise die Beleihung, die Verwaltungshilfe und die Indienstnahmen Privater für Zwecke der Ausübung hoheitlicher Befugnisse genannt werden.[533]

bb) „Als ständige Aufgabe"

Die Erfüllung hoheitsrechtlicher Aufgaben von Angestellten und Arbeitern des öffentlichen Dienstes ist in der Eingriffsverwaltung aber grundsätzlich nicht untersagt.[534] Jedoch muss dabei auch die andere, nämlich die den Funktionsvorbehalt des Art. 33 Abs. 4 GG einschränkende Klausel, „als ständige Aufgabe", berücksichtigt werden, also die Tatsache, dass die Verpflichtung zum Einsatz von Berufsbeamten nur bei einer „ständigen" Aufgabe besteht. Diese ständigen Aufgaben sind terminologisch als diejenigen Aufgaben zu bezeichnen, deren Erfüllung von vornherein als eine kontinuierliche und dauerhafte Angelegenheit definiert wird.[535] Der Einsatz eines eigenen Beamtenstabes für die Erfüllung einer zeitlich begrenzten

530 m.w.N. bei *Jung*, Die Zweispurigkeit des öffentlichen Dienstes, S. 126.

531 Siehe dazu *Kunig*, Grundgesetz Kommentar, Art. 33 Rdnr. 50; *Lindgen*, DöD 1972, S. 1 (5 ff.); Abweichungen vom Funktionsvorbehalt sind z.B. die Ausübung rein fiskalischer Tätigkeiten, rein technische Vorbereitungshandlungen, nicht ständige Tätigkeiten und Beliehene Unternehmen, *Dörr*, Die Privatisierung der Deutschen Bundespost, S. 129; *Sander*, Die Stellung der Bediensteten von Sozialversicherungsträgern im Lichte von Art. 33 Abs. 4 GG, S. 148; *Pilz*, DÖV 2009, S. 102 (104).

532 *Sodan*, Kommentar zum GG, Art. 33 Rdnr. 21: „Entscheidend ist, dass die Erfüllung qualitäts-schwerpunktmäßig durch Beamte erfolgt"; *Sander*, Die Stellung der Bediensteten von Sozialversicherungsträgern im Lichte von Art. 33 Abs. 4 GG, S. 149; *Pilz*, DÖV 2009, S. 102 (104).

533 In diesem Zusammenhang *Di Fabio*, JZ 1999, S. 592.

534 Passend dazu siehe *Jung*, Die Zweispurigkeit des öffentlichen Dienstes, S. 125.

535 Siehe dazu *Jarass/Pieroth*, Kommentar zum GG, Art. 33 Rdnr. 41; *Kunig*, Grundgesetz Kommentar, Art. 33 Rdnr. 50; *Sander*, Die Stellung der Bediensteten von Sozialversicherungsträgern im Lichte von Art. 33 Abs. 4 GG, S. 146; *Pilz*, DÖV 2009, S. 103; *Dörr*, Für eine zukunftsorientierte Personalstruktur des öffentlichen Dienstes, S. 36.

Aufgabe ist daher gesetzlich nicht vorgesehen.[536] Je existenzieller die Erfüllung einer Aufgabe für den Staat und die Bürger ist, umso mehr ist die Aufgabe als eine „ständige" anzusehen.[537] Entscheidend für die Bedeutung des Art. 33 Abs. 4 GG bezüglich der Übertragung der Aufgaben des Finanzmarktes auf die Angestellten bei der BaFin sind aber weniger die Begriffe „ständige Aufgaben" und „in der Regel", sondern vielmehr der Terminus „hoheitsrechtliche Befugnisse".

cc) Ausübung hoheitlicher Befugnisse

Ein zentraler Begriff ist in diesem Zusammenhang der Terminus „hoheitsrechtliche Befugnisse". Auch wenn die Auslegung des Begriffs der hoheitsrechtlichen Befugnisse in der Literatur strittig ist,[538] besteht darin doch Übereinstimmung, dass die Ausdrücke „hoheitsrechtlich" und „hoheitlich" miteinander gleichzusetzen sind.[539] Ihre Auslegung bestimmt den Rahmen des Geltungsbereichs des Art. 33 Abs. 4 GG und somit auch die verfassungsrechtliche Zulässigkeit einer Aufgabenübertragung auf Nichtbeamte. Deren Verfassungsmäßigkeit hat sich im Hinblick auf Art. 33 Abs. 4 GG stets an der Subsumierbarkeit unter den Begriff der hoheitlichen Befugnisse zu orientieren. Hoheitliche Befugnisse sind nach der h.M. „die öffentlich-rechtliche Entscheidungstätigkeit der Eingriffsverwaltung und der grundrechtsrelevanten Leistungsverwaltung, ausgenommen die Leistung untergeordneter Hilfsdienste, zu denen aber die Vorbereitung von Maßnahmen der Bankenaufsicht durch Sachbearbeiter nicht gehört".[540] Unter die hoheitlichen Befugnisse als ständige Aufgabe fallen solche Aufgaben, die durch

---

536 BVerfGE 9, 268 (284); BVerfGE 57, 55 (59); *Maunz*, Kommentar zum GG, Art. 33 Rdnr. 42; *Dörr*, Die Privatisierung der Deutschen Bundespost, S. 128; *Lehnguth*, ZBR 1991, S. 269.

537 Siehe dazu *Baer*, Verwaltungsaufgaben, § 11 Rdnr. 51.

538 Siehe dazu *Lindgen*, DöD 1972, S. 1 (3); *Kunig*, Grundgesetz Kommentar, Art. 33 Rdnr. 47; *Manssen*, ZBR 1999, S. 253 (254): „Es fällt freilich schwer, diesem Streit noch wesentlich neue Aspekte hinzufügen"; zur Auslegung des Begriffs der „hoheitlichen Befugnisse" in Art. 33 Abs. 4 GG ausführlicher bei *Jung*, Die Zweispurigkeit des öffentlichen Dienstes, S. 132 ff.; *Pilz*, DÖV 2009, S. 102 (103); *Strauß*, Funktionsvorbehalt und Berufsbeamtentum, S. 58, 61 ff.; m.w.N. auch *Dörr*, Für eine zukunftsorientierte Personalstruktur des öffentlichen Dienstes, S. 6 ff.; *Lehnguth*, ZBR 1991, S. 266 (268 ff.).

539 Vgl. *Dörr*, Die Privatisierung der Deutschen Bundespost, S. 129; es gibt keinen spezifisch juristischen Sprachgebrauch des Begriffs „hoheitlich" (hierzu *Sander*, Die Stellung der Bediensteten von Sozialversicherungsträgern im Lichte von Art. 33 Abs. 4 GG, S. 124).

540 *Jarass/Pieroth*, Kommentar zum GG, Art. 33 Rdnr. 41.

Befehls- und Zwangsmittel in Freiheit und Eigentum des Bürgers einseitig und verbindlich eingreifen.[541]

d) Die Rolle des Funktionsvorbehalts (Art. 33 Abs. 4 GG) im personellen Bereich der BaFin

Neben den Beamten kann die BaFin Angestellte, Arbeiter und Auszubildende sowohl nach den jeweils geltenden Tarifverträgen als auch in einem außertariflichen Angestelltenverhältnis oder nach sonstigen Bestimmungen einstellen, sofern sie für die Durchführung der Aufgaben erforderlich sind. Die Einstellung des Personals der BaFin unterliegt jedoch dem verfassungsrechtlichen Funktionsvorbehalt für Beamte (Art. 33 Abs. 4 GG). Daraus ergibt sich nun der Widerspruch, dass Angestellte in einem Bereich eingesetzt werden dürfen, der als klassischer Wirkungsbereich der Beamten (z.B. die Eingriffsverwaltung) gilt und damit ausschließlich den Beamten vorbehalten ist.[542] Dieser verfassungsrechtliche Funktionsvorbehalt des Art. 33 Abs. 4 GG gilt auch für die im Bereich der mittelbaren Staatsverwaltung anfallenden Hoheitsaufgaben. Wenn den Anstalten des öffentlichen Rechts in nicht nur unerheblichem Maße hoheitsrechtliche Befugnisse übertragen worden sind, müsste deren dauernde Ausübung nach Art. 33 Abs. 4 GG den Berufsbeamten vorbehalten sein.[543]

Neben dem bereits erwähnten Tatbestand des Art. 33 Abs. 4 GG ist auch der Umfang der erfolgten Übertragung zu berücksichtigen.[544] Nach allgemeiner Meinung ist eine Übertragung der ständigen Ausübung hoheitlicher Befugnisse nur dann zulässig, wenn es sich nicht um solche von größerem Umfang handelt.[545]

---

541 Vgl. der Begriff der hoheitsrechtlichen Befugnisse des Art. 33 Abs. 4 GG ist nach Wortlaut, Entstehungsgeschichte, systematischen Zusammenhängen und teleologischen Erkenntnissen zu bestimmen (hierzu *Dörr*, Für eine zukunftsorientierte Personalstruktur des öffentlichen Dienstes, S. 8); *Czerwick*, Beschäftigungsstrukturen im öffentlichen Dienst, S. 128; ferner zur Hoheitlichkeit des Verwaltungshandelns siehe *Schulze-Fieltz*, Grundmodi der Aufgabenwahrnehmung, § 12 Rdnr. 24.

542 In diesem Zusammenhang *Thieme*, Der Aufgabenbereich der Angestellten im öffentlichen Dienst, S. 25.

543 M.w.N. zur Versagungsproblematik der Dienstherrenfähigkeit einer juristischen Person d.ö.R siehe etwa *Quidde*, ZBR 1958, S. 229 (232 ff.).

544 Ferner dazu *Lindgen*, DöD 1972, S. 1 (7).

545 BVerfGE 9, 268 (284): „Würde die ständige Ausübung hoheitsrechtlicher Befugnisse in größerem Umfang auf Nichtbeamte übertragen, so wäre das mit dem Grundgesetz nicht vereinbar"; vgl. *Jung*, Zweispurigkeit, S. 125 f.; *Lindgen*, DöD 1972, S. 1 (7); *Jarass/Pieroth*, Kommentar zum GG Art. 33, Rdnr. 42; *Dörr*, Die Privatisierung der Deutschen Bundespost, S. 127.

Daher ist die Gestaltung der Einstellung bei den Angestellten und Arbeitern des öffentlichen Diensts in weitem Umfang verfassungswidrig. In diesem Zusammenhang ist die Übertragung hoheitlicher Befugnisse der BaFin auf Nichtbeamte zulässig, weil die Angestellten gegenüber den Beamten in der Unterzahl beschäftigt sind.[546] Dementsprechend waren in der Praxis im Berichtsjahr 2012 rund 66% der Beschäftigten verbeamtet (1541) und 34% als Tarifbeschäftigte (795) tätig.[547]

Es ist mit dem Funktionsvorbehalt im Sinne des Art. 33 Abs. 4 GG vereinbar, dass hoheitliche Befugnisse überwiegend von Beamten wahrgenommen werden und die wenigen Angestellten lediglich untergeordnete Tätigkeiten ausüben.[548] Es ist auch zu berücksichtigen, dass mit der Zuerkennung der eigenen Dienstherrenfähigkeit (§ 9a Abs. 1 FinDAG) und der Indienstnahme der Tarifbeschäftigten (§ 10 FinDAG) zugleich zwei Feststellungen getroffen werden: Die Dienstherrenfähigkeit bedeutet demnach, dass im überwiegend hoheitlichen Funktionsbereich der BaFin überhaupt Beamte eingesetzt werden dürfen; die Einstellung der Tarifbeschäftigten bedeutet umgekehrt, dass diese nicht dem hoheitlichen Tätigkeitsbereich unterstellt werden. Schon hieraus ist die Schlussfolgerung zu ziehen, dass der Gesetzgeber mit der Einführung des Art. 33 Abs. 4 GG expressis verbis vorgesehen hat, dass in einem bestimmten Bereich der Aufgabenerfüllung ein Unterschied zwischen Beamten und Angestellten zu machen ist.[549] Demgemäß waren in der Verwaltungspraxis der BaFin im höheren Dienst

---

546 Entwurf eines Gesetzes über die integrierte Finanzdienstleistungsaufsicht/Gegenäußerung der Bundesregierung zu der Stellungnahme des Bundesrates, BR-Drs, 14/7088, S. 2.

547 Siehe dazu BaFin, Jahresbericht 2012, S. 233.

548 Entwurf eines Gesetzes über die integrierte Finanzdienstleistungsaufsicht/Gegenäußerung der Bundesregierung zu der Stellungnahme des Bundesrates, BR-Drs, 14/7088, S. 2; vgl. *Dörr*, Die Privatisierung der Deutschen Bundespost, S. 115, 135; *Schulze-Fieltz*, Grundmodi der Aufgabenwahrnehmung, § 12 Rdnr. 95; „Angestelltenvorbehalt", *Kunig*, Grundgesetz Kommentar, Art. 33 Rdnr. 50; *Pilz*, DÖV 2009, S. 102 (104); *Sander*, Die Stellung der Bediensteten von Sozialversicherungsträgern im Lichte von Art. 33 Abs. 4 GG, S. 97; *Dörr*, Für eine zukunftsorientierte Personalstruktur des öffentlichen Dienstes, S. 38; dazu etwa *Manssen*, ZBR 1999, S. 253 (256).

549 Siehe dazu Begründung zum Entwurf eines Gesetzes über die integrierte Finanzdienstleistungsaufsicht, BR-Drs, 14/7033, S. 35: „Die Verleihung der Dienstherrenfähigkeit entspricht den Aufgaben der Bundesanstalt, die zu einem maßgeblichen Teil durch die Wahrnehmung hoheitlicher Tätigkeiten gekennzeichnet sind und daher nach Art. 33 Abs. 4 GG in der Regel Beamten übertragen werden müssen."; siehe dazu auch etwa *Quidde*, ZBR 1958, S. 229 (234).

851 Beamte (Tarifbeschäftigte 120) und im mittleren/einfachen Dienst 71 Beamte (Tarifbeschäftigte 502) tätig.[550] Hierfür besteht ein praxisbezogener Grund, denn die BaFin wird nicht bloß durch konkrete Eingriffsmaßnahmen tätig, sondern führt etwa auch vorbereitende Gutachten führend durch.[551]

Diese Tatsache könnte im Umkehrschluss bedeuten, dass verfassungsrechtliche Bedenken dahingehend bestehen, im öffentlichen Dienst für die Erfüllung gleicher Aufgaben Beamte und Angestellte parallel einzustellen.[552] Dies macht eine Untersuchung darüber erforderlich, ob eine eindeutige Abgrenzung zwischen Aufgaben für Beamte und solchen für Angestellte vorzunehmen ist. Aufgrund der oben erwähnten Tatsache können Angestellte im öffentlichen Dienst unselbständige Funktionen des einfachen und mittleren Dienstes, z.B. Überwachung und Überprüfung der Beaufsichtigten, ausüben.[553] Der gesamte übrige Bereich ist den Beamten vorbehalten, vor allem dort, wo größere Beurteilungsspielräume gegeben sind, wie z.B. bei Sanktionen oder der Versagung von Erlaubnis.[554] Dabei ist es aber auch erforderlich, die Voraussetzungen der Verwaltungsmaßnahmen konkret zu regeln. Infolgedessen muss das Tagesgeschäft einschließlich der Entscheidung über Verwaltungsakte von erheblicher wirtschaftlicher und finanzpolitischer Wirkung weiterhin den dem herkömmlichen Beamtenbesoldungsrecht unterliegenden Personen vorbehalten bleiben.[555] Dafür spricht die Tatsache, dass eines der Anstaltsziele, nämlich die Unabhängigkeit im personellen Bereich, in der Verwaltungspraxis eingeschränkt wird.[556]

---

550 BaFin, Jahresbericht 2012, S. 233.

551 Siehe dazu *Schäfer,* Bankenaufsichtsrecht in Deutschland, dem Vereinigten Königreich und den Vereinigten Staaten, S. 84.

552 *Sander,* Die Stellung der Bediensteten von Sozialversicherungsträgern im Lichte von Art. 33 Abs. 4 GG, S. 97; vgl. *Kulas,* Privatisierung hoheitlicher Verwaltung, S. 64.

553 *Schwirten,* Kommentar zum KWG, § 9 FinDAG Rdnr. 3: „Angestellte können somit nur in begrenztem Ausmaße in der Aufsicht eingesetzt werden"; es könnte dabei auch die Gefahr bestehen, Angestellte im öffentlichen Dienst stets nur für untergeordnete Funktionen des einfachen und mittleren Dienstes einzusetzen.

554 Vgl. *Sander,* Die Stellung der Bediensteten von Sozialversicherungsträgern im Lichte von Art. 33 Abs. 4 GG, S. 169.

555 Zutreffend *Hagemeister,* WM 2002, S. 1773 (1775); *Yoo,* Umlagefinanzierte Regulierung, S. 39; auch *Schäfer,* Bankenaufsichtsrecht in Deutschland, dem Vereinigten Königreich und den Vereinigten Staaten, S. 84.

556 *Hagemeister,* WM 2002, S. 1773 (1775); vgl. *Quidde,* ZBR 1958, S. 229 (232).

IV. Ergebnis

Vor dem Hintergrund der bisherigen Untersuchung kann die Unabhängigkeit der Bundesanstalt teilweise dadurch festgestellt werden, dass der Präsident der BaFin kein politischer Beamter ist. Deshalb kann er nicht außerhalb eines Disziplinarverfahrens in den Ruhestand versetzt werden. Daneben sind Regelungen, wie z.B. die der „Einrichtung einer eigenen Haushaltsführung (Art. 12 Abs. 1 FinDAG)", die der „Einräumung der Dienstherreneigenschaft (Art. 9 Abs. 1 FinDAG)" und die der „Einbeziehung von Vertretern gesellschaftlicher Interessen (Art. 7 Abs. 3 Nr. 2 FinDAG)" Indikatoren für die Selbständigkeit der Verwaltungseinheit. Insbesondere ist die BaFin durch ihre eigene Dienstherrenfähigkeit in der Lage, aufgrund ihrer haushaltsrechtlichen Unabhängigkeit ihren Haushaltsplan einschließlich eines Stellenplans selbst aufzustellen. Dies zeigt die anstaltliche Verselbständigung, da den Bundesbehörden keine eigene Personalhoheit zusteht. Hingegen lässt sich in den Beamtenrechtsvorschriften des GG (Art. 33 Abs. 4 und 5) eine eingeschränkte Unabhängigkeit der BaFin im personellen Bereich, zumal ihre Verwaltungsbediensteten dem Funktionsvorbehalt unterstellt sind, finden.

V. Exkurs: Der Funktionsvorbehalt und die „Zweispurigkeit" im öffentlichen Dienst

Angesichts der Personalstruktur der BaFin ist die Frage zu klären, ob die Ausübung der hoheitlichen Befugnisse auf die im beamtenrechtlich freien Raum agierenden Angestellten übertragen werden kann. Der Funktionsvorbehalt berücksichtigt aber auch die Gesichtspunkte der Zweckmäßigkeit und der Kosten nicht.[557] Bezüglich der Einbeziehung der Nichtbeamten steht auch dem Staat das personal-politische Entscheidungsermessen zu.[558] Des Weiteren regelt Art. 33 Abs. 4 GG im Zusammenhang mit der Ausübung hoheitlicher Befugnisse vorwiegend nicht nur das „Wer", sondern auch das „Wie".[559] Wie schon oben ausgeführt, ist Art. 33 Abs. 4 GG eine Organisationsnorm. Die Organisationsnorm, wonach Beamte hoheitliche Tätigkeiten wahrnehmen, sagt aber nichts darüber

557 Siehe dazu *Manssen*, ZBR 1999, S. 253 (256); *Sander*, Die Stellung der Bediensteten von Sozialversicherungsträgern im Lichte von Art. 33 Abs. 4 GG, S. 138 ff.

558 vgl. *Dörr*, Die Privatisierung der Deutschen Bundespost, S. 128; *Huber*, Überwachung, § 45 Rdnr. 180; ferner *Thieme*, Der öffentliche Dienst in der Verfassungsordnung des Grundgesetzes, S. 35.

559 Vgl. *Haug*, NVwZ 1999, S. 816 (817).

aus, ob diese Kompetenzen ausschließlich von Beamten wahrgenommen werden müssen, lässt also nicht den Schluss zu, dass die Kompetenzenverwalter notwendig zu verbeamten sind.[560] Das Argument, dass die Funktion der Finanzaufsicht unbedingt von Beamten wahrgenommen werden muss, läuft der weltweiten Tendenz einer Dienstleistung der Finanzaufsicht und neuen Paradigmen des modernen Verwaltungsrechts – der Zusammenarbeit – zuwider.[561]

Des Weiteren ist an dieser Stelle auf die organisationsrechtliche Grundlage zurückzukommen. Die BaFin wird, wie eingangs erwähnt, durch den Staat errichtet. Darum ist sie eine staatliche Aufgaben wahrnehmende Organisation und unterliegt der besonderen staatlichen Aufsicht. Infolgedessen wird hier von einem selbständigen Verwaltungsträger als Charakteristikum der BaFin gesprochen. Hier lässt sich die rechtliche Grundlage heranziehen, wonach den Angestellten des öffentlichen Dienstes Aufgaben der „Finanzmarktaufsicht" übertragen werden können. Ein Grund dafür liegt nämlich darin, dass das Handeln der Angestellten des öffentlichen Dienstes auf organisatorischer Ebene letztendlich dem Verwaltungsträger zugeordnet wird.[562] Daher ist es zulässig, dass den Tarifbeschäftigten des öffentlichen Dienstes hoheitsrechtliche Befugnisse als ständige Aufgaben in sachlich begründeten Ausnahmefällen übertragen werden können.

Zwar ist das Gebot der Nebeneinandersetzung von Beamten und Angestellten im Grundgesetz selbst nicht ausdrücklich normiert, doch arbeitet in der Praxis die Gruppe der verbeamteten Dienstnehmer neben derjenigen der privatrechtlich

---

560 Aus dem Art. 33 Abs. 4 GG resultiert kein subjektives Recht; vgl. BverfGE 6, 376 (385); BVerfGE 35, 79 (147); *Jarass/Pieroth*, Kommentar zum GG, Art. 33 Rdnr. 40; *Sodan*, Kommentar zum GG, Art. 33 Rdnr. 17; *Jung*, Die Zweispurigkeit des öffentlichen Dienstes, S. 101; *Manssen*, ZBR 1999, S. 253 f.; *Thieme*, Der öffentliche Dienst in der Verfassungsordnung des Grundgesetzes, S. 56; *Dörr*, Für eine zukunftsorientierte Personalstruktur des öffentlichen Dienstes, S. 30, 43; zum subjektiven Recht auf Beachtung des Funktionsvorbehalts siehe bei *Günther*, VerwArch 2008, S. 538 (541 ff.).

561 Vgl. *Breuer*, VVDStRL, Heft 44 (1986), S. 211 (228): „So eröffnet die Organstruktur der Anstalt bestimmten Interessen die Möglichkeit einer Mitverwaltung"; *Lindgen*, DöD 1972, S. 1 (8); die Zusammenarbeit mit der europäischen Gemeinschaft und der Bundesbank verdient im Bereich der Kompetenzen der BaFin besondere Beachtung. Dies wird wegen der Themenabgrenzung der Untersuchung nicht zu vertiefen sein.

562 Vgl. *Mauer*, Allgemeines Verwaltungsrecht, § 23 Rdnr. 62; *Heinzen*, VVDStRL Heft 62 (2003), S. 220 (243 ff.); *Schulze-Fieltz*, Grundmodi der Aufgabenwahrnehmung, § 12 Rdnr. 106; *Huber*, Überwachung, § 45 Rdnr. 147, 178.

Beschäftigten im öffentlichen Dienst.[563] Im modernen Verwaltungssystem fallen weniger Verwaltungsaufgaben an. Demgemäß gibt es immer mehr Sachaufgaben, die innerhalb der hierarchisch und organisatorisch unmittelbaren Verwaltungsstrukturen nicht optimal erfüllt werden können.[564] Daher dürfen grundsätzlich Arbeitnehmer innerhalb einer Laufbahn alle Ämter besetzen, sofern dies nicht gegen Art. 33 Abs. 4 GG verstößt.[565]

Dementsprechend sind privatrechtlich Beschäftigte im öffentlichen Dienst in verschiedenen Verwaltungssektoren tätig, um zu Ersparnissen im öffentlichen Haushalt beizutragen sowie die Effektivität der Aufgabenerfüllung zu sichern.[566] Dieses Nebeneinander von Beamten und Angestellten im öffentlichen Dienst kann als „Zweispurigkeit" bezeichnet werden.[567] Die oben untersuchten Ausnahmefälle des Art. 33 Abs. 4 GG könnten unter diese Verwaltungspraxis subsumiert werden.[568] Solche Angestellten des öffentlichen Dienstes sind nicht nur im Bereich der bundeseigenen Verwaltung, sondern auch im Bereich der bundesunmittelbaren Verwaltung, insbesondere in den Anstalten, beschäftigt.[569] Diese Angestellten des öffentlichen Dienstes sind auch im Grundgesetz

---

563 Vgl. *Kunig*, Kommentar zum GG, Art. 33 Rdnr. 46; *Sodan*, Kommentar zum GG, Art. 33 Rdnr. 17 f.; *Strauß*, Funktionsvorbehalt und Berufsbeamtentum, S. 58; *Jung*, Die Zweispurigkeit des öffentlichen Dienstes, S. 130; *Sander*, Die Stellung der Bediensteten von Sozialversicherungsträgern im Lichte von Art. 33 Abs. 4 GG, S. 96; *Kulas*, Privatisierung hoheitlicher Verwaltung, S. 64.

564 Siehe dazu *Berg*, NJW 1985, S. 2294 (2298).

565 In diesem Zusammenhang etwa *Czerwick*, Beschäftigungsstrukturen im öffentlichen Dienst, S. 161; auch *Sander*, Die Stellung der Bediensteten von Sozialversicherungsträgern im Lichte von Art. 33 Abs. 4 GG, S. 96.

566 Vgl. etwa *Czerwick*, Beschäftigungsstrukturen im öffentlichen Dienst, S. 155; *Huber*, Überwachung, § 45 Rdnr. 163; *Kunig*, Kommentar zum GG, Art. 33 Rdnr. 44; ferner *Dörr*, Für eine zukunftsorientierte Personalstruktur des öffentlichen Dienstes, S. 27.

567 Vgl. „Dreispurigkeit" (Beamte/Angestellte/Arbeit), *Sander*, Die Stellung der Bediensteten von Sozialversicherungsträgern im Lichte von Art. 33 Abs. 4 GG, S. 87; zum öffentlichen Dienst im engeren Sinne gehört der Dienst als Beamter, Angestellter und Arbeiter des öffentlichen Dienstes siehe *Jung*, Die Zweispurigkeit des öffentlichen Dienstes, S. 29, 32 ff.

568 Vgl. *Kulas*, Privatisierung hoheitlicher Verwaltung, S. 63; *Kunig*, Kommentar zum GG, Art. 33 Rdnr. 50.

569 Im Gegensatz zum Anteil der Beamten ist der der Tarifbeschäftigten zum Teil recht deutlich gesunken, siehe dazu etwa *Czerwick*, Beschäftigungsstrukturen im öffentlichen Dienst, S. 153, 156 f.; auch *Dörr*, Die Abgrenzung von Beamten- und Angestelltenfunktionen im öffentlichen Dienst, S. 1f. (auch Anlagen).

ausdrücklich erwähnt.[570] Vor diesem Hintergrund erscheint es deshalb auch sachgerechter, die Annahme nicht mehr zuzulassen, dass sie das Grundgesetz als „reine Randfiguren“ erachtet.[571]

Auch wenn Angestellte prinzipiell keine hoheitlichen Aufgaben übernehmen sollen, bleibt dabei jedoch die Schwierigkeit, in der Verwaltungspraxis eine eindeutige Unterscheidung zwischen hoheitlichem und nicht hoheitlichem Handeln zu treffen.[572] Außerdem erscheint die praktische Wirksamkeit dieser Regel wegen des in der Vorschrift des Funktionsvorbehalts eingeräumten größeren Spielraums[573] fraglich.[574] Nichtsdestoweniger ist aber die grundsätzlich normative Verbindlichkeit der verfassungsrechtlichen Vorgaben nicht zu bezweifeln. Zulässig ist lediglich, die Ausnahmefälle und die Grundsätze des Funktionsvorbehalts des Art. 33 Abs. 4 GG je nach individuellem Staatshandeln nicht hypothetisch zu beurteilen.[575]

Das legt bislang vielfach den Schluss nahe, dass sich die Auseinandersetzung mit der Personalstruktur und den Verwaltungsaufgaben innerhalb der öffentlich-rechtlichen Anstalt aus der rechtswissenschaftlichen Perspektive des Art. 33 Abs. 4

---

570 Beispielsweise Art. 36 Abs. 1 Satz 2, Art. 73 Nr. 8, Art. 85 Abs. 2 Satz 2, Art. 137 Abs. 1.

571 Vgl. etwa *Thieme,* Der Aufgabenbereich der Angestellten im öffentlichen Dienst, S. 24.

572 Vgl. *Jung,* Die Zweispurigkeit des öffentlichen Dienstes, S. 102 f., 130; *Lindgen,* DöD 1972, S. 1 (8); *Czerwick,* Beschäftigungsstrukturen im öffentlichen Dienst, S. 155; *Haug,* NVwZ 1999, S. 816 (819); *Dörr,* Die Privatisierung der Deutschen Bundespost, S. 125.

573 Ins. das Wort „in der Regel“ ließe einen größeren Spielraum für die Ausnahmen offen (hierzu *Thieme,* Der öffentliche Dienst in der Verfassungsordnung des Grundgesetzes, S. 58); vgl. *Dörr,* Für eine zukunftsorientierte Personalstruktur des öffentlichen Dienstes, S. 37.

574 Siehe dazu *Lindgen,* DöD 1972, S. 1 (8); *Kunig,* Kommentar zum GG, Art. 33 Rdnr. 49: „Ob die gegenwärtige Dienststruktur verfassungswidrig, verfassungsfern“; *Sodan,* Kommentar zum GG, Art. 33 Rdnr. 22; *Kulas,* Privatisierung hoheitlicher Verwaltung, S. 64; *Quidde,* ZBR 1958, S. 229 (231 f.).

575 Siehe *Kunig,* Kommentar zum GG, Art. 33 Rdnr. 49; vgl. dazu *Strauß,* Funktionsvorbehalt und Berufsbeamtentum, S. 61: „Deren Nichterfüllung zu einem Verfassungsverstoß führt“; *Kulas,* Privatisierung hoheitlicher Verwaltung, S. 64: „Der gültige Handlungsmaßstab bleibt gleichwohl auch bei rechtswidriger Staatspraxis immer das Grundgesetz“; *Manssen,* ZBR 1999, S. 253 (254); *Jung,* Die Zweispurigkeit des öffentlichen Dienstes, S. 105; *Quidde,* ZBR 1958, S. 229 (233); ferner *Thieme,* Der öffentliche Dienst in der Verfassungsordnung des Grundgesetzes, S. 41.

GG nicht lohne, da kein dogmatischer Ertrag zu erwarten sei.[576] Zudem besteht in der Regel kein besonderes Rechtsverhältnis zwischen den Angestellten des öffentlichen Dienstes innerhalb einer öffentlich-rechtlichen Anstalt und deren Verwaltungsträgern.[577] Nichtsdestoweniger ist dies Anlass genug, über verfassungsrechtliche Grenzen für Privatisierungsmöglichkeiten im Bereich der Marktaufsicht nachzudenken. Im Wege der Auseinandersetzung mit den Personalstrukturen der BaFin versucht man, an den unbedingten Staatsvorbehalt für die Finanzmarktaufsicht Anschluss zu finden.

---

576 Vgl. *Schlüter*, Behörde und Anstalt, S. 35.
577 Vgl. *Huber*, Überwachung, § 45 Rdnr. 178.

E. Die Unabhängigkeit der BaFin im budgetären Bereich

Da die BaFin eine rechtsfähige Bundesanstalt des öffentlichen Rechts ist, ist sie als Teil der mittelbaren Bundesverwaltung in die hierarchische Verwaltungsorganisation eingegliedert. Sie handelt hoheitlich und nimmt ihre Aufgaben im öffentlichen Interesse wahr. Deshalb kann eine Kostendeckung durch Gemeinlasten nötig sein. Die BaFin finanziert sich jedoch zu 100 Prozent aus eigenen Einnahmen, während 10 Prozent der Kosten des Bundesaufsichtsamtes aus Haushaltsmitteln gedeckt wurden. In diesem Teil der Arbeit wird daher untersucht, ob das (ausschließlich) eigene Finanzierungssystem der BaFin tatsächlich zu ihrer Unabhängigkeit führen kann und ob die finanzielle Vorgehensweise mit dem Finanzverfassungsrecht vereinbar ist. Als Lösung kommt die Finanzierung der BaFin via Umlage gem. 16 FinDAG in Betracht.

I. Finanzierungssystem der BaFin

Mit der Aufsichtstätigkeit entsteht notwendig ein Aufwand an sachlichen und personellen Mitteln. Deshalb spiegelt die Finanzierung die wesentlichen strukturellen Merkmale der Aufsichtsbehörde wider.[578] Im Nachfolgenden soll ein kurzer Überblick über das Finanzierungsmodell der BaFin dargestellt werden. Danach rückt die Frage, die hier von überaus großer Bedeutung ist, in den Mittelpunkt, ob das aktuelle Finanzierungsmodell der BaFin mit der Finanzverfassung in Einklang steht.

1. Deckung der Kosten der Aufsicht

Eine grundlegende Veränderung der BaFin im Vergleich zu den drei bisher zuständigen Aufsichtsämtern besteht in der Form ihrer Finanzierung.[579] Die Besonderheit ergibt sich aus ihrer Rechtsform als rechtlich selbständige Bundesanstalt des öffentlichen Rechts. Die Rechtsform einer Anstalt ermöglicht es der BaFin,

---

578 Bezüglich der Frage der Finanzierung einer (Kapitalmarkt)Aufsicht spielen lediglich die direkten Aufsichtskosten eine Rolle, siehe dazu etwa *Halfpap*, Kapitalmarktaufsicht in Europa und den USA, S. 191 f.

579 *Fricke*, NversZ 2002, S. 337 (343); *Ohler*, Bankenaufsichtsrecht, § 32 Rdnr. 28; *Röhl*, Finanzmarktaufsicht, § 18 Rdnr. 96.

ihren Haushalt vom Staatshaushalt vollständig abzukoppeln.[580] Gleichfalls macht es die Rechtsform der Bundesanstalt möglich, die Veranschlagung und Bewirtschaftung innerhalb der BaFin in einem gesonderten Verwaltungshaushaltsplan aufzustellen, wobei die Vorschriften der §§ 105 ff. BHO anzuwenden sind (vgl. § 12 FinDAG).[581]

Die Kosten der BaFin werden aus eigenen Einnahmen zu 100% von den zu beaufsichtigenden „Wirtschaften" getragen, wohingegen bisher noch ein Selbstbehalt des Bundes in Höhe von 10% vorgesehen war. Die Bundesanstalt soll sich selbst finanzieren (§ 13 Abs. 1 S. 1 FinDAG). Mit Hilfe dieser vollständigen Abkoppelung vom Bundeshaushalt ist gerade die BaFin selbst und nicht mehr der Bund „die Gläubigerin der Kostenerstattung".[582] Die Kostenregelung orientiert sich an den aufgehobenen § 101 VAG bzw. § 11 WpHG und § 51 KWG, in denen bei den Kosten zwischen Gebühren, Sonderkosten und der Umlage differenziert wird.[583] Bei diesen Einnahmen bleiben jedoch Buß- und Zwangsgelder außer Betracht (§ 13 Abs. 1 S. 2 FinDAG).[584] § 13 FinDAG regelt die Deckung der gesamten bei der Aufsichtstätigkeit anfallenden Kosten. Die Kosten schließen den Verwaltungsaufwand (Personal-, Sach- und allgemeine Ausgaben) ein und werden mehr oder minder zur Gänze auf die der Aufsicht Unterworfenen abgewälzt.[585] Die Kostenregelungen der BaFin sind in §§ 13 ff.

580 Etwa *Halfpap*, Kapitalmarktaufsicht in Europa und den USA, S. 25; nach dem Wortlaut des in Art. 110 Abs. 1 Satz 1 GG niedergelegten Vollständigkeitsprinzips des Haushaltsplans sollen auch bundesunmittelbare Anstalten im Haushaltsplan des Bundes erfasst werden. Dabei ist aber mit dem „Bund" im Sinne des Haushaltsrechts nur die Gebietskörperschaft „Bund" mit ihren rechtlich unselbständigen Verwaltungseinheiten bedeutend (hierzu *Lindemann*, Kommentar zum KWG, § 12 FinDAG Rdnr. 2 f).

581 Siehe dazu Begründung zum Entwurf eines Gesetzes über die integrierte Finanzdienstleistungsaufsicht, BR-Drs, 14/7033, S. 36; wegen ihrer rechtlichen Selbständigkeit benötigt die Bundesanstalt demgegenüber einen eigenständigen Haushaltsplan.

582 Siehe dazu *Lindemann*, Kommentar zum KWG, § 13 FinDAG Rdnr. 3; auch *Yoo*, Umlagefinanzierte Regulierung, S. 71.

583 Begründung zum Entwurf eines Gesetzes über die integrierte Finanzdienstleistungsaufsicht, BR-Drs, 14/7033, S. 37.

584 „Da Geldbußen gemäß § 90 Abs. 2 OwiG der Bundeskasse und damit eben nicht der BaFin zustehen", m.w. N dazu siehe *Süßmann*, Kommentar zum KWG mit ZAG, § 51 Rdnr. 3; *Halfpap*, Kapitalmarktaufsicht in Europa und den USA, S. 26; *Döhmel*, Kommentar zum WpHG, vor § 3 Rdnr. 42; *Laars*, Kommentar zum FinDAG, § 16 Rdnr. 3.

585 Begründung zum Entwurf eines Gesetzes über die integrierte Finanzdienstleistungsaufsicht, BR-Drs, 14/7033, S. 37.

FinDAG verankert und werden zusätzlich durch die FinDAG-KostV geregelt. Im Folgenden wird daher zunächst auf die wesentlichen Regelungen der §§ 14 bis 16 FinDAG als Ausgangspunkt für die sich aus der Kostenregelung ergebenden Probleme eingegangen.

2. Finanzierung im Wege von Gebühren und gesonderten Erstattungen

Gebühren kann die BaFin für bestimmte einzelne Amtshandlungen nach dem Veranlassungsprinzip bis zu einer Höhe von 500.000 Euro erheben, wobei die einzelnen gebührenpflichtigen Tatbestände in der Rechtsverordnung des Bundesministeriums näher zu bestimmen sind (§ 14 FinDAG). Die hier genannten Gebühren richteten sich nach den in der „Verordnung über die Erhebung von Gebühren und die Umlegung von Kosten nach dem Finanzdienstleistungsaufsichtsgesetz" festgelegten Regelungen. §§ 1 bis 3 FinDAG-Kostenverordnung regeln die maßgeblichen Bestimmungen über die gebührenpflichtigen Amtshandlungen einschließlich der Gebührentatbestände und der Gebührenhöhen.[586]

Darüber hinaus erlegt die BaFin den Beaufsichtigten im Fall der Beauftragung Dritter gesonderte Erstattungen (§ 15 FinDAG) auf, da durch das relativ aufwändige außerplanmäßige Tätigwerden der BaFin Kosten hervorgerufen werden.[587] Da es sich bei diesen gesonderten Erstattungen überwiegend um individuell zuordenbare Kosten handelt, die durch die Prüfungen bei einem beaufsichtigten Unternehmen entstanden sind, sind solche Kosten auch nicht von der Gesamtheit der Beaufsichtigten zu tragen.[588]

---

586 Begründung zum Entwurf eines Gesetzes über die integrierte Finanzdienstleistungsaufsicht, BR-Drs, 14/7033, S. 37; siehe auch *Michael,* Versicherungsaufsichtsrecht, § 33 Rdnr. 41; *Döhmel,* Kommentar zum WpHG, vor § 3 Rdnr. 34; *Laars,* Kommentar zum FinDAG, § 14 Rdnr. 1.

587 Begründung zum Entwurf eines Gesetzes über die integrierte Finanzdienstleistungsaufsicht, BR-Drs, 14/7033, S. 38: „Erstattungsfähig ist gemäß Abs. 2 auch der Personal- und Sachaufwand, der [...] bei den Personen und Einrichtungen angefallen ist, denen sich die Bundesanstalt zur Durchführung ihrer Aufgaben bedient (Wirtschaftsprüfer, Mitarbeiter der Deutschen Bundesbank)"; siehe dazu auch *Michael,* Versicherungsaufsichtsrecht, § 33 Rdnr. 41; *Halfpap,* Kapitalmarktaufsicht in Europa und den USA, S. 26; *Döhmel,* Kommentar zum WpHG, vor § 3 Rdnr. 36; *Laars,* Kommentar zum FinDAG, § 15 Rdnr. 1; *Süßmann,* Kommentar zum KWG, § 51 Rdnr. 16 ff.; *Yoo,* Umlagefinanzierte Regulierung, S. 70.

588 Näher dazu *Döhmel,* Kommentar zum WpHG, vor § 3 Rdnr. 36 f.

3. Finanzierung im Wege von Umlagen

Schließlich werden die verbleibenden Kosten, die nicht durch Gebühren, gesonderte Erstattungen oder sonstige Einnahmen gedeckt werden, einschließlich der Fehlbeträge und der nicht eingegangenen Kosten des Vorjahres, anteilig auf die Kursmakler, Kreditinstitute, Finanzdienstleistungs-, und andere Unternehmen, die an einer inländischen Börse zur Teilnahme am Handel zugelassen oder Emittenten mit Sitz im Inland sind, deren Wertpapier an einer inländischen Börse zum Handel zugelassen oder mit Zustimmung in den Freiverkehr einbezogen wird, nach Maßgabe eines geeigneten Verteilungsschlüssels umgelegt (§ 16 FinDAG).[589] Im Wege dieser Umlage können auch Kosten aus Amtspflichtverletzungen finanziert werden.[590] Die hier genannten Kosten der BaFin sind jedoch von denjenigen Kosten, wie sie allgemein im Verwaltungsrecht zu verstehen sind (vgl. § 1 Abs. 1 VwKostG), zu unterscheiden, weil es sich nicht um Gebühren und Auslagen handelt.[591] Darüber hinaus bedeuten diese Kosten nicht die Einnahmen-, sondern nur die Ausgabenseite; denn – wie oben schon erwähnt – deckt die Bundesanstalt gemäß § 13 Abs. 1 FinDAG sämtliche Kosten aus eigenen Einnahmen entsprechend den §§ 14–16 FinDAG. Daher fallen unter die Kosten der BaFin die Ausgaben und der sonstige finanzielle Aufwand der Behörde zur Erfüllung ihrer Aufgaben.[592]

Seit mit dem Gesetz zur Stärkung der deutschen Finanzaufsicht Änderungen bei der Umlage der BaFin in Kraft getreten sind, wurden die bisherigen Vorschriften aus der FinDAGKostV in das FinDAG überführt.[593] Die ergänzende Umlageerhebung ist in Einzelheiten in den §§ 16 a und 16 q FinDAG geregelt

---

589 Dies galt für die Kosten des Bundesaufsichtsamtes für das Versicherungswesen (§ 101 VAG), des Bundesaufsichtsamtes für das Kreditwesen (§ 51 KWG), des Bundesaufsichtsamtes für den Wertpapierhandel (§ 11 WpHG). Ähnliche Regelungen gab es auch für die Kosten der Bundesanstalt für den Güterverkehr (§ 75 GüKG) sowie der Wasser- und Schifffahrtsdirektionen (§ 31 d BinnSchVG).

590 Vgl. BVerwG, 23.11.2011; siehe dazu auch *Laars*, Kommentar zum FinDAG, § 13 Rdnr. 7.

591 *Lindemann*, Kommentar zum KWG, § 13 Rdnr. 6; *Heyle*, Die Erhebung von Vorzugslasten durch die Wirtschaftsaufsichts- und Regulierungsbehörden, S. 207.

592 *Lindemann*, Kommentar zum KWG, § 13 Rdnr. 6; *Heyle*, Die Erhebung von Vorzugslasten durch die Wirtschaftsaufsichts- und Regulierungsbehörden, S. 207.

593 Vgl. siehe dazu BaFin, Jahresbericht 2012, S. 240; *Laars*, Kommentar zum FinDAG, § 16 Rdnr. 1: „Die erste Abrechnung nach neuem Recht erfolgt für das Umlagejahr 2013 im Herbst 2014. Damit sind ab dem 1.1.2013 sämtliche Regelungen zur Umlage der BaFin im FinDAG festgeschrieben."

und soll hier ebenfalls nicht näher diskutiert werden.[594] Die Kostenumlage nach § 16 FinDAG bildet einen großen Teilbereich der Einnahmen der BaFin. Das Umlage-Soll betrug im Berichtjahr 2012 150, 9 Mio. € (88, 6%) und das Gebühren- und Zinsen-Soll 19, 4 Mio. € (11, 4%).[595] Die Umlage verteilte sich nach Aufsichtsbereichen im Jahr 2012 zu 45,8% auf den Bereich Kredit- und Finanzdienstleistungen, zu 29, 4% auf den Bereich Versicherungswesen und zu 24, 9% auf den Bereich Wertpapierhandel.[596] Bezüglich der Umlagefinanzierung der BaFin sind neben § 16 FinDAG auch die §§ 17a ff.[597] zu berücksichtigen, die die Finanzierung gesonderter Aufgaben der BaFin nach Abschnitt 11 des Wertpapierhandelsgesetzes regeln. Insbesondere sind nach § 17f FinDAG die Kosten, die zur Erfüllung der Aufgaben der Prüfstelle nach § 342b des Handelsgesetzbuchs erforderlich waren, rechnerisch in mehreren Schritten letztlich auf die einzelnen Umlagepflichtigen umzulegen, soweit die Kosten nicht durch Gebühren, gesonderte Erstattungen oder sonstige Einnahmen gedeckt werden (§ 17 d FinDAG).[598]

4. Die Form der Eigenfinanzierung der BaFin

a) Hintergrund der Finanzierungsform der BaFin

Die Finanzierung der Aufsicht wird auf eine völlig neue Grundlage gestellt: Sie wird den Aufsichtsunterworfenen zur Gänze aufgebürdet, soll jedoch zugleich und vorrangig durch eine Gebührenerhebung für Amtshandlungen bewerkstelligt werden. Durch die Verwendung des Wortes „soweit" in der Regelung des § 16 FinDAG wird erkennbar, dass diese Regelung zu den §§ 14, 15 FinDAG nachrangig ist.[599] Das bisherige Finanzierungssystem via Umlage soll dagegen in den Hintergrund

---

594 Durch diese Regelungen werden die beaufsichtigten Unternehmen einer Unternehmensgruppe (Banken, Versicherungs- und Wertpapierhandelsunternehmen) zugeordnet, für die die Umlage jeweils gesondert auf Grund des Finanzbedarfs dieser Sparte der Aufsicht errechnet wird, siehe dazu *Fricke*, NversZ 2002, S. 337 (343).

595 Siehe dazu BaFin, Jahresbericht 2012, S. 239 f.

596 Siehe dazu BaFin, Jahresbericht 2012, S. 240.

597 M.w.Nachw. dazu *Döhmel*, Kommentar zum WpHG, vor § 3 Rdnr. 32: „Wenn auch für dieses spezielle Aufgabengebiet eine eigene Kostenerstattung vorgesehen ist, so ist das Vorgehen bezüglich Gebühren, gesonderter Erstattung und Umlage doch ähnlich dem Vorgehen nach §§ 14 bis 16 FinDAG."

598 *Döhmel*, Kommentar zum WpHG, vor § 3 Rdnr. 32.

599 Vgl. *Fricke*, NversZ 2002, S. 337 (343); ausführlicher dazu *Yoo*, Umlagefinanzierte Regulierung, S. 70.

treten.[600] Durch die gewählte Umlagefinanzierung werden die gesamten Kosten auf die beaufsichtigten Marktteilnehmer umgelegt, während der frühere zehnprozentige Selbstbehalt des Bundes im Ergebnis entfiel. Zudem wurden die Abgaben und die übrigen Einnahmen nicht mehr in den allgemeinen Staatshaushalt überführt; sie fließen vielmehr dem eigenen Haushalt der BaFin zu.[601]

Die Finanzmarktaufsicht ist zwingend darauf angewiesen, sich hoch qualifizierte Sach- und Personalmittel zu beschaffen.[602] Dies ist hinsichtlich der auferlegten Sparzwänge im öffentlichen Haushalt schwierig umzusetzen. Darum wird es als zwingend erforderlich angesehen, die äußerst anspruchsvolle und komplexe Tätigkeit der Finanzmarktaufsicht von der jeweiligen Situation im Bundeshaushalt abzukoppeln.[603] Diese budgetäre Unabhängigkeit ist insbesondere eine der Besonderheiten des Commen-Law-Rechtskreises. Wie schon oben ausgeführt, ist die BaFin dem regulierenden unabhängigen Verwaltungsträgermodell nachgebildet. Die Tatsache, dass das Finanzierungssystem der BaFin durch eine völlig neue Vorgehensweise gekennzeichnet ist, scheint auf eine Anlehnung an die Aufsichtsfinanzierung im Commen-Law-Rechtskreis hinzuweisen, nicht jedoch auf eine Anlehnung an den deutschen Rechtskreis.[604] Die 100%ige Finanzierung der Kosten durch die beaufsichtigten Marktakteure dient zumindest der partiellen Unabhängigkeit von ministeriellen Einflüssen.[605] Dadurch kann die BaFin ihre alltägliche Aufsichtstätigkeit selbständig wahrnehmen und bessere Chancen bei der Rekrutierung von Bewerbern mit verhältnismäßig hohem Vergütungsniveau bekommen.[606] Die Rechtsformwahl der Anstalt und die damit

600 *Fricke*, NversZ 2002, S. 337 (343).

601 *Hagemeister,* WM 2002, S. 1773 (1775); *Halfpap,* Kapitalmarktaufsicht in Europa und den USA, S. 192; die Kosten sind durch die beaufsichtigten Institute, Unternehmen, Emittenten und Kursmakler zu erstatten, *Laars,* Kommentar zum FinDAG, § 13 Rdnr. 1; *Ohler,* Bankenaufsichtsrecht, § 32 Rndr. 28; auch *Michael,* Versicherungsaufsichtsrecht, Rdnr. 41; *Gramlich*, Die rechtswissenschaftliche Sicht, S. 358.

602 Siehe etwa *Halfpap,* Kapitalmarktaufsicht in Europa und den USA, S. 192; in der Praxis hat die BaFin die Gesamtkosten im Jahr 2012 wie folgt aufgeteilt: 65,9% für Personalausstattung und 18,1% für Sachausstattung, siehe dazu BaFin, Jahresbericht 2012, S. 239.

603 *Hagemeister,* WM 2002, S. 1773 (1775); ausführlicher dazu *Yoo*, Umlagefinanzierte Regulierung, S. 70; ferner vgl. *Ohler*, EuZW 2006, S. 679 f.

604 Einzelheiten und w. Nachw. dazu *Yoo*, Umlagefinanzierte Regulierung, S. 79.

605 *Röhl*, Finanzmarktaufsicht, § 18 Rdnr. 96.

606 *Halfpap,* Kapitalmarktaufsicht in Europa und den USA, S. 192; *Schwirten*, Kommentar zum KWG § 1 FinDAG Rdnr. 4; *Hagemeister*, WM 2002, S. 1773 (1775); *Röhl*, Finanzmarktaufsicht, § 18 Rdnr. 96.

verbundene angestrebte Selbstfinanzierung der BaFin dienen der effektiven Erfüllung der Aufgaben.[607]

b) Problem der Finanzierungsform der BaFin

Eine Kostentragung durch die der Aufsicht Unterliegenden gab es auch bereits vor Errichtung der BaFin. Dabei mussten die Kosten nicht notwendigerweise unmittelbar in den Aufsichtsämtern angefallen sein. Denn die Bundesaufsichtsämter konnten in die Lage versetzt werden, Dritte als Erfüllungsgehilfen einzuschalten (§ 8 KWG, § 6 Abs. 1 WpHG) oder einzelne Betriebsfunktionen, die keine unmittelbar hoheitliche Wahrnehmung erfordern, auf andere Behörden oder Unternehmen im Interesse einer sparsamen und effizienten Verwaltung auszulagern.[608] Die Beteiligung der beaufsichtigten Marktteilnehmer an den Aufsichtskosten ist deshalb berechtigt, weil die Marktaufsicht, über das bloße Verursacherprinzip hinaus, eine fördernde Funktion erfüllt.[609] Die Kostentragungspflicht lässt sich in ähnlichem Maße weiterhin auf die Kosten der Bundesanstalt übertragen.[610] Diesbezüglich hat der Gesetzgeber in der Gesetzesbegründung festgestellt, dass durch den Anstaltsstatus und die damit verbundene Lösung vom Bundeshaushalt die Anstalt mehr Unabhängigkeit im budgetären Bereich gewinnt;[611] d.h., dass die Kostentragung durch die Beaufsichtigten der BaFin dazu führt, dass diese finanziell deutlich unabhängiger ist.

In diesem Zusammenhang darf man die finanzverfassungsrechtlich problematische Frage aufwerfen, ob diese Art der Finanzierung zulässig sein kann. Es entstehen hier zwar grundsätzlich keine erheblichen Zusatzkosten für die Beaufsichtigten; es kann jedoch zumindest bezweifelt werden, ob eine Vollfinanzierung

---

607 Siehe etwa dazu *Halfpap,* Kapitalmarktaufsicht in Europa und den USA, S. 192; auch *Hagemeister,* WM 2002, S. 1773 (1775); vgl. auch *Bayer,* Die neue Bankenaufsichtsstruktur in Deutschland, S. 286; *Fricke,* NVersZ 2002, S. 337 (343); *Laars,* Kommentar zum FinDAG, § 12 Rdnr. 3: „Da die BaFin sich aus der Umlage finanziert, unterliegt sie nicht automatisch den allgemeinen haushaltsrechtlichen Stellenkürzungsvorgaben."

608 Begründung zum Entwurf eines Gesetzes über die integrierte Finanzdienstleistungsaufsicht, BR-Drs, 14/7033, S. 37.

609 Näher dazu *Döhmel,* Kommentar zum WpHG, vor § 3 Rdnr. 39.

610 M.w. N siehe *Laars,* Kommentar zum FinDAG, § 13 Rdnr. 4.

611 m.w.N siehe Begründung zum Entwurf eines Gesetzes über die integrierte Finanzdienstleistungsaufsicht, BR-Drs, 14/7033, S. 33; vgl. dazu *Döhmel,* Kommentar zum WpHG, vor § 3 Rdnr. 40.

der BaFin durch die der Aufsicht Unterworfenen gerechtfertigt ist,[612] da diese ihre Aufgaben nur im öffentlichen Interesse wahrnehmen.[613] Damit können aufgrund eines etwaigen Verstoßes gegen das Steuerstaatsprinzip Zweifel an der Finanzierungsform bestehen. Dabei spielt dies für die Zulässigkeit der Erhebung der Umlage eine wichtige Rolle. Hierauf bezugnehmend ist schon die Rechtsnatur der Umlage als ungeklärt zu bezeichnen; zudem gab es seit den neunziger Jahren zur Zulässigkeit der Umlage verfassungsrechtliche Bedenken.[614] Das Vorblatt der Bundestagsdrucksache, das den Gesetzesentwurf enthält, trifft dazu keine Aussage.[615] Nach der weiteren Gesetzesbegründung befasst sich die Bundesregierung in ihrer Stellungnahme mit diesem Einwand nur politisch, nicht jedoch auch juristisch.[616] Im Folgenden werden daher die grundsätzlichen Fragen, die sich überwiegend mit der in § 16 FinDAG vorgesehenen Umlagefinanzierung der Aufsichtstätigkeit befassen, vor dem Hintergrund der Finanzverfassung behandelt.

II. Abgabensystematische Einordnung der Umlage

Eine bestimmte Abgabe wird mitunter vom Gesetzgeber terminologisch unzutreffend mit einem Begriff aus den klassischen Abgabenarten (z.B. „Beitrag")[617] oder mit einem deutungsfähigen Terminus (z.B. „Umlage")[618] belegt. In der Rechtsprechung und im Schrifttum werden die Umlagen nach den jeweiligen gesetzlichen Bestimmungen als Gebühren, Beiträge, beitragsähnliche Abgaben, Sonderabgaben, Sondersteuern oder Branchensteuern gekennzeichnet.[619]

---

612 Ausführlicher dazu *Gramlich*, Die rechtswissenschaftliche Sicht, S. 358 f.; *Fricke*, NversZ 2002, S. 343; Einzelheiten und w. Nachw. bei *Kollhosser*, Kommentar zum VAG, § 101 Rdnr. 8; *Krammig*, WM 2004, S. 1657 (1664); vgl. *Michael*, Versicherungsaufsichtsrecht, § 33 Rdnr. 41.

613 Darin wurde der Grund für die bisher zumindest 10%ige Kostentragung des Bundes gesehen, *Kollhosser*, Kommentar zum VAG, § 101 Rdnr. 2.

614 Nachweise dazu *Kaulbach*, Kommentar zum VAG, § 101 Rndr. 4; auch *Ehlers/Achelpöhler*, NVwZ 1993, S. 1025 (1026 ff.).

615 Vgl. dazu Begründung zum Entwurf eines Gesetzes über die integrierte Finanzdienstleistungsaufsicht, BR-Drs, 14/7033, S. 37.

616 Entwurf eines Gesetzes über die integrierte Finanzdienstleistungsaufsicht/Gegenäußerung der Bundesregierung zu der Stellungnahme des Bundesrates, BT-Drs. 14/7088, S. 2; siehe auch *Gramlich*, Die rechtswissenschaftliche Sicht, S. 358.

617 BVerfGE 82, 159 (177 f.); 113, 129 (149).

618 BVerfGE 108, 186 (213): Altenpflege „Umlage" als Abgabe zur Finanzierung der Ausbildung in der Altenpflege; siehe dazu auch *Kaulbach*, Kommentar zum VAG, § 101 Rndr. 4.

619 Einzelheiten und w. Nachw bei *Ehlers/Achelpöhler*, NVwZ 1993, S. 1025 (1026).

Fraglich ist daher, ob es überhaupt einen eigenständigen Abgabentypus „Umlage" gibt;[620] dies würde nämlich die Frage nach deren Rechtsnatur und damit nach deren verfassungsrechtlicher Einordnung und Zulässigkeit aufwerfen. Weil die nichtsteuerlichen Abgaben anders als die Steuern im Grundgesetz weder direkt noch indirekt ausdrücklich erfasst werden,[621] ist eine genauere Klassifizierung der nichtsteuerlichen Abgaben wegen der verschiedenen verfassungsrechtlichen und einfachgesetzlichen Bindungen der unterschiedlichen Abgabenarten von herausragender Bedeutung. Für die rechtliche Würdigung (insbesondere Zulässigkeit) einer nichtsteuerlichen Abgabe ist jedoch die begriffliche Zuordnung durch den Gesetzgeber in den einschlägigen Gesetzen oder in der Rechtsprechung und Literatur nicht relevant; maßgebend ist vielmehr der materielle Gehalt der Abgabe (ihre wahre Rechtsnatur).[622] D.h., dass die Rechtsnatur der Abgabe nicht ohne weiteres bestimmt werden kann und für deren Qualifikation auf den materiell-rechtlichen Gehalt der Abgabe abzustellen ist.[623]

Vor diesem Hintergrund sowie angesichts der Entwicklungen im Bereich der verfassungsrechtlichen Rechtsprechung zu den finanzverfassungsrechtlichen Grenzen der Erhebung von nichtsteuerlichen Abgaben ist die Frage der Verfassungsmäßigkeit oder Verfassungswidrigkeit der Umlage der BaFin näher zu untersuchen. Diese hat zunächst mit einer Bestimmung der Rechtsnatur derselben zu beginnen, bevor anschließend die verfassungsrechtlichen Anforderungen

620 Siehe dazu *Ehlers/Achelpöhler*, NVwZ 1993, S. 1025 (1030).

621 Das Finanzwesen des Grundgesetzes umfasst das bundesstaatliche Finanzverfassungsrecht (Art. 104a-108 GG) und das Haushaltsverfassungsrecht (Art. 109–115 GG). Dadurch regelt das Finanzverfassungsrecht des GG nur die Ausgabenzuständigkeit zwischen Bund und Ländern, nicht die Einnahmenzuständigkeit für alle Arten von Abgaben (Gebühren, Beiträge und Sonderabgaben), nicht jedoch für Steuern (hierzu *Tipke/Lang*, Steuerrecht, § 2 Rndr. 1 ff.); das Grundgesetz läßt sie jedoch nicht unbegrenzt zu, *Jarass*, DÖV 1989, S. 1013 f.; damit wird jedoch nicht dem Gedanken Rechnung getragen, dass der Gesetzgeber sie aus der Verfassung ausgeklammert hätte, dass er deswegen freie Hand hätte, derartige Geldlasten zu erfinden, auszugestalten und auszudehnen (hierzu *Isensee*, Nichtsteuerliche Abgaben-ein weißer Fleck in der Finanzverfassung, S. 435).

622 Vgl. BVerfGE 55, 274 (298); 93, 319 (345); 108, 1 (13); 108, 186 (212); 110, 370 (384); 124, 235; *Schoch*, JURA 2010, S. 197 (198 f.); *Jarass*, DÖV 1989, S. 1013 (1016); *Schneider*, VBIBW 1988, S. 161 (164); *Ehlers/Achelpöhler*, NVwZ 1993, S. 1025 (1027); *Ohler*, WM 2007, S. 45 (48).

623 Siehe dazu *Präve*, VW 1995, S. 1004 f.; *Yoo*, Umlagefinanzierte Regulierung, S. 82; *Pieper*, Aufsicht, S. 463.

näher zu betrachten sind.[624] Denn die Anforderungen müssen bei der Erhebung von Abgaben durch die Eigenart des Abgabentypus gekennzeichnet sein.[625] Die zwangsweise erhobene Umlage bleibt eine öffentliche Abgabe,[626] deren finanzverfassungsrechtliche Zulässigkeit zunächst von ihrem Typus abhängt.[627] Es ist unstrittig, dass die Umlage nach Art. 16 FinDAG eine nichtsteuerliche Abgabe ist.[628] Nur bestand eine abgabenrechtliche Auseinandersetzung darüber, ob die Umlage eine Gebühr, ein Beitrag oder eine Sonderabgabe ist.[629] Da die Einrichtung eines umlagebasierten Finanzierungssystems nicht durch das gemeinschaftsrechtliche Primärrecht determiniert ist,[630] bildet das nationale Verfassungsrecht den alleinigen Prüfungsmaßstab für die Frage ihrer Zulässigkeit.[631] Daher wird im Folgenden geprüft, ob sich die Einstufung der Umlage als Steuer, Gebühr, Beitrag oder Sonderabgabe rechtfertigen lässt.

1. Einordnung der Umlage als Gemeinlast

Zur vollständigen Beurteilung der rechtlichen Zulässigkeit der Umlage ist zunächst zu klären, ob diese dem Begriff der Steuer unterfällt.

a) Wesentlicher Charakter der Steuer

Eine verfassungsrechtliche Legaldefinition des Begriffs „Steuern" gibt es nicht.[632] Der Steuerbegriff ist einfachgesetzlich nur in § 3 Abs. 1 AO legal definiert. Danach sind Steuern Geldleistungen, „die nicht eine Gegenleistung für eine besondere Leistung darstellen und von einem öffentlich-rechtlichen Gemeinwesen zur Erzielung von Einnahmen allen auferlegt werden, bei denen der Tatbestand

---

624 Vgl. siehe dazu *Döhmel*, Kommentar zum WpHG, vor § 3 Rdnr. 41.

625 Vgl. *Jarass*, DÖV 1989, S. 1013 (1022).

626 Vgl. BVerfGE 83, 363 (392 f.).

627 Siehe dazu *Gramlich*, Die rechtswissenschaftliche Sicht, S. 358; *Ehlers/Achelpöhler*, NVwZ 1993, S. 1025 (1026); *Jarass*, DÖV 1989, S. 1013 f.

628 BVerfG NVwZ 2010, S. 35 (35).

629 Vgl. *Lindemann*, Kommentar zum KWG, § 16 FinDAG Rdnr. 54 ff.

630 Einzelheiten und w. Nachw. bei *Yoo*, Umlagefinanzierte Regulierung, S. 76 f.

631 Siehe dazu *Mückl*, DÖV 2006, S. 797 (801); vgl. *Yoo*, Umlagefinanzierte Regulierung, S. 83.

632 Der einfachgesetzliche Steuerbegriff des § 3 Abs. 1 S. 1 AO steht mit dem verfassungsrechtlichen Steuerbegriff im Wesentlichen in Einklang, *Hendler*, DÖV 1999, S. 749 (751); zu Einzelheiten und w. Nachw. bei *Yoo*, Umlagefinanzierte Regulierung, S. 84 ff.; *Elsner/Kaltenborn*, JA 2005, S. 823 (824); zum verfassungsrechtlichen Steuerbegriff siehe *Richter*, Zur Verfassungsmäßigkeit von Sonderabgaben, S. 41.

zutrifft, an den das Gesetz die Leistungspflicht knüpft; die Erzielung von Einnahmen kann Nebenzweck sein". Wesentliches Charakteristikum der Steuer ist ihre voraussetzungslose Erhebung, dass sie also ohne eine entsprechende besondere Staatsleistung zur Deckung des allgemeinen Finanzbedarfs erhoben werden kann.[633] Sie trägt nicht zur Finanzierung besonderer öffentlicher Aufgaben bei; sofern der Gesetzgeber jedoch die Deckung eines speziellen Finanzbedarfs regelt, liegt keine Steuer vor.[634]

b) *Qualifizierung der Umlage als Steuer*

Ausschlaggebender Gesichtspunkt gegen die Einordnung als Steuer ist gerade die voraussetzungsabhängige Erhebung der Umlage; sie wird für einen besonderen Zweck –nämlich für die Aufsicht – erhoben. Tatbestandlich gesehen geht die Aufsichtstätigkeit der Finanzierung voraus, so dass diese die Finanzierungspflicht begründet. D.h., dass die Umlage nicht voraussetzungslos erhoben werden kann, sie vielmehr grundsätzlich vom Vorliegen von Voraussetzungen abhängig ist.[635] Dies bedeutet, dass die Finanzierung im Wege der Umlage nicht ohne die Verwirklichung einer Staatsaufgabe (Wirtschaftsaufsicht) möglich ist.[636] Schon damit scheidet die Qualifizierung als Steuer aus.[637]

Der Einordnung der Umlage als Steuer steht auch entgegen, dass die Steuereinnahmen dem Haushalt der jeweiligen Gebietskörperschaft zukommen. Dies trifft im Fall der BaFin aber nicht zu: Die Umlage der BaFin fließt nicht dem allgemeinen Bundeshaushalt zu, sondern ausschließlich dem Haushalt der Bundesanstalt, um deren Kosten zu decken.[638] Darüber hinaus ist hier die Tatsache zu berücksichtigen, dass die Steuertypen in Art. 106 GG abschließend festgelegt

---

633 Grundlegend dazu *Tipke/Lang*, Steuerrecht, § 2 Rdnr. 15; *Richter*, Zur Verfassungsmäßigkeit von Sonderabgaben, S. 26 ff.; *Auer*, „Sonderabgaben": ein Beitrag zu besonderen Erscheinungsformen öffentlich-rechtlicher Geldleistungspflichten, S. 59 ff.; *Elsner/Kaltenborn*, JA 2005, S. 823 (824); *Schneider*, VBIBW 1988, S. 161 (162); *Wilms*, Das Recht der Sonderabgaben nach dem Grundgesetz, S. 6 ff.; zum grundrechtsrelevanten Charakter der Steuer siehe *Erichsen*, Jura 1995, S. 17 ff. (48).

634 Grundlegend dazu *Tipke/Lang*, Steuerrecht, § 2 Rdnr. 15.

635 M.w.N. dazu siehe *Yoo*, Umlagefinanzierte Regulierung, S. 85 f.; *Pieper*, Aufsicht, S. 462; *Kube*, JZ 2007, S. 471 (472); *Lindemann*, Kommentar zum KWG, § 16 FinDAG Rdnr. 52.

636 *Ehlers/Achelpöhler*, NVwZ 1993, S. 1025 (1026).

637 *Ehlers/Achelpöhler*, NVwZ 1993, S. 1025 (1026).

638 Vgl. § 12 FinDAG; BVerfGE 82, 159 (178); *Ehlers/Achelpöhler*, NVwZ 1993, S. 1025 (1026); siehe dazu *Gramlich*, Die rechtswissenschaftliche Sicht, S. 358.

sind.[639] Dies spricht für die Annahme, dass sich die Umlagen zur Finanzierung der Wirtschaftsaufsicht des Staates keiner der in Art. 106 GG geregelten Steuerarten zuordnen lassen. Zudem gehört die Bundesanstalt nicht zum Kreis der Körperschaften, denen Art. 105 ff. GG die Steuerhoheit zuerkennt. Nach allem ist festzustellen, dass die Umlage weder begrifflich[640] noch tatbestandsmäßig eine Steuer darstellt.[641]

2. Einordnung der Umlage als Vorzugslast

Neben der Einordnung der Umlage als Steuer ist die Frage nach der Einordnung der Umlage als entgeltliche Abgabe zu stellen. Als klassisch überkommene, nichtsteuerliche Abgaben kommen vornehmlich Gebühren und Beiträge in Betracht. Die Finanzverfassung des Grundgesetzes regelt keinen rechtlich abschließenden Numerus Clausus der Abgabentypen.[642] Daraus kann allerdings nicht zwingend die Folgerung gezogen werden, dass der Gesetzgeber bei der Erfindung und Reglementierung nichtsteuerlicher Abgabenarten frei ist. Denn der Finanzverfassung liegt die Vorstellung zugrunde, dass die Finanzierung der staatlichen Aufgaben grundsätzlich nach dem Prinzip der Gemeinlast aus dem Ertrag der in der Finanzverfassung geregelten Einnahmequelle, der Steuer, erfolgt.[643] Andere nichtsteuerliche Abgabenarten müssen daher als Ausnahme von diesem hier umschriebenen Steuerstaatsprinzip durch besondere Voraussetzungen gerechtfertigt werden und sich darüber hinaus auch nach ihrer Art von der Gemeinlast deutlich unterscheiden.[644]

---

639 BVerfGE 67, 256 (286); *Ehlers/Achelpöhler*, NVwZ 1993, S. 1025 (1027).

640 Vgl. § 3 Abs. 1 AO; *Hendler*, DÖV 1999, S. 749 (751).

641 Siehe dazu *Kube*, JZ 2007, S. 471 (472); *Gramlich*, Die rechtswissenschaftliche Sicht, S. 358; vgl. *Yoo*, Umlagefinanzierte Regulierung, S. 86; *Ehlers/Achelpöhler*, NVwZ 1993, S. 1025 (1027); *Kaulbach*, Kommentar zum VAG, § 101 Rndr. 4; *Pieper*, Aufsicht, S. 462; *Reimer/Waldhoff*, Verfassungsrechtliche Vorgaben für Sonderabgaben des Banken- und Versicherungssektors, S. 45; ferner *Martini*, NJW 2010, S. 2019 (2020).

642 Zum fehlenden numerus clausus der Abgabenarten bei *Kube/Palm/Seiler*, NJW 2003, S. 928 f.

643 BVerfGE 78, 249 (266 f.); 82, 159 (178); grundlegend zum Steuerstaat siehe *Weber-Grellet*, Steuern im modernen Verfassungsstaat, S. 1 ff.; *Kirchhof*, Nichtsteuerliche Abgaben, § 119 Rdnr. 83; *Ohler*, WM 2007, S. 45 (48).

644 Vgl. BVerfGE 78, 249 (266 f.); 55, 274 (306); *Kirchhof*, Nichtsteuerliche Abgaben, Handbuch des Staatsrechts V, § 119 Rdnr. 83; *Präve*, VW 1995, S. 1004 (1006); *Wilms*, NVwZ 1995, S. 550 f.; *Ossenbühl*, DVBl. 2005, S. 667 (668); *Hummel*, DVBl. 2009, S. 874 f.

a) Einordnung als Gebühr

aa) Wesentlicher Charakter der Gebühr

Der in der Rechtsordnung, Rechtsprechung und im Schrifttum benutzte Gebührenbegriff besagt, dass Gebühren eine öffentlich-rechtliche Geldleistung sind, die aus Anlass einer individuell- zurechenbaren, öffentlichen Leistung[645] dem Abgabenschuldner durch eine öffentlich-rechtliche Norm auferlegt werden und dieser in Anknüpfung an diese konkrete Staatsleistung zu deren Kostenbegleichung ganz oder teilweise herangezogen wird.[646] Die Gebühren können als Entgelt für eine bestimmte, vom Pflichtigen veranlasste Amtshandlung (Verwaltungsgebühr) oder für die konkrete Inanspruchnahme öffentlicher Einrichtungen und Anlagen erhoben werden (Benutzungsgebühr).[647] Im Hinblick auf das besondere Kennzeichen der Gebühr ist vielfach davon die Rede, dass sie im Zusammenhang mit einer konkreten Gegenleistung an den Abgabeschuldner stehen muss; die Gegenleistung hat dabei üblicherweise in der Zuwendung eines Vorteils zu bestehen.[648] Zu den konstitutiven Merkmalen der Gebühr gehört ferner auch, dass die Leistung der Verwaltung konkret und dem einzelnen individuell zurechenbar sein muss. Die Höhe dieser Abgaben hat sich daher nach dem entsprechenden Vorteil der staatlichen Leistung zu bemessen, der dem Gebührenschuldner zukommt.[649]

---

645 Von der öffentlichen Leistung kann die Rede sein: „Die in Durchführung eines vom öffentlichen Interesse bestimmten Sachziels erstellt wird und nicht zwangsläufig begünstigend sein muss, ist mit der Pflicht zur Gegenleistung entweder durch einen Rechtsanspruch auf Vollzug der Verwaltungshandlung oder eine anders gearteten Abhängigkeit der Geldleistungspflicht von der Verwirklichung der öffentlichen Abgabe verbunden“ (hierzu *Schneider*, VBlBW 1988, S. 161 (162 f.)).

646 Vgl. BVerfGE 7, 244 (254); BVerfGE 50, 217 (226); BVerwGE 5, 138 (141); grundlegend dazu siehe *Kirchhof*, Nichtsteuerliche Abgaben, § 119 Rdnr. 26 ff.; *Tipke/Lang*, Steuerrecht, § 2 Rdnr. 20; *Schneider*, VBlBW, 1988, S. 161 (162 f.); *Döhmel*, Kommentar zum WpHG, vor § 3 Rdnr. 33; *Präve*, VW 1995, S. 1004 (1004): „Gebühren sind gesetzlich festgelegte Entgelte für die Inanspruchnahme der öffentlichen Verwaltung“; *Schoch*, JURA 2010, S. 197 (198); *Ohler*, WM 2007, S. 45 (48); *Richter*, Zur Verfassungsmäßigkeit von Sonderabgaben, S. 42; *Wilms*, Das Recht der Sonderabgaben nach dem Grundgesetz, S. 17 ff.; zum grundrechtsrelevanten Charakter der Gebühren siehe *Erichsen*, Jura 1995, S. 47 (48 f.); *Heun*, DVBl. 1990, S. 666 (673).

647 Siehe dazu *Kollhosser*, Kommentar zum VAG, § 101 Rdnr. 8.

648 Ausführlicher dazu *Präve*, VW 1995, S. 1004 f.

649 Vgl. *Hendler*, DÖV 1999, S. 749 (751); *Jarass*, DÖV 1989, S. 1013 (1015).

Gebühren sind deshalb grundsätzlich durch eine engere Bindung, die sowohl bei der Rechtfertigung der Abgabenhöhe als auch bei der Verwendung des Aufkommens zu beachten ist, legitimiert.[650]

bb) Qualifizierung der Umlage als Gebühr

Die staatliche Wirtschaftsaufsicht stellt i.d.R. keine vorteilhafte Sonderleistung dar, die einer Abschöpfung bedürfte; die Unternehmen erhalten mit der staatlichen Aufsicht ihrer unternehmerischen Tätigkeit und derjenigen der übrigen Marktteilnehmer keine Verwaltungsleistung.[651] Der Umlageregelung des § 16 FinDAG lässt sich dementsprechend nicht entnehmen, ob und ggf. welche konkreten Vorteile jeder beaufsichtigten Gruppe zukommen und welchen konkreten Aufwand jedes einzelne Unternehmen betrieben hat.[652] Weiterhin liegt der Umlagepflicht des § 16 FinDAG auch keine, für das Entstehen einer Gebühr erforderliche, individuell zurechenbare öffentliche Leistung zu Grunde. Denn die Umlage wird nicht wie die in § 14 FinDAG geregelten Gebühren für tatsächlich ausgeführte Amtshandlungen erhoben, deren Kostendeckung sie ganz oder teilweise dienen. Durch die Umlage nach § 16 FinDAG soll dagegen der besondere Arbeitsaufwand der BaFin gedeckt werden.[653]

Umlagesachverhalte sind daher dadurch gekennzeichnet, dass diese Kostenfaktoren in keinem unmittelbaren Zusammenhang mit der Aufsichtstätigkeit in Bezug auf einzelne Umlageschuldner stehen und diesen daher auch nicht zugerechnet werden können.[654] Im Fall der Umlagefinanzierung fehlt jedoch das für die Gebühren erforderliche äquivalente Gegenleistungsverhältnis.[655] Daher stellen die durch die Umlage im Sinne des § 16 den Marktteilnehmern auferlegten Kosten keine Gebühren dar.[656] Dies ergibt sich schon aus der spezielleren

---

650 *Kluth*, JA 1996, S. 260 (261).

651 Siehe dazu *Yoo*, Umlagefinanzierte Regulierung, S. 89.

652 Vgl. dazu *Präve*, VW 1995, S. 1004 f.

653 Vgl. Begründung zum Entwurf eines Gesetzes über die integrierte Finanzdienstleistungsaufsicht, BR-Drs, 14/7033, S. 38.

654 Vgl. dazu *Ehlers/Achelpöhler*, NVwZ 1993, S. 1025 (1027); *Yoo*, Umlagefinanzierte Regulierung, S. 88.

655 *Lindemann*, Kommentar zum KWG, § 16 FinDAG Rdnr. 54; vgl. dazu *Ehlers/Achelpöhler*, NVwZ 1993, S. 1025 (1028); *Roth*, MMR 2005, S. 424 (425); *Mückl*, DÖV 2006, S. 797 (799).

656 Begründung zum Entwurf eines Gesetzes über die integrierte Finanzdienstleistungsaufsicht, BR-Drs, 14/7033, S. 37; BVerfG, Beschluss vom 16.9.2009, NVwZ 2010, S. 35 (36); auch Lindemann, Kommentar zum KWG, § 16 FinDAG Rdnr. 54; *Süßmann*, Kommentar zum KWG mit ZAG, § 51 Rdnr. 28; *Gramlich*, Die rechts-

Kostennorm des § 14 FinDAG, die die konkreten Amtshandlungen für ausdrücklich gebührenpflichtig erklärt. Die Tatsache, dass der Erhebungstatbestand der Umlage parallel neben diesen Gebührentatbeständen geregelt ist, spricht jedoch dafür, dass der Gesetzgeber ausdrücklich selbst zwischen Gebühr und Umlage differenziert.[657]

b) Einordnung als Beitrag

aa) Wesentlicher Charakter des Beitrags

Des Weiteren könnte die Einordnung als Beitrag hinsichtlich der individuellen Zurechenbarkeit der Umlage in Betracht gezogen werden. Beiträge dürfen als Gegenleistung für die bloße Möglichkeit, aus der konkreten Aufwendung der Verwaltung einen individuellen wirtschaftlichen Vorteil zu ziehen, erhoben werden.[658] Beiträge werden, wie Gebühren, für Gegenleistungen der Verwaltung gezahlt und gehen insbesondere mit der bevorzugenden Inanspruchnahme bestimmter wirtschaftlicher Vorteile, die ein durch das Verwaltungshandeln Begünstigter daraus ziehen kann, einher.[659] Anders als bei der Gebühr wird jedoch

---

wissenschaftliche Sicht, S. 358; zur Klassifizierung der Vorgängerregelung in § 101 VAG a.F, *Kollhosser*, Kommentar zum VAG, § 101 Rdnr. 8; auch *Kube*, JZ 2007, S. 471 (472); m.w. N dazu siehe *Ehlers/Achelpöhler*, NVwZ 1993, S. 1025 (1027 ff.); *Pieper*, Aufsicht, S. 464; die gesonderte Umlage gemäß § 17d FinDAG stellt auch keine Gebühr dar, m.w.Nachw. siehe *Ohler*, WM 2007, S. 45 (48); *Reimer/Waldhoff*, Verfassungsrechtliche Vorgaben für Sonderabgaben des Banken- und Versicherungssektors, S. 47; vgl. § 101 VAG, das die Vorgängervorschrift war, bezeichnete die von den Versicherungsunternehmen aufzubringende Abgabe ausdrücklich als Gebühr, m.w.N dazu *Präve*, VW 1995, S. 1004 f.; *Ehlers/Achelpöhler*, NVwZ 1993, S. 1025 (1027).

657 *Lindemann*, Kommentar zum KWG, § 16 FinDAG Rdnr. 54; *Yoo*, Umlagefinanzierte Regulierung, S. 72.

658 BVerfGE 7, 244 (254 f.); 9, 291 (298); 14, 312 (317); BVerwGE 39, 5 (6); in diesem Zusammenhang siehe *Präve*, VW 1995, S. 1004 f.; *Kaulbach*, Kommentar zum VAG, § 101 Rndr. 4; *Jarass*, DÖV 1989, S. 1013 (1015).

659 Grundlegend dazu siehe *Kirchhof*, Nichtsteuerliche Abgaben, § 119 Rdn. 62 ff.; *Tipke/Lang*, Steuerrecht, § 2 Rdnr. 23; auch *Süßmann*, Kommentar zum KWG mit ZAG, § 51 Rdnr. 28; *Kube/Palm/Seiler*, NJW 2003, S. 928 f.; *Schoch*, JURA 2010, S. 197 (198); *Präve*, VW 1995, S. 1004 (1005); *Schneider*, VBIBW 1988, S. 161 (163); *Richter*, Zur Verfassungsmäßigkeit von Sonderabgaben, S. 42 f.; *Wilms*, Das Recht der Sonderabgaben nach dem Grundgesetz, S. 19 ff.; *Heun*, DVBl. 1990, S. 666 (673); zum grundrechtsrelevanten Charakter der Beiträge siehe *Erichsen*, JURA 1995, S. 47 (48 f.).

beim Beitrag schon die potenzielle Begünstigung als ausreichend angesehen.[660] Demnach ist der Gegenleistungscharakter der den Beitrag im abgabenrechtlichen Sinne legitimierende Gesichtspunkt.[661]

bb) Die Qualifizierung der Umlage als Beitrag

Diesbezüglich ist jedoch fraglich, ob der Umlage des § 16 FinDAG auch die für eine entsprechende verfassungsrechtliche Qualifizierung erforderliche potenzielle Inanspruchnahme einer öffentlichen Leistung zu Grunde liegt. Um die Einordnung der Umlage als Beitrag zu bejahen, wird die Gewährung eines Vorteils bzw. eines staatlichen Leistungsangebots an die Gruppe der Abgabenschuldner vorausgesetzt.[662] Eine solche Vorteilsgewährung könnte im Rahmen der Bereithaltung der Wirtschaftsaufsicht entweder zugunsten der beaufsichtigten Marktteilnehmer oder ihrer Vertragspartner vorkommen.[663] Es gibt allerdings keine Bereithaltung oder Leistung einer äquivalenten Gegenleistung bei der Umlage der BaFin.[664] Die Aufsichtstätigkeit der BaFin über Kredit- und Finanzdienstleistungsinstitute, Versicherungen und Wertpapierhandel erhöht jeweils das Vertrauen der Kunden bzw. Investoren und dient der Attraktivität des Finanzplatzes Deutschland. Ungeachtet dessen, wie schon mehrmals ausgeführt, nimmt die BaFin ihre Aufgaben nur im öffentlichen Interesse wahr. Die Bundesanstalt wird nicht im Interesse der Beaufsichtigten, sondern nach Maßgabe des § 4 Abs. 4 FinDAG ausschließlich im öffentlichen Interesse tätig. Dies meint, dass das Schaffen von Kunden- und Anlegervertrauen nur ein Nebenzweck der im öffentlichen Interesse wahrgenommenen Aufsicht ist. Dies bedeutet, dass die Aufsicht keine staatliche Leistung ist, die für die Beaufsichtigten tatsächlich individualisierbar ist. Hinzu kommt, dass die Tätigkeit der BaFin nicht im Bereich der Leistungsverwaltung, sondern im Bereich der Entfaltung staatlichen Handelns durch die Eingriffsverwaltung liegt. Die Tätigkeit in einem solchen Verwaltungsbereich

---

660 Es ist unerheblich, ob dem Pflichtigen tatsächlich der Vorteil zu Gute kommt (hierzu *Elsner/Kaltenborn*, JA 2005, S. 823 (825)); *Jarass*, DÖV 1989, S. 1013 (1015); *Ohler*, WM 2007, S. 45 (48).

661 Vgl. BVerfG 14, 312 (317); *Yoo*, Umlagefinanzierte Regulierung, S. 90; *Pieper*, Aufsicht, S. 465; *Heun*, DVBl. 1990, S. 666 (673).

662 Siehe dazu *Yoo*, Umlagefinanzierte Regulierung, S. 90.

663 Vgl. *Ehlers/Achelpöhler*, NVwZ 1993, S. 1025 (1028); *Heyle*, Die Erhebung von Vorzugslasten durch die Wirtschaftsaufsichts- und Regulierungsbehörden, S. 51.

664 m.w.N siehe dazu *Yoo*, Umlagefinanzierte Regulierung, S. 90 f.

kann schwerlich den Charakter einer abgrenzbaren, individualisierten Gegenleistung für den jeweiligen Beitragsschuldner haben.[665] Aus diesen Gründen ist die Einordnung der Umlage der BaFin in die anderen Abgabentypen weiterhin in Betracht zu ziehen.[666]

3. Einordnung der Umlage als Sonderabgabe

Nachdem es sich bei der nach § 16 FinDAG erhobenen Abgabe weder um eine Steuer noch um eine Gebühr noch um einen Beitrag handelt, würde die Umlagepflicht materiell-rechtlich eine Sonderabgabe mit Finanzierungszweck darstellen. Die Umlage kann dann nur unter den strengen Voraussetzungen, wie sie für die Sonderabgabe gelten, zulässig sein.[667]

a) Charakter der Sonderabgabe mit Finanzierungszweck

Seit der ersten Verwendung des Begriffes durch *Weber*[668] lässt sich der Begriff der Sonderabgaben zunächst nur negativ dadurch beschreiben, dass sie keinem der drei Fiskalmittel zuzuordnen ist: Als Sonderabgaben werden diejenigen Abgaben angesehen, die sich nicht in die hergebrachte Dreiteilung Steuern-Gebühren-Beiträge einordnen lassen, obwohl ihnen teilweise der Charakter der drei herkömmlichen Abgaben zukommt; daher treten sie mit dieser Negativbeschreibung als Sammelbezeichnung nach dem Erhebungszweck in sehr unterschiedlichen Formen in Erscheinung.[669] Das BVerfG hat eine Definition des Begriffes

---

665 Siehe dazu *Yoo*, Umlagefinanzierte Regulierung, S. 92.

666 Vgl. *Süßmann*, Kommentar zum KWG mit ZAG, § 51 Rdnr. 28; *Gramlich*, Die rechtswissenschaftliche Sicht, S. 358; *Kube*, JZ 2007, S. 471 (472); *Ehlers/Achelpöhler*, NVwZ 1993, S. 1025 (1028); *Pieper*, Aufsicht, S. 465; *Präve*, VW 1995, S. 1004 f.; die gesonderte Umlage gemäß § 17d FinDAG wird auch nicht als Beitrag angesehen, m.w.Nachw. siehe *Ohler*, WM 2007, S. 45 (48); auch *Wende*, NVwZ 2006, S. 765 (768); *Reimer/Waldhoff*, Verfassungsrechtliche Vorgaben für Sonderabgaben des Banken- und Versicherungssektors, S. 47 ff.

667 Vgl. *Jarass*, DÖV 1989, S. 1013 (1014).

668 *Werner Weber* hat 1948 den Terminus „Sonderabgaben" als Bezeichnung für Abgaben, bei denen „im Gegensatz zu Steuern primär wirtschaftspolitische und nicht finanzwirtschaftliche Zielsetzung wirksam sind" inauguriert (hierzu *Weber*, die Dienst- und Leistungspflichten der Deutschen, S. 82).

669 Grundlegend dazu siehe *Kirchhof*, Nichtsteuerliche Abgaben, § 119 Rdn. 69 ff.;. *Schneider*, VBlBW 1988, S. 161 (163 f.); *Erichsen*, JURA 1995, S. 47, 50; *Elsner/Kaltenborn*, JA 2005, S. 823 (826); zu den Erscheinungsformen von Sonderabgaben siehe bei *Auer*, „Sonderabgaben": ein Beitrag zu besonderen Erscheinungsformen

der Sonderabgaben bislang ebenfalls nicht vorgenommen, sondern sich vielmehr darauf beschränkt, die verfassungsrechtlichen Zulässigkeitskriterien der Sonderabgaben aufzuzeigen.[670] Daneben wird nach der Auffassung des Gerichts zwischen Finanzierungsabgaben, die allein der Finanzierung bestimmter Sachaufgaben dienen, und Sonderabgaben, die bestimmte andere Zwecke verfolgen, unterschieden; die Rechtsprechung unterscheidet zwischen Sonderabgaben mit Finanzierungsfunktion (Sonderabgaben im engeren Sinne) und Sonderabgaben mit Ausgleichs-, Abschöpfungs- oder Lenkungsfunktion (Sonderabgaben im weiteren Sinne).[671]

Die Sonderabgabe ist ein „spezielles gesetzgeberisches Instrument" und wird als Interventionsinstrument[672] für die Erreichung bestimmter Sachziele verwendet.[673] Sie ist daher nicht als Steuer zu qualifizieren, da sie sich kompetenzrechtlich außerhalb der Finanzverfassung bewegt und nicht allen Bürgern, sondern einer begrenzten Gruppe eine Finanzierungslast auferlegt.[674] Wegen der mit den Sonderabgaben verbundenen Gefährdung der bundesstaatlichen Kompetenzverteilung, des Prinzips der Belastungsgleichheit der Abgabenpflichtigen sowie des parlamentarischen Budgetrechts dürfen Sonderabgaben nur unter strengen Voraussetzungen erhoben werden.[675] Ihre kompetenzrechtliche Zulässigkeit ergibt sich nicht aus den Art. 104 ff., sondern grundsätzlich aus den allgemeinen Normen der Sachgesetzgebungskompetenzen der Art. 70 ff. GG.[676] Hingegen ist

---

öffentlich-rechtlicher Geldleistungspflichten, S. 91 ff.; auch *Kieser*, Sonderabgaben als Steuern, S. 5 ff.

670 Dazu sogleich unter *b)*; in einigen Teilen der Literatur ist ein solcher Auslegungsmaßstab zur Beurteilung der verfassungsrechtlichen Zulässigkeit von Sonderabgaben „als unzulässige Vermengung von Begriffsmerkmalen und Zulässigkeitskriterien" kritisiert worden (hierzu siehe *Elsner/Kaltenborn*, JA 2005, S. 823 (826)).

671 Vgl. *Tipke/Lang*, Steuerrecht, § 2 Rdnr. 25; auch *Schneider*, VBlBW, 1988, S. 161 (164); *Jarass*, DÖV 1989, S. 1013 (1018 ff.).

672 BVerfGE 82, 159 (181).

673 Vgl. *Pieper*, Aufsicht, S. 466.

674 Vgl. *Simon*, DÖV 2001, S. 63 f.

675 Vgl. *Schneider*, VBlBW 1988, S. 161 (164 f.); *Schmitt/Ruge*, RdE 2006, S. 285 (288); *Elsner/Kaltenborn*, JA 2005, S. 823 (824); *Schön/Hellgardt/Osterloh-Konrad*, WM 2010, S. 2146 f.

676 BVerfGE 55, 274 (289); 67, 256 (275); 108, 186 (212); 124, 235 (243); *Kirchhof*, Nichtsteuerliche Abgaben, § 119 Rdn. 75 ff.; wäre die Erhebung beliebiger Abgaben unter Umgehung der Vorgaben der Art. 104 a ff. GG möglich, würde nicht zuletzt die finanzverfassungsrechtliche Kompetenzverteilung Sinn und Funktion verlieren, *Elsner/Kaltenborn*, JA 2005, S. 824, 826 f.; *Schmitt/Reinhard*, RdE 2006, S. 285 (287);

es schwierig, zwischen der Steuer und der Sonderabgabe zu unterscheiden, da die Steuern neben dem fiskalischen Zweck noch andere, nämlich wirtschaftliche oder soziale Zielsetzungen verfolgen. Daher ist eine Doppelkompetenz nach Art. 105 und 70 ff. GG erforderlich.[677]

Sonderabgaben werden im Wesentlichen dadurch charakterisiert, dass sie eine Geldleistungspflicht begründen, die keiner Gegenleistung der öffentlichen Hand entspricht. Die Geldleistungspflicht wird, wie bei den Steuern, dem Betroffenen, d.h. ohne Rücksicht auf eine korrespondierende Gegenleistung der öffentlichen Hand, auferlegt; darin unterscheiden sie sich zugleich von den Vorzugslasten.[678] Aus diesem Grund ist infolge des Wesens der Sonderabgabe eine Konkurrenz zur Steuer nicht von vornherein ausgeschlossen.[679] Daher muss die Erhebung der Sonderabgaben mit Finanzierungszweck unter der strikten finanzverfassungsrechtlichen Rechtfertigung erfolgen, um eine Aushebelung des Finanzverfassungssystems zu verhindern und die besondere sachliche Rechtfertigung der Sonderabgabe zu gewährleisten.[680]

---

die Sonderabgaben stützen sich nicht auf die Gesetzgebungs-, Verwaltungs- und Ertragshoheit der Art. 105 ff. GG, sondern treten als ein Annex zu einer Sachkompetenz, insbesondere nach den Gesetzgebungskompetenzen des Art. 74 GG, auf, *Simon*, DÖV 2001, S. 63 f.; zur Zuständigkeit kraft Annexkompetenz siehe auch *Erichsen*, JURA 1995, S. 47 (48); *Hummel*, DVBl. 2009, S. 874 f.; *Lindemann*, Kommentar zum KWG, § 16 FinDAG Rdnr. 64; *Ohler*, WM 2007, S. 45 (48); vgl. *Jarass*, DÖV 1989, S. 1013 (1016).

677 m.w.Nachw. bei *Schneider*, VBIBW, 1988, S. 161 (164); auch bei *Yoo*, Umlagefinanzierte Regulierung, S. 99 ff.; *Elsner/Kaltenborn*, JA 2005, S. 823 (826 f.); *Erichsen*, JURA 1995, S. 47 (47 f.).

678 Dies wird vom Bundesverfassungsgericht im Hinblick auf die Perspektive der Sonderabgabe eindeutig klargestellt; vgl. BVerfGE 78, 249; *Richter*, Zur Verfassungsmäßigkeit von Sonderabgaben, S. 73, 82 f.; *Jarass*, DÖV 1989, S. 1013 (1015); *Ossenbühl*, DVBl. 2005, S. 667 (672); *Elsner/Kaltenborn*, JA 2005, S. 823 (825); *Hummel*, DVBl. 2009, S. 874 f.; *Kluth*, JA 2006, S. 260 f.; ferner zu den gegenleistungsabhängigen Sonderabgaben siehe *Heun*, DVBI. 1990, S. 666 (673 ff.).

679 Vgl. BVerfGE 55, 274 (298); *Isensee*, Nichtsteuerliche Abgaben-ein weißer Fleck in der Finanzverfassung, S. 436 f.; ferner auch „Konkurrenzsituation mit der Steuer", *Ossenbühl*, DVBl. 2005, S. 667 f.; *Elsner/Kaltenborn*, JA 2005, S. 823 (824); *Hummel*, DVBl. 2009, S. 847 (875); *Ohler*, WM 2007, S. 45 (48); *Kieser*, Sonderabgaben als Steuern, S. 81 ff.

680 Vgl. *Jarass*, DÖV 1989, S. 1013 f.; bei der Einführung und Ausgestaltung der neueren Abgaben sind die verfassungsrechtlichen Anforderungen besonders genau zu beachten.

Die Sonderabgaben sind nicht im Interesse der Allgemeinheit, sondern dienen dem besonderen Interesse derjenigen, von denen sie erhoben werden; d.h., dass mit ihnen von vornherein zugunsten bestimmter Gruppen ein konkreter Zweck verfolgt wird.[681] D.h., dass der Verwendungszweck von Anfang an konkret festgeschrieben wird; der entscheidende Gesichtspunkt bei der Abgrenzung der Steuern von den Finanzierungssonderabgaben ist „die Konkretisierung des Verwendungszwecks".[682] Anders als bei Sonderabgaben handelt es sich um eine Steuer, „wenn das Aufkommen aus der Abgabe einem öffentlichen Gemeinwesen" endgültig zufällt.[683] Deshalb werden sie aufgrund der Inanspruchnahme von sachlichen Gesetzgebungszuständigkeiten nicht in den allgemeinen Staatshaushalt überführt, außer das staatliche Budget fließt einem Sonderfonds zu.[684] Deshalb kann die Sonderabgabe mit dem Begriff „Budgetflucht" umschrieben werden; weil sie außerhalb des Bundeshaushalts bleibt, ist es nicht ausgeschlossen, dass sie sich der Aufmerksamkeit und der Kontrolle des Inhabers des Budgetrechts, nämlich des Parlamentes, entzieht.[685]

In grundrechtlicher Hinsicht sind bei den Sonderabgaben insbesondere auch der Grundsatz der staatsbürgerlichen Lastengleichheit gemäß Art. 3 Abs. 1 GG zu berücksichtigen, weil der Staat primär als Steuerstaat seinen Bedarf aus Steuermitteln finanzieren muss.[686] Wenn der Gesetzgeber eine bestimmte Sachaufgabe im Wege der Sonderabgaben finanziert, stellt er zugleich auch die Lastengleichheit der Bürger in Frage; die Kostentragung einer zusätzlichen Sonderlast neben der allgemeinen Gemeinlast unterläuft das Prinzip der steuerlichen Lastengleichheit.[687] Darum ist, wie das BVerfG hervorhebt, „wegen der eng begrenzten Steuergesetzgebungskompetenz des Art. 105 GG, der Regelungen über die Ertragskompetenz gem. Art. 106 ff. GG sowie etwaiger gleichheitswidriger Belastungen der Abgabenpflichtigen" die Sonderabgabe nur eine seltene Ausnahme von der

681 Vgl. *Elsner/Kaltenborn,* JA 2005, S. 823 (826); *Heun,* DVBl. 1990, S. 666 (672); *Kluth*, JA 2006, S. 260 f.

682 *Jarass*, DÖV 1989, S. 1013 (1019); vgl. *Heun*, DVBl. 1990, S. 666 (672).

683 BVerfGE 55, 274 (305, 311); m.w.N. *Jarass,* DÖV 1989, S. 1013 (1017).

684 *Tipke/Lang*, Steuerrecht, § 2 Rdnr. 25; *Wilms*, NVwZ 1995, S. 550 f.; *Simon*, DÖV 2001, S. 63 (64); *Elsner/Kaltenborn*, JA 2005, S. 823 (825).

685 Vgl. *Kirchhof*, Nichtsteuerliche Abgaben, § 119 Rdnr. 70; *Ossenbühl*, DVBl. 2005, S. 667 (669); *Simon*, DÖV 2001, S. 63 (64); *Hummel*, DVBl. 2009, S. 847 (875); *Kieser*, Sonderabgaben als Steuern, S. 54.

686 *Yoo*, Umlagefinanzierte Regulierung, S. 99.

687 *Elsner/Kaltenborn*, JA 2005, S. 823 (824).

Steuer unter Berücksichtigung enger Zulässigkeitsvoraussetzungen.[688] Daraus folgt, dass die Erhebung von Sonderabgaben einer besonderen Rechtfertigung bedarf und die Zulässigkeitskriterien strikt auszulegen und anzuwenden sind.[689] Die Zulässigkeitskriterien sind auf Sonderabgaben nicht uneingeschränkt anzuwenden, während bei den Ausgleichs- bzw. Finanzierungsabgaben diese Maßstäbe in strenger Form gelten.[690]

b) Qualifizierung der Umlage als Sonderabgabe mit Finanzierungszweck

Die folgenden Tatsachen weisen darauf hin, dass es sich bei der Umlage der BaFin um eine Sonderabgabe handelt: Zum einen wird der Abgabetatbestand der Umlage allein durch die Zugehörigkeit zu einer Gruppe bestimmt. Zum anderen – im Gegensatz zur Steuer, die zur Deckung des allgemeinen Finanzbedarfs eines öffentlichen Gemeinwesens erhoben wird – dient die Umlage von den beaufsichtigten Unternehmen speziell zur Deckung bestimmter Ausgaben, ist also für einen besonderen Finanzbedarf vorgesehen und fließt nicht in den allgemeinen Haushalt, sondern unterliegt nach § 12 Abs. 1 FinDAG der Verwaltung durch die BaFin. Daher ist die Umlage als eine Art der Sonderabgaben anzusehen.[691] Dabei entfällt die Einordnung der Umlage im Rahmen des Aufsichtsreglements als verhaltenslenkende Sonderabgabe schon deshalb, weil sie nicht auf die Verhaltenssteuerung der Abgabenschuldner zielt, sich ihr Zweck stattdessen für die Beaufsichtigten in der Kostenübernahme erschöpft. Vielmehr geht es dem Gesetzgeber allein um die Finanzierung der BaFin, so dass bereits diese Abgaben bei der finanzverfassungsrechtlichen Prüfung zum Teil als Finanzierungssonderabgaben in Betracht kommen können.[692]

---

688 BVerfGE 82, 159 (181); 92, 91 (113); 55, 274 (308); *Wilms*, NVwZ 1995, S. 550 f.; *Pieper*, Aufsicht, S. 466.

689 BVerfGE 55, 274 (308); *Kube*, JZ 2007, S. 471 (472); zur kritischen Würdigung der Zulässigkeitskriterien siehe bei *Ossenbühl*, DVBl. 2005, S. 667 (670).

690 Vgl. *Tipke/Lang*, Steuerrecht, § 2 Rdnr. 26; *Schneider*, VBlBW 1988, S. 161 (164); *Wilms*, NVwZ 1995, S. 550 (551).

691 BVerfGE NVwZ 2010, S. 35 f.; BaFin, Jahresbericht 2012, S. 239; ausführlicher dazu siehe *Yoo*, Umlagefinanzierte Regulierung, S. 97 f.; *Süßmann*, Kommentar zum KWG mit ZAG, § 51 Rdnr. 21; *Schoch*, JURA 2010, S. 197 f.; *Ohler*, WM 2007, S. 45 (48); zu Bankenabgaben *Schön/Hellgardt/Osterloh-Konrad*, WM 2010, S. 2146 f.

692 Vgl. *Ehlers/Achelpöhler*, NVwZ 1993, S. 1025 (1029); *Lindemann*, Kommentar zum KWG, § 16 FinDAG Rdnr. 66; ferner *Schmitt/Ruge*, RdE 2006, S. 285 (292); *Yoo*, Umlagefinanzierte Regulierung, S. 119; *Eichhorn*, Die Finanzierung staatlicher Regulierung durch die Regulierten, S. 268; *Kollhosser*, Kommentar zum VAG, § 101 Rdnr. 8;

Diesbezüglich hat das BVerfG mit Beschluss vom 16.09.2009 bestätigt, dass die Umlage zur Finanzierung der BaFin in den Aufsichtsbereichen des Kredit- und Finanzdienstleisungswesens und des Wertpapierhandels mit den finanzverfassungsrechtlichen Anforderungen an Sonderabgaben mit Finanzierungsfunktion vereinbar und damit verfassungsgemäß ist.[693]

c) *Die Anforderungen bei der Erhebung von Sonderabgaben mit Finanzierungszweck*

Eine solche Sonderabgabe mit Finanzierungsfunktion bedarf nach der Rspr. des BVerfG einer besonders intensiven Rechtfertigung, da es anderenfalls dem Gesetzgeber ohne die spezifische Zulässigkeit der Sonderabgaben möglich wäre, die steuerverfassungsrechtlichen Vorschriften dadurch zu unterlaufen, dass er statt einer Steuer eine Sonderabgabe erlässt.[694] Deswegen hat das BVerfG verschiedene Zulässigkeitskritierien für Sonderabgaben aufgrund des grundsätzlichen Prinzips des Steuerstaats, der sonstigen finanzverfassungsrechtlichen Vorgaben sowie der Belastungsgleichheit aufgestellt.[695] D. h., dass sich diese spezifischen finanzverfassungsrechtlichen Anforderungen nicht unmittelbar aus dem Grundgesetz ableiten lassen, zumal die deutliche Unterscheidung zwischen der Sonderabgabe und der Steuer vom Bundesverfassungsgericht entwickelt wurde.[696] Insbesondere gilt dies für Sonderabgaben mit Finanzierungsfunktion, wie bei der Umlage der

---

kritisch dagegen siehe *Heyle* die Umlage als eine Verwaltungsgebühr, *Heyle*, Die Erhebung von Vorzugslasten durch die Wirtschaftsaufsichts- und Regulierungsbehörden, S. 201; dagegen auch, § 101 a. F. wurde als Gebühren oder gestattete Beiträge verstanden (hierzu *Präve*, VW 1995, S. 1004 f.); *Heyle*, MMR 2007, S. 159 (164); die gesonderte Umlage gemäß § 17d FinDAG stellt auch eine Sonderabgabe mit Finanzierungsfunktion dar, m.w.Nachw. siehe *Ohler*, WM 2007, S. 45 (49); ferner *Martini*, NJW 2010, S. 2019 (2020).

693 BVerfG, Beschluss vom 16.9.2009, BVerfG NVWZ 2010, S. 35 f.

694 Vgl. BVerfGE 67, 256 (278); 78, 249 (266); 82, 159 (178); 55, 274 (304 ff.); 75, 108 (147); *Jarass*, DÖV 1989, S. 1013 (1014).

695 Seit der Entscheidung zur Berufsausbildungsabgabe hat das Bundesverfassungsgericht einen Rechtfertigungskatalog für die Zulässigkeit der Erhebung von Sonderabgaben aufgestellt (vgl. dazu BVerfGE 55, 274 ff.); *Kirchhof*, Nichtsteuerliche Abgaben, § 119 Rdnr. 71 ff.; siehe dazu *Ehlers/Achelpöhler*, NVwZ 1993, S. 1025 (1029).

696 *Jarass*, DÖV, 1989, S. 1013 (1014); früher hat das Gericht nur drei wesentliche Voraussetzungen für die Zulässigkeit der Erhebung der Sonderabgaben herausgearbeitet, nämlich homogene Gruppe, Sachnähe und gruppennützige Verwendung (vgl. BVerfGE 55, 274 ff.; 67, 256 ff.); *Schneider*, VBIBW 1988, S. 161 (164).

BaFin. Im Folgenden werden daher die vom Bundesverfassungsgericht entwickelten bestimmten Voraussetzungen für die Zulässigkeit der Sonderabgabe mit Finanzierungszweck erläutert.

aa) Sachzweck

Das BVerfG hat in seiner Rechtsprechung ausgeführt, dass eine Sonderabgabe nur im Rahmen der Verfolgung eines Sachzwecks, der über die bloße Mittelbeschaffung hinausgeht, gesetzlich eingeführt werden darf.[697] Der Sachzweck dient als ein finanzverfassungsrechtliches Sicherungsinstrument in erster Linie zur Unterscheidung der Sonderabgaben von den Steuern. Der Sachzweck wird bejaht, wenn eine gestaltende Einflussnahme auf den in der jeweiligen Kompetenzgrundlage genannten Sachbereich vorliegt; Steuern können hingegen ohne Berücksichtigung eines besonderen Sachzwecks auferlegt werden.[698]

bb) Die Gruppenhomogenität der Abgabeverpflichteten

Da es sich bei der Sonderabgabe um eine Gruppenlast handelt, ist ein adressatenbezogener Anknüpfungspunkt für eine die normale Steuerschuld übersteigende Sonderbelastung vorauszusetzen.[699] Aufgrund dessen kann sie selbstredend nur dann plausibel gerechtfertigt werden, wenn die Gruppe als besondere Einheit aus der Menge der anderen potentiellen Adressaten herausgelöst werden kann.[700] Nach der ständigen Rechtsprechung des Bundesverfassungsgerichts liegt eine solche homogene Gruppe dann vor, wenn sie durch eine gemeinsame, in der Rechtsordnung oder in der gesellschaftlichen Wirklichkeit vorgegebene Interessenlage oder durch besondere gemeinsame Gegebenheiten von der Allgemeinheit und anderen Gruppen abgrenzbar ist, wenn es sich also um eine finanzerhebliche

---

697 Vgl. BVerfGE 82, 159 (179 f.); 108, 186 (217 f.); 110, 370 (389 ff.); 113, 128 (150); 122, 316 (334 f.).

698 Vgl. BVerfGE 82, 159 (179); 67, 256 (276); *Schoch*, JURA 2010, S. 197 (201); *Elsner/Kaltenborn*, JA 2005, S. 823 (826); diese Anforderung liefert eine Abgrenzung der Zwecksteuer von der Finanzierungssonderabgabe. Während sich bei der Sonderabgabe eine rechtliche Verknüpfung zwischen Abgabenschuldverhältnis und Verwendungszweck findet, nimmt bei der Zwecksteuer der Verwendungszweck keinen rechtlichen Einfluss auf das Abgabenschuldverhältnis (m.w.N. siehe *Jarass*, DÖV, 1989, S. 1013 (1018).

699 Siehe dazu *Yoo*, Umlagefinanzierte Regulierung, S. 101 f.; vgl. *Kluth*, JA 1996, S. 260 (263).

700 Siehe dazu *Ossenbühl*, DVBl. 2005, S. 667 (670).

Homogenität handelt.[701] Eine derartige Abgrenzbarkeit kann daher erst dann vorliegen, wenn die potentiell Abgabepflichtigen als eine Gruppe vorgefunden bzw. rechtlich vorstrukturiert werden.[702] Es ist daher unzulässig, dass der Gesetzgeber für die geplante Abgabenerhebung willkürlich beliebige Gruppen bildet. Wenn dem Gesetzgeber bei der Abgrenzung der mit der Sonderabgabe belasteten Bürger ein besonders weiter Entscheidungsspielraum zukäme, wäre in der Tat die Grundsatzentscheidung der Verfassung für den Steuerstaat nicht gewährleistet.[703]

Dem Prinzip der Gruppenhomogenität liegt der Gedanke einer gesteigerten Sachgerechtigkeit zugrunde.[704] Diese Gruppenhomogenität kann nicht aus sich heraus bestimmt werden; sie ist als Zulässigkeitsvoraussetzung für Sonderabgaben nicht schon daran erkennbar, dass eine Gruppe durch irgendeine Bezeichnung als „homogen" charakterisiert werden kann. Vielmehr ist die Gruppenhomogenität sachzweckbezogen. Das bedeutet, dass diese Gruppe dem mit der Erhebung der Abgabe verfolgten Zweck evident näher stehen muss.[705] In diesem Zusammenhang „rechtfertigt die Homogenität einer Gruppe eine Sonderabgabe nur, wenn sie sich aus einer spezifischen Sachnähe der Abgabepflichtigen zu der zu finanzierenden Aufgabe ergibt".[706]

cc) Spezifische Sachnähe der Abgabenschuldner

Die Abgabenpflichtigen einer Sonderabgabe haben stets eine sachliche Nähe zu den zu finanzierenden Aufgaben. Denn für die Erhebung einer Sonderabgabe ist

701 BVerfGE 55, 274 (305 f.); vgl. auch 67, 256 (276); 82, 159 (180); 91, 91 (120); 108, 186; NVwZ 2004, S. 1477 (1480); *Kirchhof*, Nichtsteuerliche Abgaben, § 119 Rndr. 79.

702 Vgl. BVerfGE 55, 274 (305 f.); 78, 249 (266 f.); DVBl. 2009, S. 375 (377); BVerfG NVwZ 2010, S. 35 f.; es ist jedoch in der Praxis schwierig zu beurteilen, ob eine Gruppe von Abgabenschuldnern als eine in diesem Sinne vorgefundene bzw. rechtlich vorstrukturierte Gruppe einzuordnen ist (hierzu *Simon,* DÖV 2001, S. 63 (64)); *Kirchhof*, Nichtsteuerliche Abgaben, § 119 Rdnr. 79; *Elsner/Kaltenborn*, JA 2005, S. 823 (827).

703 Siehe dazu *Kirchhof*, Nichtsteuerliche Abgaben, § 119 Rdnr. 80; auch *Schoch*, JURA 2010, S. 197 (201); *Simon*, DÖV 2001, S. 63 (64); *Elsner/Kaltenborn*, JA 2005, S. 823 (827).

704 Vgl. *Eichhorn*, Die Finanzierung staatlicher Regulierung durch die Regulierten, S. 229.

705 BVerfGE 67, 256 (276); *Präve*, VW 1995, S. 1004 (1006); die Nachw. bei *Ossenbühl*, DVBl. 2005, S. 667 (671); *Kluth*, JA 1996, S. 260 (263); *Germelmann*, GewArch 2009, 476 (478).

706 BVerfGE 82, 159 (180).

eine spezifische Beziehung (Sachnähe) zwischen dem Kreis der Abgabepflichtigen und dem mit der Abgabenerhebung verfolgten Zweck erforderlich.[707] Der Begriff der Sachnähe richtet sich nach dem materiellen Gehalt und dem Effekt einer Maßnahme und nicht nach deren Bezeichnung und der formulierten Zielrichtung.[708] Der Gleichheitssatz gestattet die Sonderbelastung einer Gruppe nur, wenn die mit der Abgabe belastete Gruppe dem mit der Abgabenerhebung verfolgten Zweck evident näher steht als jede andere Gruppe oder die Gesamtheit der ansässigen Steuerpflichtigen.[709] Dabei wird als notwendig vorausgesetzt, dass der Abgabengesetzgeber diese Sachnähe tatsächlich erreicht; es genügt nicht, wenn er diese erst herstellt.[710] Nur durch die Anerkennung der Sachnähe können die separat belasteten Sonderlasten vor der interessenfremden Verwendung bewahrt werden.[711] Aus dieser Sachnähe muss sich die im Folgenden dargestellte besondere Gruppenverantwortung für die Erfüllung der mit der außersteuerlichen Abgabe zu finanzierenden Aufgabe ableiten lassen.[712]

dd) Finanzierungsverantwortung der abgabepflichtigen Gruppe

Der so vorgefundenen bzw. rechtlich vorstrukturierten, homogenen Gruppe kommt die besondere Finanzierungsverantwortung[713] zu, weil sie dem vom Gesetzgeber verfolgten Zweck der Abgabenerhebung evident näher steht, als dies bei der Allgemeinheit der Fall ist. Aufgrund der Sachnähe kann eine Gruppenbelastung gerechtfertigt werden, soweit sich daraus eine besondere Gruppenverantwortung für die Erfüllung der mit der außersteuerlichen Abgabe zu finanzierenden Aufgabe ergibt; d.h., dass die Sachnähe allein keine Rechtfertigung für die Sonderabgabenerhebung begründen kann, die Finanzierungsverantwortung, die deren Erhebung rechtfertigt, hat vielmehr eindeutig in den Vordergrund zu treten.[714] Eine solche Finanzierungsverantwortung der Gruppe von Abgabenschuldnern liegt nämlich dann vor, wenn zwischen der Gruppe der Abgabepflichtigen und dem Abgabenzweck eine

---

707 BVerfGE 55, 274 (306).

708 BVerfGE 67, 256 (280); *Erichsen*, JURA 1995, S. 47 (50).

709 BVerfGE 55, 274 (306).

710 *Kirchhof*, Nichtsteuerliche Abgaben, § 119 Rndr. 81.

711 Vgl. *Yoo*, Umlagefinanzierte Regulierung, S. 102.

712 BVerfGE 55, 274 (306).

713 Zur Bedeutung von „Verantwortung“ im rechtlichen Sinne siehe bei *Ossenbühl*, DVBl. 2005, S. 667 (672 ff.).

714 BVerfGE 91, 186 (205 f.); 92, 91 (120 f.); vgl. *Hummel*, DVBl. 2009, S. 874 (882); *Kirchhof*, Nichtsteuerliche Abgaben, § 119 Rndr. 82; *Simon*, DÖV 2001, S. 63 (64); *Ossenbühl*, DVBl. 2005, S. 667 (671); *Wilms*, NVwZ 1995, S. 550 (551).

spezielle Sachnähe besteht und diese eine gruppenspezifische Sachverantwortung begründet.[715] Aus Gründen der Lastengleichheit muss der Abgabengesetzgeber die Sachnähe der Schuldner und die sich daraus ergebende Gruppenverantwortung tatsächlich vorfinden.[716] Die Sachnähe kann sich dabei erst durch die tatsächliche Kostenzahlung ihrer Verantwortungslast entledigen.[717]

Dabei muss die durch die Sonderabgabe zu finanzierende Aufgabe überwiegend in die Sachverantwortung der Abgabenschuldner, nicht aber in die Verantwortlichkeit der staatlichen Allgemeinheit fallen.[718] Vielfach können dabei durchaus öffentliche Interessen das Gruppenanliegen überlagern. Die Kosten der Aufgaben, die sowohl für Allgemein- als auch für Gruppenanliegen erfüllt werden, können dennoch durch eine Sonderabgabenerhebung gedeckt werden,[719] sofern im konkreten Fall die Gruppennützigkeit das Allgemeininteresse an der Maßnahme eindeutig überwiegt.[720] Daher wird in tatsächlicher Hinsicht die Finanzverantwortung für die Begründung der Sonderabgabenpflicht gefordert. Die Finanzierungsverantwortung der jeweiligen Gruppe ist damit das zentrale Rechtfertigungskriterium für die Zulässigkeit von Sonderabgaben mit Finanzierungsfunktion.[721]

ee) Die gruppennützige Verwendung des Abgabenaufkommens

Die bisher erwähnten Legitimationskriterien münden in den gesetzgeberischen Auftrag, das Abgabenaufkommen ausschließlich im Interesse der Gruppe der Abgabepflichtigen, also „gruppennützig" und damit zweckgebunden, zu verwenden.[722] Dabei kommt dem Merkmal „Interesse der Gruppe" streng genommen

---

715 *Schoch*, JURA 2010, S. 197 (201); ausführlich dazu *Hummel*, DVBI 2009, S. 874 (876 ff.); *Simon*, DÖV 2001, S. 63 (64); krit. zu dem Merkmal *Germelmann*, GewArch 2009, 476 (478).

716 Es reicht nicht aus, wenn er diese Sachnähe und damit die Verantwortlichkeit erst konstruiert, m.w.N. siehe *Kirchhof*, Nichtsteuerliche Abgaben, § 119 Rdnr. 81.

717 Siehe dazu *Kube*, JZ 2004, S. 358 (360).

718 Vgl. BVerfGE 55, 274 (306); 57, 139 (166 ff.); 67, 256 (276); 82, 152 (181); 91, 186 (203 f.); 92, 91 (113); 98, 83 (100); 101, 141 (147); 108, 186 (217); 110, 370 (384 f.).

719 *Kirchhof*, Nichtsteuerliche Abgaben, § 119 Rndr. 84; vgl. *Yoo*, Umlagefinanzierte Regulierung, S. 102.

720 Siehe dazu *Kirchhof*, Nichtsteuerliche Abgaben, § 119 Rdnr. 83.

721 *Ossenbühl*, DVBl. 2005, S. 667 (671).

722 BVerfGE 55, 274 (306); *Simon*, DÖV 2001, S. 63 (64); eine materielle Abgrenzung bzw. eine wirtschaftliche Betrachtungsweise kann benutzt werden, um zu prüfen, ob das Abgabenaufkommen gruppennützig verwendet wird (hierzu *Jarass*, DÖV 1989, S. 1013 (1018)).

keine eigenständige Bedeutung zu, es ist stattdessen stets bezüglich der Frage der Sachverantwortung zu prüfen. Denn die beiden erheblichen Zulässigkeitskriterien, die Gruppenverantwortung und die Gruppennützigkeit, sind im inhaltlichen Rahmen unabdingbar miteinander verzahnt worden.[723] Die gruppennützige Verwendung des Abgabenaufkommens begründet zwischen den Belastungen und den Begünstigungen, die die Sonderabgabe bewirkt, eine sachgerechte Verknüpfung; die gruppennützige Verwendung wird dann bejaht, wenn das Abgabenaufkommen im Rahmen der gruppenspezifischen Sachverantwortung und damit für den vorgegebenen Abgabenzweck eingesetzt wird.[724]

Des Weiteren berührt ein möglicherweise bestehendes Interesse der Allgemeinheit an der durch das Abgabenaufkommen finanzierten Aufgabe die verfassungsrechtliche Zulässigkeit der Sonderabgabe nicht.[725] Es reicht vielmehr aus, dass im konkreten Fall das Gruppeninteresse der Abgabenschuldner das Interesse der Allgemeinheit eindeutig überwiegt.[726] Dies besagt allerdings nicht, dass eine Verwendung im spezifischen Interesse jedes einzelnen Abgabenschuldners zulässig ist. Denn die spezifische Sachnähe und die damit einhergehende Finanzierungsverantwortung betreffen nicht den Einzelnen; die Sonderabgabe darf vielmehr lediglich gruppennützig und nicht individualnützig verwendet werden.[727] Daneben können auch anderen Gruppen oder der Allgemeinheit gewisse Vorteile aus der Abgabenverwendung zugutekommen.[728] Hinzu kommt, dass in seltenen Fällen eine zulässige Sonderabgabe selbst bei einer vollständig fremdnützigen Verwendung vorkommen kann, wenn „die Natur der Sache

723 Vgl. siehe *Kubo*, JZ 2007, S. 471 (473 f.): „Gruppnnützig ist die Aufkommensverwendung danach schon dann und insoweit, als das Aufkommen der staatlichen Aufgabenerfüllung dient, weil die belastete Gruppe hierdurch von ihrer Sachverantwortung für die in ihrem Interesse liegende Aufgabe befreit wird."

724 „Fremdnützige" Sonderabgaben sind grundsätzlich unzulässig (hierzu BVerfGE 82, 159 (180)); m.w.Nachw. *Kirchhof*, Nichtsteuerliche Abgaben, § 119 Rdnr. 85; *Germelmann*, GewArch 2009, 476 (478); *Präve*, VW 1995, S. 1004 (1006); *Schoch*, JURA 2010, S. 197 (201); *Simon*, DÖV 2001, S. 63 (64 f.); *Ossenbühl*, DVBl. 2005, S. 667 (670).

725 Siehe dazu *Yoo*, Umlagefinanzierte Regulierung, S. 102.

726 BVerfGE 55, 274 (307); 82, 159 (180); 108, 186 (229 f.); vgl. *Elsner/Kaltenborn*, JA 2005, S. 823 (827); *Yoo*, Umlagefinanzierte Regulierung, S. 103 ff.; *Simon*, DÖV 2001, S. 63 (65).

727 *Simon*, DÖV 2001, S. 63 (65).

728 *Tipke/Lang*, Steuerrecht, § 2 Rdnr. 29.

eine finanzielle Inanspruchnahme der Abgabepflichtigen zugunsten fremder Begünstigter eindeutig rechtfertigt".[729]

ff) Verfahrensrechtliche Anforderungen

Die sachliche Rechtfertigung der Sonderabgaben mit Finanzierungsfunktion muss, da sie an einen besonderen Sachzweck gebunden ist, in angemessenen Zeitabständen überprüft werden; dabei ist zu untersuchen, ob ihre verfassungsrechtliche Legitimation fortbesteht und die Sachvoraussetzungen weiterhin gegeben sind.[730] In welchen Zeitabständen die Überprüfung zu erfolgen hat, lässt sich allerdings nach den besonderen Umständen der konkreten Abgaben und den ihr zu Grunde liegenden tatsächlichen Verhältnissen bestimmen.[731] Die außersteuerliche Belastung von Angehörigen einer Gruppe setzt schließlich auch voraus, dass die Sonderabgaben aufgrund ihres Ausnahmecharakters für eine erhöhte Transparenz jedoch nur unter dem Vorbehalt der parlamentarischen Überprüfung erhoben werden können.[732]

Diesbezüglich hat das Bundesverfassungsgericht nicht nur materiell-, sondern auch verfassungsrechtlich ergänzende Voraussetzungen für die Erhebung einer Sonderabgabe gefordert: Das Gericht hat es zusätzlich für notwendig erachtet, dass der Gesetzgeber im Interesse wirksamer parlamentarisch-demokratischer Legitimation und Kontrolle die erhobenen Sonderabgaben haushaltsrechtlich vollständig zu dokumentieren hat.[733] Dadurch ist der parlamentarische Gesetzgeber in die Lage versetzt worden, ein Stück seines periodischen Budgetrechts zurückzugewinnen.[734] Daher bedeutet die periodische Kontrollpflicht die

729 m.w.Nachw. siehe *Jarass*, DÖV 1989, S. 1013 (1018); vgl. *Kluth*, JA 1996, S. 260 (263 f.).

730 BVerfGE 55, 274 (308); 82, 159 (181); 108, 186 (218); NVwZ 2010, S. 35 (36); diese Anforderung spielt in der Praxis eine sehr untergeordnete Rolle, *Kluth*, JA 1996, S. 260 (264).

731 BVerfGE 110, 370 (392); *Elsner/Kaltenborn*, JA 2005, S. 823 (828).

732 *Kirchhof*, Nichtsteuerliche Abgaben, § 119 Rdn. 87; *Germelmann*, GewArch 2009, S. 476 (478); vgl. *Bohn*, Die Anstalt des öffentlichen Rechts unter Berücksichtigung des Wandels der Anstalt durch die Beteiligung Dritter, S. 116 f.

733 BVerfGE 108, 186 (218 f.); NVwZ 2010, S. 35 (36); *Kirchhof*, Nichtsteuerliche Abgaben, § 119 Rdnr. 86; *Tipke/Lang*, Steuerrecht, § 2 Rdnr. 30; *Schmitt/Ruge*, RdE 2006, S. 285 (287).

734 *Kirchhof*, Nichtsteuerliche Abgaben, § 119 Rdn. 87; *Simon*, DÖV 2001, S. 65; *Elsner/Kaltenborn*, JA 2005, S. 823 (827); ferner zur haushalspolitischen Bewertung der Sonderabgaben siehe *Rottländer*, Haushaltspolitische Bedeutung und Verfassungsmäßigkeit von Sonderabgaben, S. 43 ff.

bedeutsame, demokratische Legitimation eines verfassungsrechtlichen Krisentatbestandes.[735]

gg) Zwischenergebnis

Für die verfassungsrechtliche Zulässigkeit einer Sonderabgabe muss in der gesetzlichen Begründung im Vordergrund stehen, dass die vollständige Erfüllung der oben genannten Voraussetzungen aus der Sicht der Abgabepflichtigen erfolgt.[736] Die Sonderabgaben sollen daher gegenüber der Steuer die seltene Ausnahme bleiben, was dazu führt, dass deren Zulässigkeitskriterien dementsprechend restriktiv anzuwenden sind. Insbesondere sind an Sonderabgaben mit Finanzierungsfunktion die höchsten verfassungsrechtlichen Anforderungen zu stellen. Dabei ist auch zu berücksichtigen, dass die einzelnen Kriterien nicht schlicht isoliert nebeneinander stehen dürfen, sondern alle miteinander in einem sachlichen Zusammenhang stehen und aufeinander Bezug nehmen müssen.[737] Die beiden wesentlichen Rechtsmäßigkeitsvoraussetzungen, nämlich die besondere Sachnähe der Abgabenschuldner und die Finanzierungsverantwortung der verpflichteten Gruppe, begründen eine von der Allgemeinheit abgrenzbare bestimmte Gruppe. Liegt eine solche vor, wird eine gruppennützige Verwendung des Abgabenaufkommens als logische Folge ausgelöst; erst durch diese verfassungsrechtlichen Anforderungen kann die Sonderabgabenerhebung neben der allgemeinen Steuerpflicht gerechtfertigt sein.[738]

III. Die Verfassungsmäßigkeit der Umlageerhebung bei der BaFin

Es wurde bereits dargestellt, dass für die von der Bundesregierung anvisierten Belastungen der Finanzdienstleistungswirtschaft allein der Typus Sonderabgabe mit Finanzierungsfunktion in Betracht kommt. Diesbezüglich wurden in der Literatur und in der Rechtsprechung unterschiedliche Auffassungen vertreten. Das BVerfG hat in seiner Rechtsprechung die Umlage als rechtmäßig angesehen.[739] Gegen die Meinung des Bundesverfassungsgerichts wurde in der Literatur vorgebracht, dass ihre Erhebung aufgrund verfassungsrechtlicher Bedenken in hohem

735 Vgl. *Kube*, JZ 2007, S. 471 (474).
736 Siehe dazu *Ossenbühl*, DVBl. 2005, S. 667 (669).
737 *Ossenbühl*, DVBl. 2005, S. 667 (671).
738 Vgl. *Yoo*, Umlagefinanzierte Regulierung, S. 104 f.
739 Vgl. BVerfG NVwZ 2010, S. 35 ff.

Maße als problematisch beurteilt werde,[740] weil das Schrifttum eine Reihe dieser Voraussetzungen als nicht erfüllt ansehe.

Für die finanzverfassungsrechtliche Beurteilung der Umlage der BaFin spielen im Wesentlichen die fünf materiellen Voraussetzungen eine wichtige Rolle: der bestimmte Sachzweck der Abgabe, die Gruppenhomogenität des Kreises der Abgabepflichtigen, die spezifische Sachnähe der Gruppe, deren besondere Finanzierungsverantwortung für den Sachzweck und die Gruppennützigkeit der Mittelverwendung. Zu beachten sind ferner auch formelle Anforderungen.[741] In diesem Teil der Arbeit werden daher die Abgabentatbestände der Umlagefinanzierung der BaFin anhand der von der bisherigen Rechtsprechung des BVerfG entwickelten Zulässigkeitsvoraussetzungen für die Sonderabgabenerhebung unter Zugrundelegung der organisationsrechtlichen Stellung der BaFin bzw. der von ihr wahrgenommenen Aufgaben beurteilt.

1. Bestimmter Sachzweck

Für die zulässige Erhebung einer Sonderabgabe ist in erster Linie ein Sachzweck erforderlich, der über eine reine Mittelbeschaffungsfunktion hinausgeht. Dies bedeutet nicht bloß die Schaffung einer Finanzierungsquelle, sondern dass die Abgabenerhebung einen wirtschaftsregulierenden oder -lenkenden Inhalt haben und dass die gestaltende Einflussnahme, die über den Finanzierungszweck hinausgeht, auch im Wirtschaftsbereich zum Ausdruck kommen muss.[742] Dafür kann zunächst vor dem Hintergrund der organisationsrechtlichen Stellung der BaFin untersucht werden, ob der bestimmte Sachzweck bei der Umlage der BaFin gegeben ist. Wie schon mehrmals erwähnt, ist die BaFin in den Teil der mittelbaren Bundesverwaltung zur Durchführung der Wirtschaftsaufsicht eingeordnet und nimmt damit eine allgemeine Staatsaufgabe wahr. Dabei erschöpft sich die Finanzierungsfunktion der Umlage zwingend darin, die Kosten der BaFin zu decken.[743] Die Finanzierungsfunktion der Umlage dient nur der Mittelbeschaffung, um die Kosten der behördlichen Infrastruktur und ihrer Tätigkeit zu finanzieren; dabei ermöglicht es die Umlage, dass die Regulierungsbehörden ihre Tätigkeit ohne Inanspruchnahme staatlicher Haushaltsmittel ausüben

---

740 Vgl. *Lindemann*, Kommentar zum KWG, § 16 FinDAG; *Schütz*, Kommentar zum TKG, § 144 Rdnr. 3 (6).

741 *Reimer/Waldhoff*, Verfassungsrechtliche Vorgaben für Sonderabgaben des Banken- und Versicherungssektors, S. 41.

742 BVerfGE 67, 256 (275).

743 *Lindemann*, Kommentar zum KWG, § 16 FinDAG Rdnr. 66.

können.[744] Die sich daraus ergebende gestaltende Einflussnahme geht aber nicht über die Kostendeckung eines Aufsichtsträgers hinaus.[745] Im Allgemeinen ist das Vorliegen der geforderten gestaltenden Einflussnahme dann nicht zu bejahen, wenn durch die Abgabenerhebung lediglich eine Behörde finanziert wird, die den Sachzweck erfüllt.[746]

Daher ist festzustellen, dass die Finanzierungsfunktion der Umlage aufgrund der organisationsrechtlichen Stellung der BaFin ausschließlich der Kostendeckung dient und die sachliche Gestaltungswirkung der Umlagen nicht über die Deckung der Kosten eines Trägers der Gewerbeüberwachung hinausgeht; insoweit ist festzuhalten, dass sich kein darüber hinausgehender wirtschaftslenkender Einfluss auf die Abgabenschuldner aufgrund der Erhebung erkennen lässt.[747] D. h., dass der Finanzierungszweck bei dieser Abgabe entscheidend im Vordergrund steht. Sonderabgaben dienten dagegen üblicherweise zur Abdeckung eines Aufwandes außerhalb der staatlichen Verwaltung, etwa der Wirtschaftsförderung oder dem Umweltschutz; daher ist die Umlage der BaFin im Hinblick auf den Charakter der Sonderabgaben als eine atypische Sonderabgabe anzusehen.[748]

Hingegen hat das Gericht in seiner Entscheidung zur Umlage der BaFin ausgeführt, dass sich der Gesetzgeber des Finanzierungsinstruments der Umlage zur Verfolgung eines Sachzwecks bedienen dürfe, der über die bloße Mittelbeschaffung hinausgehe: „Sie ist der Bewältigung derjenigen Risiken gewidmet,

---

744 *Yoo*, Umlagefinanzierte Regulierung, S. 120.

745 *Lindemann*, Kommentar zum KWG, § 16 FinDAG Rdnr. 66.

746 Vgl. *Kube*, JZ 2007, S. 471 (473); *Mückl*, DÖV 2006, S. 797 (802).

747 *Lindemann*, Kommentar zum KWG, § 16 FinDAG Rdnr. 66; vgl.*Kube*, JZ 2007, S. 471 (473); dagegen *Eichhorn*, Die Finanzierung staatlicher Regulierung durch die Regulierten, S. 273.

748 „Eine Sonderabgabe dient üblicherweise dazu, Aufwand außerhalb der staatlichen Verwaltung, etwa zur Wirtschaftsförderung oder zum Umweltschutz, abzudecken.“ Bei näherem Hinsehen zeigt sich jedoch auch ein weiteres Ziel der Erfüllung der BaFin, d.h. die fördernde Funktion. Zu nennen sind hier beispielsweise die Zusammenarbeit nach § 7 WpHG und § 4 Abs. 1 S. 2 FinDAG. Die Erfüllung solcher Funktionen der BaFin lässt sich in der Begründung für die Errichtung der BaFin erkennen. Die Umlagefinanzierung der BaFin kann somit auch als ein Teil der Sonderabgaben angesehen werden (vgl. *Lindemann*, Kommentar zum KWG, § 16 FinDAG Rdnr. 65); *Werheit*, Die Bundesanstalt für Finanzdienstleistungsaufsicht, S. 125 f.; *Höhns*, Die Aufsicht über Finanzdienstleister, S. 135; *Dreyling*, Kommentar zum WpHG, § 4 Rdnr. 2; Begründung zum Entwurf eines Gesetzes über die integrierte Finanzdienstleistungsaufsicht, BR-Drs, 14/7033, S. 31 f.

die von einem unreglementierten Tätigwerden der beaufsichtigten Unternehmen ausgehen können, und soll das Vertrauen der Anleger in die Solidität und Lauterkeit dieser Unternehmen als notwendige Rahmenbedingungen für einen funktionsfähigen Finanzmarkt stärken."[749]

Die Ansicht der Verfassungsrechtsprechung, die der Behörde vorgegebene Aufgabe als Sachzweck zu sehen, vermag nicht zu überzeugen. Dieses Argument ist vielmehr zum Kriterium bei der Finanzierungsverantwortung geeignet, nicht aber zur Begründung eines Sachzwecks.[750] Die Aufsichtstätigkeit der BaFin als solche mag außer der Belastung mit der Abgabenpflicht und der Verwendung des Aufkommens als gestaltende Einflussnahme auf den geregelten Sachbereich zu verstehen sein. Das genügt jedoch nicht. Es muss nämlich im Gesetz selbst die geforderte gestaltende Einflussnahme zum Ausdruck kommen.[751] Die Umlagefinanzierung der BaFin dient jedoch, dem Gesetz zufolge, allein der Gewinnung von Mitteln für ihre Tätigkeit.[752] Wenn der bestimmte Sachzweck darin liegt, der zu finanzierenden Behörde eine Erfüllung der Sachaufgabe zu ermöglichen, wäre die Umlagefinanzierung durch ihre vermeintlichen oder tatsächlichen „Nutznießer" nahezu bei jeder Behörde zu rechtfertigen.[753]

Hingegen geht eine andere Meinung in der Literatur davon aus, dass „ein darüber hinausgehender Sachzweck sich aber darin erblicken lässt, dass die Sonderabgabe die Unabhängigkeit der BaFin bei der Wahrnehmung der ihr gesetzlich übertragenen Aufgaben auf finanziellem Gebiet sichert".[754] Allerdings kann die BaFin durch ihre Umlage, die ihr aufgrund des eigenen Finanzierungssystems zu 100% zukommt, gegenüber dem Staat verselbständigt werden, ohne von Mittelzuweisungen aus dem allgemeinen Haushalt abhängig zu sein.[755] Nichtsdestoweniger stellt dies nicht den Gegenstand des bestimmten Sachzwecks dar, weil die Unabhängigkeit der BaFin „nicht unmittelbar" mit der gestaltenden Einflussnahme

749 BVerfG NVwZ 2010, S. 35 (36).

750 Vgl. *Kube*, JZ 2007, S. 471 (473); *Döhmel*, Wertpapierhandelsgesetz, vor § 3 Rdnr. 41.

751 Vgl. *Roth*, MMR 2005, S. 424 (427).

752 Vgl. *Mückl*, DÖV 2006, S. 797 (802).

753 *Kube*, JZ 2007, S. 471 (473); *Mückl*, DÖV 2006, S. 797 (802); *Lenz*, NVwZ 2010, S. 29 (30); *Roth*, MMR 2005, S. 424 (427).

754 *Ohler*, WM 2007, S. 45 (49); zur Rundfunkfinanzierung zwischen Anstaltsautonomie und politischer Einflussnahme siehe bei *Gröpl*, DÖV 2006, 105 (108 ff.).

755 Dies entspricht dem Gedanken der Selbstregulierung des Kapitalmarktes im Bereich der Rechnungslegung und bei der Durchsetzung der aufgrund von VO (EG) Nr. 1606/2002 verbindlich angenommenen Rechnungslegungsstandards (hierzu *Ohler*, WM 2007, S. 45 (49)).

auf die Wirtschaft im Zusammenhang steht. Somit erfolgt mit den hier in Rede stehenden Abgaben zur Aufsicht und dem damit verfolgten Finanzierungszweck keine gestaltende Einflussnahme auf den in den Kostenregelungen bezeichneten Sachbereich. Bereits das erste Zulässigkeitskriterium einer Sonderabgabe ist damit nicht erfüllt.

2. Homogene Gruppe der Abgabenschuldner

Fraglich ist nun, ob die Finanzmarktaufsichtstätigkeit der BaFin auf klare Zielgruppen oder auf unklare Adressatinnen und Adressaten ausgerichtet ist. Für die Umlagepflicht ist nämlich allein die Zugehörigkeit zur Gruppe der Regulierungsunterworfenen von Bedeutung.[756]

Das BVerwG hat in seiner alten Rechtsprechung die Rechtmäßigkeit der Umlagefinanzierung gemäß § 51 Abs. 1 KWG nicht in Abrede gestellt.[757] Damals hat das Gericht ausgesprochen, dass dem Gesetzgeber bei der Regelung von Kostentragungspflichten ein großer Gestaltungsspielraum eingeräumt wird. Es wurde auch als entscheidend angesehen, ob von der Verwaltung eine kostenverursachende Leistung erbracht wird und ob der Kostenschuldner zu dieser Leistung der Verwaltung eine besondere Beziehung hat.[758] Prüft man die Entscheidung des Gerichts näher, dann zeigt sich, dass seine Bewertung dann tragfähig sein dürfte, wenn derartige Kosten von einem fest umrissenen Personenkreis verursacht werden.[759] Im Fall der Umlage der BaFin wird die Frage der homogenen Gruppe der Abgabeschuldner bejaht: „Im Hinblick auf diesen Zweck handelt es sich bei den beaufsichtigten Unternehmen um eine homogene Gruppe, die durch gemeinsame Gegebenheiten und Interessenlagen verbunden ist, die sie von der Allgemeinheit und anderen Gruppen abgrenzbar machen."[760] „Die Abgabepflichtigen sind Anbieter auf einem speziellen, weitgehend rechtlich regulierten Markt, dem aus gesamtwirtschaftlicher Perspektive eine Homogenität stiftende Funktion zukommt."[761] Das BVerfG nahm auch diesbezüglich Bezug auf die rechtliche

756 Vgl. dazu *Yoo*, Umlagefinanzierte Regulierung, S. 89.

757 BVerwG NJW 1982, S. 2681 ff.; die Verfassungsmäßigkeit des KWG hat auch schon das BVerfG in einer früheren Entscheidung v. 24. 7. 1962 bestätigt. BVerfGE 14, 197 ff.

758 BVerwG NJW 1982, S. 2681 ff.

759 Ausführlicher dazu siehe *Präve*, VW 1995, S. 1004 f.

760 BVerfG NVwZ 2010, S. 35 (36).

761 BVerfG NVwZ 2010, S. 35 (36).

Vorstrukturierung der Belasteten als Gruppe: „Die beaufsichtigten Unternehmen sind auch in der europäischen Rechtsordnung als Gruppen vorstrukturiert."[762]

Tatsächlich handelt es sich im Wirtschaftsbereich um eine durch ein spezifisches Kriterium ausgezeichnete Gruppe, welche von anderen Abgabenschuldnern dadurch abgrenzbar ist, dass sie sich nicht auf dem Markt finanziert; denn sie interagiert auf einem gemeinsamen, von der Allgemeinheit abgrenzbaren Markt und ist gewerblich tätig.[763] Zudem wurde im Wirtschaftsbereich die Tatsache entscheidend, dass „die Kosten der Aufsicht durch die Beaufsichtigten regelmäßig als betriebswirtschaftliche Gemeinkosten an die Vertragspartner weitergegeben werden, so dass auch diejenigen, deren Belange regelmäßig auch Ziel der Aufsicht sind und damit von der Aufsicht profitieren, in die Kostenbelastung mit einbezogen werden": D.h., dass die Kosten für die Aufsicht damit nicht auf die Allgemeinheit, sondern nur auf die bestimmte abgrenzbare Gruppe abgewälzt werden.[764]

Mit anderen Worten: Lässt ein Markt sich kraft Natur der Sache abgrenzen, ist es auch ohne weiteres möglich, eine Gruppe von Marktteilnehmern von der restlichen Allgemeinheit abzusondern, die durch gemeinsame Interessen miteinander verbunden ist.[765] Die Gruppe der am Finanzmarkt tätigen Akteuren lässt sich auf abstrakter Ebene von anderen Gesellschaftsgruppen trennen; z.B. kann eine Abgrenzung von der Allgemeinheit und anderen gesellschaftlichen Gruppen anhand der Zulassung zur Aufnahme einer kapitalmarktrelevanten Geschäftstätigkeit erfolgen.[766] Außerdem unterliegen Finanzmarktteilnehmer auch den gleichen Marktvoraussetzungen. Dadurch lässt sich die Gruppe der Marktteilnehmer von der Allgemeinheit unterscheiden.[767] Dies ist aber nur bei einer weiten Auslegung solch einer Gruppenhomogenität anzunehmen, aus der

762 BVerfG NVwZ 2010, S. 35 (36).

763 m.w.N. bei *Yoo*, Umlagefinanzierte Regulierung, S. 122.

764 *Pieper*, Aufsicht, S. 469.

765 Vgl. dazu *Yoo*, Umlagefinanzierte Regulierung, S. 122.

766 Siehe dazu *Yoo*, Umlagefinanzierte Regulierung, S. 122.

767 Sowohl die Gruppe der im Wirtschaftsbereich tätigen Unternehmen als auch die der am Markt agierenden Teilnehmer bewegt sich in abgrenzbaren Märkten. Bei beiden Gruppen lassen sich jeweils „branchenspezifische Interessenlagen" finden, die die Trennung von anderen Gesellschaftsgruppen ermöglicht (siehe dazu *Yoo*, Umlagefinanzierte Regulierung, S. 122 f.); *Eichhorn*, Die Finanzierung staatlicher Regulierung durch die Regulierten, S. 275; vgl. dagegen: Nach den aufsichtsrechtlichen Regeln besteht keine normative, vorgeprägte und homogene Gruppe, da es kategoriale Unterschiede zwischen der Ausgestaltung der Banken- und der Versicherungsaufsicht gibt (m.w.Nachw. siehe *Reimert/Waldhoff*, Verfassungsrechtliche Vorgaben für Sonderabgaben des Banken- und Versicherungssektors, S. 73 ff).

eine „gemeinsame Betroffenheit als Anbieter von Finanzdienstleistungen“ abgeleitet wird; sofern man aber die Homogenität der Abgabepflichtigen in Abhängigkeit zum ermittelten Sachzweck der Abgabe sieht, so wäre eine Homogenität bei fehlendem Sachzweck notwendigerweise zu verneinen.[768]

3. Besondere Sachnähe

In einem dritten Schritt muss festgestellt werden, ob die der Aufsicht unterworfenen Marktteilnehmer in einer besonderen Sachnähe zu der zu finanzierenden Aufgabe bzw. dem zu finanzierenden Zweck stehen. Diese nähere Beziehung der homogenen Gruppe zur Aufsichtstätigkeit muss deutlicher hervortreten als im Fall der anderen Gruppen oder der Allgemeinheit;[769] der Zusammenhang zwischen der Umlagepflicht und der beaufsichtigten Gruppe gibt ein Hinweis auf die besondere Rechtsbeziehung.[770]

Im Fall der Erhebung der Umlage durch die BaFin hat das Bundesverfassungsgericht in seiner Rechtsprechung ausgeführt, dass dieses Kriterium für sämtliche Tätigkeiten der der BaFin unterliegenden Marktteilnehmer erfüllt ist; das Gericht hat die spezifische Beziehung zwischen den Beaufsichtigten und dem Abgabezweck der Aufsichtsfinanzierung bejaht, da der belasteten Gruppe eine Verantwortlichkeit für die Folgen gruppenspezifischer Zustände und Verhaltensweisen zuzurechnen sei. Der Beurteilung liegt die Vorstellung zugrunde, dass die Voraussetzungen „Sachnähe/Finanzierungsverantwortung“ aus dem Grund mit einem Verursachungselement einhergehen, da die Mittelbeschaffung der Bewältigung derjenigen Risiken gewidmet ist, die von einem unbeaufsichtigten Tätigwerden der Aufsichtsunterworfenen hervorgerufen werden.[771]

Zum Vergleich der besonderen Sachnähe zwischen der Allgemeinheit und der belasteten Gruppe ist beispielhaft auf reale wirtschaftliche Ereignisse hinzuweisen: Eine Bevölkerung kann den bargeldlosen Zahlungsverkehr nutzen, der von den Instituten des Finanzmarktes zur Verfügung gestellt wird. Hinzu kommt, dass jeder Anleger unter Zuhilfenahme der Dienstleistungen des Finanzmarktes seine private Altersvorsorge sichern kann.[772] Dies bedeutet, dass die Beteiligung

---

768 *Kube*, JZ 2007, S. 471 (473); vgl. *Mückl*, DÖV 2006, S. 797 (802 f.); *Eichhorn*, Die Finanzierung staatlicher Regulierung durch die Regulierten, S. 274.

769 BVerfGE 55, 274 (306).

770 Vgl. dazu *Präve*, VW 1995, S. 1004 ff.

771 BVerfG NVwZ 2010, S. 35 (36); dieser Gesichtspunkt tritt auch bei der weiteren Erörterung des Merkmals der Finanzierungsverantwortung hervor.

772 Siehe dazu *Yoo*, Umlagefinanzierte Regulierung, S. 127 f.

der Allgemeinheit an Dienstleistungen des Finanzmarktes durch die dem Markt näher stehende Gruppe der Finanzdienstleistungsinstitute ermöglicht werden kann.[773] Daraus könnte sich die Sachnähe der aufsichtsunterworfenen Umlageschuldner zu der zu finanzierenden Aufgabe ergeben. In diesem Zusammenhang kann insbesondere als ein weiteres Argument zur Begründung der Sachnähe die Beteiligung der zu Beaufsichtigenden, die durch ihre Gebühren und Umlagen die BaFin finanzieren, angeführt werden.[774] Die Einbeziehung der beaufsichtigten Unternehmen in die Organstruktur der BaFin wird als die Reflexwirkung der Umlagefinanzierung angesehen und scheint damit einen gewissen Ausgleich zu schaffen.[775] Zusammenfassend lässt sich sagen, dass zwischen den Umlagepflichtigen und der Aufgabenerfüllung eine spezifische Beziehung besteht. Die geforderte besondere Sachnähe zur Aufsichtsaufgabe, deren Erfüllung die Gruppe der Aufsichtsunterworfenen in besonderer Weise näher stehen als die Gesamtheit aller gesellschaftlichen Gruppen, ist damit erkennbar.[776] Im Fall der Umlage der BaFin stehen die Abgabenschuldner mit der Finanzmarktaufsicht in einer evident engeren Beziehung als andere Bevölkerungskreise oder die Allgemeinheit der Steuerzahler.

4. Gruppenverantwortung

Ausgangspunkt der weiteren Überlegung ist, ob eine Verantwortung der Abgabenschuldner für die zu erfüllende Aufgabe selbst begründet wird. Von entscheidender Bedeutung für die Beurteilung der Verfassungsmäßigkeit der Umlagefinanzierung

---

773 Dagegen sind die beaufsichtigten Marktteilnehmer lediglich als vermittelnde oder ausführende Intermediäre tätig (siehe bei *Yoo*, Umlagefinanzierte Regulierung, S. 127).

774 § 7 Abs. 3 a. F. FinDAG; siehe dazu *Hagemeister*, WM 2002, S. 1773 (1777); vgl. *Bayer*, Die neue Bankenaufsichtsstruktur in Deutschland, S. 293; weitere Nachweise über den Verwaltungsrat bei *Fricke*, NVersZ 2002, S. 337 (340 f.); *Laars*, Kommentar zum FinDAG, § 7 Rdnr. 2; *Lindemann*, Kommentar zum FinDAG, § 16 FinDAG Rdnr. 68.

775 *Yoo*, Umlagefinanzierte Regulierung, S. 96: „Umgekehrt ist nämlich von der Besetzung des Verwaltungsrates kein zwingender Rückschluss auf die Finanzierung der Behörde zu sehen"; auch *Halfpap*, Kapitalmarktaufsicht in Europa und den USA, S. 193; die Gruppe der Beaufsichtigten wurde über den Verwaltungsrat an der Kostenkontrolle maßgeblich beteiligt und diese Kontrolle bleibt durch die Prüfung des Bundesrechnungshofs gesichert (siehe dazu etwa Gegenäußerung der Bundesregierung zu der Stellungnahme des Bundesrates, BR-Drs, 14/7088, S. 2).

776 Vgl. dagegen siehe *Yoo*, Umlagefinanzierte Regulierung, S. 125 f.

der BaFin ist in jedem Fall das Erfordernis der Gruppenverantwortung der Sonderabgabe. Diesbezüglich hat das Bundesverfassungsrecht argumentiert, dass vom Finanzmarkt eine besondere Gefahr für sich und für andere Wirtschaftszweige ausgehe und der Gesetzgeber daher den Marktteilnehmern eine besondere Finanzierungsverantwortung zuweisen dürfe.[777] Das Verfassungsgericht begründet die Umlagezahlungspflicht mit den durch das Tätigwerden der Marktteilnehmer entstehenden Risiken: Die durch die Umlage in die Pflicht genommene Gruppe der Kredit-, Finanzdienstleistungs- und Wertpapierdienstleistungsunternehmen steht zum Sachzweck der Abgabe in spezifischer Beziehung. So würden Fehlentwicklungen, denen die Aufsicht vorbeugen soll, nicht nur das einzelne Unternehmen, sondern in besonderem Maße den Markt insgesamt betreffen. Aus diesen Gründen hat das Gericht die Finanzierungsverantwortung der Beaufsichtigten bejaht.[778] Das BVerfG hat auch erklärt, dass hiermit zugleich das Interesse der Allgemeinheit an einer funktionsfähigen Gesamtwirtschaft geschützt und die Gruppenverantwortung nicht berührt wird und „die Förderung des Gemeinwohls notwendiges Ziel jeder staatlichen Aktivität, auch der des Sonderabgabengesetzgebers [ist]. Ein öffentliches Interesse an der Aufgabenerfüllung begleitet daher notwendig jede zwangsweise Inanspruchnahme besonderer Gruppen und setzt deren spezifische Finanzierungsverantwortung voraus, beseitigt sie aber nicht".[779]

Zusammenfassend hat das Gericht in seinem Beschluss zur BaFin-Umlage ausgeführt, dass die Aufsicht der Ausschaltung dieser marktspezifischen Risiken dient und eine wesentliche Rahmenbedingung desjenigen Marktes aufstellt, auf dem die in die Pflicht genommenen Unternehmen tätig sind; aufgrund der spezifischen Sachnähe der Umlageverpflichteten zum Umlagezweck hat der Gesetzgeber den Marktteilnehmern eine besondere Finanzierungsverantwortung hierfür zugewiesen.[780]

Der Finanzmarkt setzt für seine Tätigkeit das uneingeschränkte Vertrauen der Öffentlichkeit in die Sicherheit und das solide Geschäftsgebaren des gesamten

777 BVerfG NVwZ 2010, S. 35 (37).

778 BVerfG NVwZ 2010, S. 35 (37).

779 BVerfG NVwZ 2010, S. 35 (37).

780 Die Finanzierungsverantwortung der zur Leistung einer Sonderabgabe Verpflichteten kann nicht weiter reichen als der voraussichtliche Mittelbedarf für die mit der Sonderabgabe verfolgten Zwecke. Das BVerfG macht nicht geltend, dass die beaufsichtigten Unternehmen in ihrer Gesamtheit in höherem Maße in die Pflicht genommen werden, als dies im Hinblick auf die Gewährleistung einer effektiven Aufsicht erforderlich ist (siehe BVerfG NVwZ 2010, S. 35 (37).

Gewerbes voraus.[781] Die Fehlentwicklungen bei der Geschäftstätigkeit eines Privatunternehmens wirkt sich nur auf den begrenzten betroffenen Personenkreis, z.B. Leiter sowie Angestellte, Aktienbesitzer und bestimmte Gläubiger aus. Hingegen betrifft der Konkurs des Kreditinstituts den Personenkreis der allgemeinen unbestimmbaren Einlegergruppe. Da alle wesentlichen Zweige der Volkswirtschaft auf das Kreditgewerbe als Kreditgeber und Geldsammelstelle angewiesen sind, wirken sich die Kreditinstitute wegen ihrer volkswirtschaftlich zentralen Stellung erfahrungsgemäß auch auf andere Wirtschaftszweige aus; ein schlecht funktionierendes Bankensystem beeinträchtigt nicht nur das Wirtschaftswachstum, sondern kann die Destabilisierung eines ganzen ökonomischen Systems provozieren, woraus ohne weiteres eine starke und allgemeine realwirtschaftliche Kontraktion oder sogar eine veritable Depression entstehen kann. Hinzu kommt, dass es aufgrund der wechselseitigen Vernetzung der Institute im Interbankenmarkt zu nachfolgenden Dominoeffekten kommt;[782] gewerbliche Störungen bleiben nicht auf ein Kreditinstitut beschränkt, sondern greifen vielmehr leicht durch eine vom Kreditinstitut verursachte Unruhe auf die Einleger anderer Kreditinstitute über.[783]

Aus dem soeben Gesagten folgt, dass naturgemäß durch die Tätigkeit des Kreditgewerbes das ganze ökonomische System beeinträchtigt werden kann, was dazu

---

781 BVerfG NVwZ 2010, S. 35 (37).

782 BverfG NVwZ 2010, S. 35 (37): „Wie bereits die Erfahrungen im Zusammenhang mit der Bankenkrise 1931 gezeigt haben, kann der Zusammenbruch eines Großinstituts das Wirtschaftsgefüge eines ganzen Landes in schwere Gefahr bringen"; ferner *Gramlich*, Die rechtswissenschaftliche Sicht, S. 358: „Ihnen [ist] aber nicht untersagt, die Vermögenseinbuße ihren Geschäftspartnern weiterzugeben"; *Zwahlen*, Kosten-/ Nutzenanalyse mit Regulatory Scorecards – am Beispiel der Finanzmarktregulation, S. 9: „So finden sich in der Literatur denn auch genügend Beispiele für die gravierenden Folgen, die von einer Bankenkrise ausgehen können"; ausführlicher dazu siehe *Eichhorn*, Die Finanzierung staatlicher Regulierung durch die Regulierten, S. 252 ff.; es handelt sich um ein vernetztes Marktsystem wechselseitiger Abhängigkeit, das in besonderem Maße vom Vertrauen der Marktteilnehmer in hinreichende Kontrollmechanismen abhängig ist (hierzu BVerfG NVwZ 2010, S. 35 (37)).

783 „[...]Müßten z.B. die Kreditinstitute wegen unvorsichtiger Liquiditätpolitik ihre Kredite in großen Umfange vorzeitig zurückrufen, so könnte dies zu erheblichen Funktionsstörungen in der kreditnehmenden Wirtschaft führen..." siehe etwa BT-Drucks. 3/2563, sogenannter *Ruland*-Bericht, auszugsweise wiedergegeben bei *Böhme*, Staatshaftung für fehlerhafte Bankenaufsicht nach deutschem und europäischem Recht, S. 21; die Institutionen sind immer einem erhöhten Risiko ausgesetzt (vgl. *Ohler*, WM 2007, S. 45 (49).

führt, dass es für die durch seine Tätigkeit verursachte Unruhe verantwortlich ist;[784] deswegen muss das Kreditgewerbe die finanzielle Last tragen. Dieser Annahme liegt die Vorstellung zugrunde, dass nach Maßgabe des Verursacherprinzips die zusätzliche Kostentragung neben der Steuerpflicht legitimiert ist.[785] Insoweit ergibt sich daraus die Schlussfolgerung, dass die beaufsichtigten Marktteilnehmer in ihrer sonderabgabenrechtlichen Verantwortungsbeziehung die Aufgabe haben, einen finanziell abgesicherten, geschützten Raum im Wirtschaftsbereich zu schaffen und die Funktionsfähigkeit des Finanzsystems zu fördern.[786] Daher erscheint vordergründig sicherlich eine Gruppenverantwortung zu bestehen. Dies ist jedoch ausschließlich auf Kreditinstitute und Wertpapierhandelsunternehmen bezogen; im Bereich des Versicherungswesens ist die Tätigkeit überwiegend nicht so risikoempfindlich wie bei den Banken.[787] Entsprechend ist schon deshalb eine mit den Banken vergleichbare und einheitliche Gruppenverantwortung im Bereich der Versicherungen zu verneinen.[788]

Für die Beantwortung der Frage, wer die Finanzierung der BaFin tragen soll, kommt es also sowohl auf die besondere Sachnähe der Beaufsichtigten zur Aufgabe der BaFin als auch auf die daraus resultierende Finanzierungsverantwortung an. Dreh- und Angelpunkt dieser Frage ist daher, ob der belasteten Gruppe aufgrund ihrer gestalterischen Einflussnahme auf den geregelten Sachbereich eine besondere Finanzierungsverantwortung für den verfolgten

---

784 Siehe dazu *Stober*, Wirtschaftsaufsicht und Bankenaufsicht, S. 21; schon aufgrund des Verursacherprinzips wurde die Überwälzung der Kosten des Kaiserlichen Versicherungsaufsichtsamtes auf die Versicherungsunternehmen gerechtfertigt (m.w.N bei *Ehlers/Achelpöhler*, NVwZ 1993, S. 1025 (1028)).

785 m.w. N siehe *Gramlich*, Die rechtswissenschaftliche Sicht, S. 358; nur *Wilms*, NVwZ 1995, S. 550 (550 f.); vgl. dagegen: Der Hinweis auf die Gefahrenentstehung durch die Geschäftstätigkeit begründet lediglich die Kausalität für die Gefährdung des Schutzgutes (dazu siehe bei *Kube*, JZ 2004, S. 358 (360)); *Ossenbühl*, DVBl. 2005, S. 667 (672).

786 Mit diesem Hinweis hat das BVerfG für den Bereich der Finanzmarktaufsicht einen deutlichen Unterschied zu anderen Bereichen der Wirtschaftsaufsicht herausgearbeitet, um der gesonderten Überwälzung der Finanzierungslast durch Umlage ihre Rechtfertigung in einer Verantwortlichkeit für die Folge „gruppenspezifischer Zustände und Verhaltensweisen“ zu geben (hierzu *Lenz*, NVwZ 2010, S. 29 (30).

787 Vgl. *Reimer/Waldhoff*, Verfassungsrechtliche Vorgaben für Sonderabgaben des Banken- und Versicherungssektors, S. 86; *Schön/Hellgardt/Osterloh-Konrad*, WM 2010, S. 2146 (2154).

788 Vgl. *Reimer/Waldhoff*, Verfassungsrechtliche Vorgaben für Sonderabgaben des Banken- und Versicherungssektors, S. 86 f.

Sachzweck zugerechnet werden kann. Daneben ist auch maßgebend, ob die staatliche Aufsicht den Interessen der Unterworfenen dient und daher eine Finanzierungspflicht für ihre eigene Aufsicht gegeben ist.[789] Eine derartige Verantwortung für die Finanzierung der Aufgabenerfüllung kann nur für den Fall angenommen werden, dass die Aufgabe, die mit Hilfe des Abgabenaufkommens erfüllt werden soll, überwiegend in die Sachverantwortung der belasteten Gruppe, nicht aber in die der staatlichen Gesamtverantwortung fällt.[790]

Die Gesichtspunkte der Versorgungssicherheit, des Verbraucherschutzes und der Stabilität der Kreditwirtschaft dienen bei der Finanzmarktaufsicht als Kerninteressen des Gemeinwohls; diese sind jedoch eine Aufgabe des Staates und nicht diejenige der Beaufsichtigten selbst.[791] Die soeben erwähnten Aspekte, nämlich „die Gefahr von Kettenreaktionen zwischen verschiedenen Instituten aufgrund negativer externer Effekte" und „die gleichzeitige Betroffenheit der Finanzwirtschaft bzw. eine gemeinsame Anfälligkeit gegenüber einer überraschenden makroökonomischen Datenänderung"[792] weisen vielmehr darauf hin, dass die Instabilität des Bankwesens und die daraus resultierenden Währungs- und Finanzkrisen überwiegend auf Staatsversagen und nicht auf Marktversagen zurückzuführen sind.[793] Darüber hinaus ist die personelle und sachliche Ausstattung staatlicher Behörden primär Gegenstand des Staates und nicht derjenige der von dieser Behörde beaufsichtigten Gruppe.[794]

Auch wenn die BaFin im sektoral gestalteten Rahmen ihre Aufgaben wahrnimmt und sie sich auf spezifische Wirtschaftsbranchen bezieht,[795] ist sie letzten Endes dafür errichtet worden, die Funktion des Finanzsystems sicherzustellen. Daher führt der sektorale Charakter des fraglichen Aufsichtsreglements nicht ohne weiteres dazu, dass das Kriterium der Gruppenverantwortung zu bejahen

---

789 Vgl. *Mückl*, DÖV 2006, S. 797 (803).

790 BVerfGE 55, 274 (306); *Ehlers/Achelpöhler*, NVwZ 1993, S. 1025 (1029); die notwendige Bedingung für eine Finanzierungsverantwortung der beaufsichtigten Wirtschaftsbranchen kann dann vorliegen, wenn es abstrakt-typisierend die Gefahr eines Marktversagens auf den genannten Ebenen gibt, welche durch die Abgabenpflichten i.S.v. § 16, 17d FinDAG verursacht werden und zu deren Verringerung die BaFin tätig wird (hierzu *Eichhorn*, Die Finanzierung staatlicher Regulierung durch die Regulierten, S. 247).

791 *Yoo*, Umlagefinanzierte Regulierung, S. 127, 165; ferner *Pieper*, Aufsicht, S. 193 ff.

792 *Eichhorn*, Die Finanzierung staatlicher Regulierung durch die Regulierten, S. 246 f.

793 Ferner *Eichhorn*, Die Finanzierung staatlicher Regulierung durch die Regulierten, S. 256.

794 *Mückl*, DÖV 2006, S. 797 (803).

795 *Pieper*, Aufsicht, S. 467.

ist.[796] Bei genauerem Blick auf den vorliegenden Sachverhalt zeigt sich, dass die Funktionsfähigkeit der Märkte und des Finanz- und Wirtschaftssystems ein Gemeinwohlbelang ist, für den der Staat und nicht die einzelnen Wirtschaftsteilnehmer, „die ihre legitimen ökonomischen Interessen nach Maßgabe der Gesetze innerhalb der Märke verfolgen, nicht aber für die Gewährleistung der Rahmenbedingungen dieser Märkte einzustehen haben", die Verantwortung trägt.[797]

Es ist daher nicht nachzuvollziehen, dass der Staat gestaltend in die Wirtschaftsordnung eingreift und den erst dadurch entstehenden Finanzierungsbedarf den mit der Abgabenpflicht belasteten Unternehmen zuweist.[798] Es ist folglich zu bejahen, dass der Staat jedenfalls dann Verantwortung übernimmt, wenn er die öffentliche Aufgabe der „Finanzmarktaufsicht" wahrnimmt.[799] Daher ist die Sachverantwortung für die Aufgabenerfüllung zu verneinen.[800]

5. Gruppennützliche Verwendung

Da die Sachnähe der belasteten Unternehmen zum Zweck der Abgabenerhebung, die korrespondierende Finanzierungsverantwortung und die zweckentsprechende Verwendung des Abgabenaufkommens vorliegen, bejahte das Gericht die gruppennützige Verwendung; die Einnahmen aus der Umlage wurden gruppennützlich verwendet, da die Gesamtgruppe der Abgabenschuldner von einer ihrem Verantwortungsbereich zuzurechnenden Aufgabe entbunden wurde.[801]

Unter Bezugnahme auf die gruppennützige Verwendung wird in der Literatur die Auffassung vertreten, dass jeder beaufsichtigte Marktteilnehmer ein unmittelbares Interesse an der Sicherstellung der integren und stabilen Funktionsfähigkeit des Finanzmarktwesens habe, so dass eine Kostenbeteiligung sachgerecht sei.[802] Dazu solle es möglich sein, die Aufsichtskosten zu einem gewissen Maße auf diejenigen, die jedenfalls letztlich von der Aufsicht profitieren, zu übertragen, zumal die Kosten betriebswirtschaftlich in die Preise der Produkte einfließen

---

796 Dagegen *Pieper*, Aufsicht, S. 467.

797 *Kube*, JZ 2007, S. 471 (473).

798 *Yoo*, Umlagefinanzierte Regulierung, S. 165.

799 *Pieper*, Aufsicht, S. 200, 356.

800 Vgl. *Kube*, JZ 2007, S. 471 (474); dagegen ist im Hinblick auf § 17d FinDAG ein besonderer Zurechnungsgrund für eine Finanzierungsverantwortung in dem gefahrenerhöhenden Verfahren der börsennotierten Unternehmen begründet (siehe dazu bei *Wende*, NVwZ 2006, S. 767 f., 770); auch *Ohler*, WM 2007, S. 45 (50).

801 BVerfG, NVwZ 2010, S. 35 (37).

802 Ferner dazu *Präve*, VW 1995, S. 1004 (1006); *Halfpap*, Kapitalmarktaufsicht in Europa und den USA, S. 192.

würden.[803] Diese Argumentation, die dahin geht, dass die Lasten auf die späteren Kunden umzulegen sind, ist allerdings nicht überzeugend und kann auch aus juristischer Sicht nicht greifen.[804] Ihr steht entgegen, dass die Marktteilnehmer nicht in die Lage versetzt würden, die Aufsichtskosten ihrerseits an die Kunden der beaufsichtigten Märkte, also die Adressaten des durch die Aufsicht vermittelten Vorteils, weiterzugeben. Denn im Wirtschaftsbereich ist es aufgrund des Wettbewerbs nur schwer möglich, die Aufsichtskosten in den Endpreis einzukalkulieren; daher bleiben die Aufsichtskosten letztlich vielfach bei den beaufsichtigten Unternehmen.[805]

Die Aufsicht zielt gegenüber dem Finanzmarkt zunächst darauf ab, die dem Markt immanenten Risiken zu beseitigen, um damit die Funktionsfähigkeit des Markts sicherzustellen. Hierdurch ist sie „der Bewältigung derjenigen Risiken gewidmet, die von einem unreglementierten Tätigwerden der beaufsichtigten Unternehmen ausgehen können, und soll das Vertrauen der Anleger in die Solidität und Lauterkeit dieser Unternehmen als notwendige Rahmenbedingungen für einen funktionsfähigen Finanzmarkt stärken".[806] Diese Verbesserung der Marktbedingungen stärkt aber auch in spezifischer Weise das Interesse aller Marktteilnehmer, so dass sich die Auferlegung einer finanziellen Belastung zugunsten der Aufsichtsbehörde rechtfertigen lässt.[807] Die bloße „Verbesserung der Rahmenbedingung" für die gruppennützige Verwendung reicht jedoch nicht aus.[808] Zwar wirken sich Faktoren wie Stabilität, Wettbewerb und Verbrauchervertrauen vorteilhaft auf die Geschäftstätigkeit der Belasteten aus. Zu berücksichtigen ist allerdings, dass die Funktionsfähigkeit im Wirtschaftsbereich ein öffentliches Gut ist, so dass die Tätigkeiten der BaFin jedenfalls in erster Linie der Allgemeinheit zugutekommen. Für die der Aufsicht unterliegenden Gruppe kommen sie allenfalls als Nebenwirkugen zugute.[809] Außerdem lassen sich die

803 *Halfpap*, Kapitalmarktaufsicht in Europa und den USA, S. 192; vgl. *Präve*, VW 1995, S. 1004 f.; *Pieper*, Aufsicht, S. 469 f.

804 M.w. Nachw. *Burgi*, NJW-Editorial Heft 52, 2005.

805 Die Beteiligung der Gemeinschaft an den Aufsichtskosten durch eine Steuerfinanzierung wäre vielfach einfacher als durch eine entsprechende Abgabe in Form von Umlage, deren Wirkung nochmals von den Abgabepflichtigen durch Preisaufschläge an die eigentlichen Nutznießer vermittelt werden muss (siehe dazu *Yoo*, Umlagefinanzierte Regulierung, S. 140); vgl. *Jarass*, DÖV 1989, S. 1013 (1018).

806 BVerfG NVwZ 2010, S. 35 (36); vgl. *Ohler*, Bankenaufsichtsrecht, § 32 Rdnr. 14; ferner auch *Kube*, JZ 2007, 471 (473 f.).

807 Vgl. dazu *Präve*, VW 1995, S. 1004 f.

808 Vgl. *Ossenbühl*, DVBl. 2005, S. 667 (672).

809 *Ohler*, WM 2007, S. 45 (50).

Vorteile, die die beaufsichtigten Wirtschaftsteilnehmer durch die Aufsicht haben, weder messen, noch sind sie hinsichtlich der Gruppennützigkeit konkretisier- und individualisierbar. Erfolgt jedoch das Erfordernis der gruppennützigen Verwendung in der „abstrakten" Form, muss dies einfachrechtlich festgeschrieben und vom Gesetzgeber beabsichtigt werden.[810] Im Fall der Umlage der BaFin gibt es keine gruppennützige Verwendung, da die BaFin – wie es das FinDAG ausdrücklich regelt – ihre Aufgaben ausschließlich im öffentlichen Interesse wahrnimmt.[811] Um die Gruppennützigkeit bejahen zu können, müsste die Tätigkeit der BaFin tatsächlich ausschließlich oder überwiegend den Beaufsichtigten zugutekommen.[812]

Darüber hinaus erfolgt die gruppennützige Verwendung der Sonderabgaben i.d.R. mit Hilfe des Sonderfonds. Dagegen fließt die Umlage der BaFin nicht in den Sonderfonds für die beaufsichtigte Gruppe, sondern ist Teil der allgemeinen Verwaltung der BaFin. Es ist umstritten, ob der Haushalt der BaFin auch für die „Sonderfonds" gilt.[813] Bei der gruppennützigen Verwendung muss es sich um einen Gruppensondervorteil handeln, den die Gruppe unzweideutig und unmittelbar genießen kann; eine irgendwie geartete, auf Umwegen vermittelte Vorteilswirkung genügt hierzu nicht.[814] Eine Begünstigung der Abgabenschuldner durch Mittel aus der Umlage erfolgt allenfalls nur mittelbar.[815] Es profitieren auch grundsätzlich nicht alle aufsichtsunterworfenen Marktteilnehmer von der Aufsichtstätigkeit.[816] Vor dem Hintergrund des Schutzes öffentlicher Interessen ist jedoch nicht ohne weiteres die Schlussfolgerung zu ziehen, dass die gruppennützige Verwendung der Umlage nicht nachvollziehbar sei.

Das Argument, dass es allein auf die Interessen der Allgemeinheit ankommt, die Aufsichtskosten daher nur durch die gemeinsamen Lasten finanziert werden sollen, scheint dem Steuerlastenprinzip, das besagt, dass Kosten ohne Gegenleistung zu tragen sind, nicht zu entsprechen. Auch hängt das Kriterium „gruppennützige Verwendung" nicht davon ab, ob oberflächliche Vorteile gegeben sind; allein die bloße Gewinnung des Vorteils kann für sich genommen die entsprechende Finanzierungslast nicht begründen. Zur Bejahung der gruppennützigen

---

810 *Simon*, DÖV 2001, S. 63 (66).

811 *Lindemann*, Kommentar zum KWG, § 16 FinDAG Rdnr. 57; *Süßmann*, Kommentar zum KWG mit ZAG, § 51 Rdnr. 28; *Yoo*, Umlagefinanzierte Regulierung, S. 133.

812 Vgl. *Hettich/Wettstein*, in: ASA 78-Nr. 9, 2009/2010, S. 543.

813 *Lindemann*, Kommentar zum KWG, § 16 FinDAG Rdnr. 64.

814 Vgl. *Ossenbühl*, DVBl. 2005, S. 667 (672).

815 *Pieper*, Aufsicht, S. 467; *Ohler*, WM 2007, S. 45 (50).

816 m.w.N siehe *Yoo*, Umlagefinanzierte Regulierung, S. 123.

Verwendung ist „die Angemessenheit" zu berücksichtigen: Die Angemessenheit im Sinne der Zweck-Mittel-Relation lässt sich damit begründen, dass die beaufsichtigte Gruppe an den Tätigkeiten der BaFin auf den Finanzmärkten „erhebliches Interesse" haben kann. Damit könnte eine Kostenbeteiligung zugunsten der Einrichtung, die durch ihre Aufsichtstätigkeit eine verbesserte Finanzmarkteffizienz schafft, für sachgerecht gehalten werden.[817] Allerdings setzt das Erfordernis der Gruppennützigkeit nicht voraus, dass das Abgabenaufkommen nur im spezifischen Interesse jedes einzelnen Abgabepflichtigen verwendet werden darf; eine unmittelbar oder mittelbar überwiegende Verwendung im Interesse der Gesamtgruppe genügt dafür.[818] Dies bedeutet, dass zumindest auf das überwiegende Interesse der Abgabenpflichtigen abzustellen ist.[819]

Wie schon erwähnt erfolgt die staatliche Aufsichtstätigkeit jedoch in erster Linie und überwiegend im öffentlichen Interesse, nicht aber im besonderen Interesse der beaufsichtigten Wirtschaftsteilnehmer. Die belasteten Gruppen werden nämlich nur mittelbar durch die Tätigkeit der BaFin begünstigt.[820] Durch die staatliche Aufsicht haben sowohl ein am Markt tätiges Unternehmen als auch die in der Person des Endkunden verkörperte Allgemeinheit ein Interesse an der Gewährleistung der Funktionsfähigkeit des Finanzsystems.[821] Dementsprechend übersteigt dies – bei unterstelltem Interesse der Umlagepflichtigen an den Tätigkeiten der BaFin – nicht die Interessen der Allgemeinheit.[822] Die Gemeinschaft hat ein erhöhtes Interesse an der Beaufsichtigung dieser Gruppe.[823] Zwar sind durch die Aufsichtstätigkeit positive Effekte für die Beaufsichtigten erkennbar, gleichwohl fehlt es an einem individualisierbaren Gruppenvorteil, der für die belasteten Marktteilnehmer aus der Tätigkeit der Aufsichtsbehörden erwächst.[824]

---

817 Ferner dazu siehe *Ohlers*, EuZW 2006, S. 679 (682).

818 *Yoo*, Umlagefinanzierte Regulierung, S. 133.

819 Es ist daher unproblematisch, wenn sekundär auch andere Gruppen oder die Allgemeinheit gewisse Vorteile aus der Abgabenverwendung erhalten (siehe BVerfGE 55, 274 (307 f.); 67, 256 (276 f.)); *Kube*, JZ 2007, S. 471 (474): „Dies gilt umso mehr, als bei einer Gemengelage von Gruppen- und Allgemeininteresse das Gruppeninteresse deutlich überwiegen muss, soll es eine Sonderabgabe legitimieren."

820 *Lindemann*, Kommentar zum KWG, § 16 FinDAG Rdnr. 66; *Kube*, JZ 2007, S. 471 (474; *Mückl*, DÖV 2006, S. 797 (803).

821 Siehe dazu *Yoo*, Umlagefinanzierte Regulierung, S. 125.

822 Siehe dazu *Yoo*, Umlagefinanzierte Regulierung, S. 125; vgl. *Heyle*, Die Erhebung von Vorzugslasten durch die Wirtschaftsaufsichts- und Regulierungsbehörden, S. 51.

823 m.w. N siehe *Yoo*, Umlagefinanzierte Regulierung, S. 129.

824 Insbesondere ist dies selbst bei hinzugedachter Vorteilswirkung der durch die Aufsicht gewährleisteten Wettbewerbseffekte nicht nachvollziehbar zu begründen;

Mit anderen Worten: Die Abgabepflicht wirkt mangels Sachverantwortung nicht entlastend und dient nicht in erster Linie dem Interesse der Beaufsichtigten.

Darüber hinaus gehören Aufwendungen für Amtshaftungsansprüche gemäß Art. 34 i.V.m. § 839 BGB zur Umlagefinanzierung, weil solche Aufwendungen gerade und typischerweise im Zusammenhang mit der Beaufsichtigung der Institute entstehen.[825] Bei dieser aufsichtsfremden Tätigkeit sowie bei fehlerhaftem Aufsichtsverhalten stehen Verpflichtete und Berechtigte im diametralen Gegensatz zueinander, und aus diesem Grund erscheint es paradox, die Kosten der Verpflichteten auf die Berechtigten abzuwälzen.[826] Insoweit ist eine gruppennützige Verwendung des Abgabenaufkommens aus der Umlagefinanzierung nach dem FinDAG abzulehnen.[827]

Zusammenfassend sind Ausnahmegründe, welche eine finanzielle Inanspruchnahme der Abgabepflichtigen zugunsten fremder Begünstigter eindeutig rechtfertigen, bei dem Umlagesystem der BaFin nicht ersichtlich. Denn die staatliche Wirtschaftsaufsicht ist eine klassische Staatsaufgabe, keine Gruppenaufgabe, und die Finanzierung der staatlichen Aufsichtsinstanz begünstigt die Beaufsichtigten nicht. Des Weiteren lässt sich feststellen, dass den betroffenen Unternehmen aus dem Mittelaufkommen keine Vorteile zufließen und die BaFin allein öffentliche Interessen verfolgt. Wenn eine staatliche Tätigkeit überwiegend der Allgemeinheit

---

m.w.N. bei *Yoo*, Umlagefinanzierte Regulierung, S. 133; vgl. *Eichhorn*, Die Finanzierung staatlicher Regulierung durch die Regulierten, S. 468; *Ehlers/Achelpöhler*, NVwZ 1993, S. 1025 (1029 f.).

825 VG Frankfurt vom 30. 9. 2010, WM 2010, S. 2357 ff.; vgl. *Eichhorn*, Die Finanzierung staatlicher Regulierung durch die Regulierten, S. 259 ff.

826 Vgl. *Lenz*, NVwZ 2010, S. 29 (32); Auch *Süßmann*, Kommentar zum KWG mit ZAG, § 51 Rdnr. 4; Ausführlicher dazu *Michael*, Versicherungsaufsichtsrecht, § 33 Rdnr. 41; dabei gebietet Art. 34 Satz 1 keine andere Auslegung (siehe dazu etwa *Laars*, Kommentar zum FinDAG, § 13 Rdnr. 7); für den Fall schuldhafter Fehlaufsichtstätigkeit kann jedoch kein Ersatz entstandenen Schadens geltend gemacht werden. Die umlagepflichtigen Adressaten müssen daher auch diejenigen Kosten tragen, die unmittelbar oder mittelbar durch die schuldhafte Fehlaufsichtstätigkeit entstehen (hierzu *Yoo*, Umlagefinanzierte Regulierung, S. 133 f.); *Eichhorn*, Die Finanzierung staatlicher Regulierung durch die Regulierten, S. 259 ff.; *Lenz*, NVwZ 2010, S. 29 (30 ff.).

827 *Lindemann*, Kommentar zum KWG, § 16 FinDAG Rdnr. 66; *Reimer/Waldhoff*, Verfassungsrechtliche Vorgaben für Sonderabgaben des Banken- und Versicherungssektors, S. 87 f.; *Eichhorn*, Die Finanzierung staatlicher Regulierung durch die Regulierten, S. 283; *Pieper*, Aufsicht, S. 467; vgl. *Mückel*, DÖV 2006, S. 797 (803); *Ehlers/Achelpöhler*, NVwZ 1993, S. 1025 (1030); *Kube*, JZ 2007, S. 471 (473); *Lenz*, NVwZ 2010, S. 29 (32); *Wende*, NVwZ 2006, S. 765 (770).

zugutekommt, weist dies aufgrund des Prinzips des Steuerstaates auf die Finanzierung mittels einer Gemeinlast hin. Daher lässt sich die Kostenerstattungspflicht der BaFin nicht als zulässige Sonderabgabe qualifizieren.

6. Verfahrensrechtliche Kontrolle

Nach einer Entscheidung des Verfassungsgerichts sei die Umlage haushaltsrechtlich hinreichend informierend dokumentiert und periodisch auf ihre weitere Berechtigung überprüft; der Gesetzgeber habe die Umlagefinanzierung zudem zuletzt gemäß § 16 FinDAG bestätigt und sei insofern seiner verfassungsrechtlichen Prüfpflicht in hinreichendem Maße nachgekommen.[828]

Dieses Argument berücksichtigt jedoch das wesentliche Merkmal der besonderen Überprüfungspflicht des parlamentarischen Gesetzgebers nicht. Wendet man den verfassungsrechtlichen Ausnahmecharakter der Sonderabgabe und die daraus entstehenden Risiken für die Kompetenzordnung der Finanzverfassung auf die Voraussetzung der verfahrensrechtlichen Kontrolle an, so ist festzuhalten, dass der Gesetzgeber erhöhte Anforderungen zur Lastenrechtfertigung erfüllen soll.[829] Die Regelung des § 16 FinDAG ist nur anlässlich der Kapitalreform des Gesetzgebers, in der dieser die alte Regelung des § 51 KWG in § 16 FinDAG umformuliert hat, aufgenommen worden. Die vom Gesetzgeber zu fordernde Überprüfung findet dementsprechend nicht statt; der Hinweis auf eine ausdrückliche abgabenrechtliche Inhaltskontrolle der Regelungen liegt nicht vor.[830] Daher lässt sich die Umlage der BaFin nicht als zulässige Sonderabgabe qualifizieren.

7. Qualifizierung der Umlage als Typus sui generis

Sofern die Umlage gemäß § 16 FinDAG als Typus sui generis (bzw. als „sonstige Abgabe“)[831] im abgabenrechtlichen Sinne zu qualifizieren ist, lassen sich verfassungsrechtliche Einwände nicht erheben. Daher verbleibt nunmehr die Frage, ob die Umlage der BaFin als Typus sui generis einzuordnen ist.[832]

---

828 BVerfG NVwZ 2010, S. 35 (37); ferner *Reimer/Waldhoff*, Verfassungsrechtliche Vorgaben für Sonderabgaben des Banken- und Versicherungssektors, S. 91.

829 Siehe dazu *Yoo*, Umlagefinanzierte Regulierung, S. 135 f.

830 *Lindemann*, Kommentar zum KWG, § 16 FinDAG Rdnr. 66; *Eichhorn*, Die Finanzierung staatlicher Regulierung durch die Regulierten, S. 467; vgl. *Ohler*, WM 2007, S. 45 (50 f.).

831 m.w.N. bei *Kirchhof*, Nichtsteuerliche Abgaben, § 119 Rdnr. 107 ff.; *Wilms*, Das Recht der Sonderabgaben nach dem Grundgesetz, S. 50 f.

832 Vgl. *Präve*, VW 1995, S. 1004 (1006); auch *Yoo*, Umlagefinanzierte Regulierung, S. 137 ff.; *Lindemann*, Kommentar zum KWG, § 16 FinDAG Rdnr. 51 ff.

Das Bundesverfassungsgericht differenzierte in seinen Entscheidungen zwischen Sonderabgaben und „sonstigen Abgaben".[833] Dies lässt sich dadurch nachvollziehen, dass das Grundgesetz keine abschließende Kategorie zulässiger Abgabentypen enthält; daher kann unter besonderen Voraussetzungen nur eine besondere Abgabe zulässig sein. In solchen Fällen bedarf die Erhebung einer Abgabe sui generis aber stets einer speziellen Legitimation; im finanzverfassungsrechtlichen System müssen die nichtsteuerlichen Abgaben wegen ihrer grundgesetzlichen Systemwidrigkeit, der Schwächung der Etathoheit des Parlaments, der bundesstaatlichen Verteilung der Steuerhoheit und der Belastung der Bürger durch einen gesonderten Grund gerechtfertigt sein, der nicht nur die Erhebung der Abgabe selbst, sondern auch deren Höhe rechtfertigt.[834]

Vor diesem Hintergrund wäre insbesondere die Umlageerhebung der BaFin dadurch legitimiert, dass deren Rechtfertigungsniveau mindestens dem der Sonderabgabenerhebung entsprechen würde.[835] Eine besonders intensive Rechtfertigung für die außersteuerlichen Abgaben bei der Umlage der BaFin ist nicht ersichtlich. Wegen der Rechtfertigungsbedürftigkeit des Umlagesystems der BaFin scheidet daher – wie festgestellt – die Qualifikation der Umlage als eine Abgabe sui generis aus.[836] Die Kosten der Aufsicht im Wirtschaftssektor sind, wie die Kosten der üblichen Sonderverwaltung, auch als typische Gemeinlast einzuordnen; dabei müssen sie sich nach der Finanzverfassung des Grundgesetzes aus dem Steueraufkommen finanzieren.[837]

8. Die nichtsteuerliche Finanzierung in den weiteren wirtschaftlichen Bereichen

Neben der Finanzmarktaufsicht durch die BaFin spielen auf der Ebene der Wirtschaftsaufsicht die Regelungen im Bereich der Telekommunikation nach dem Telekommunikationsgesetz (abgekürzt „TKG") sowie im Bereich der Energiewirtschaft nach dem Gesetz über die Elektrizitäts- und Gasversorgung (abgekürzt „EnWG") eine wichtige Rolle. Die Finanzierungsformen in den beiden soeben

---

833 BVerfGE 18, 315 (328); 71, 81 (102); 53, 257 (289 f.); 75, 108 (148); 78, 249 (266 ff., 277 ff.); 92, 91 (113 f.); 93, 319 (342 ff.).

834 Vgl. BVerfGE 67, 256 (274 ff.); *Isensee*, Nichtsteuerliche Abgaben – ein weißer Fleck in der Finanzverfassung, S. 436 f.; *Pieper*, Aufsicht, S. 462; *Simon*, DÖV 2001, S. 63 (65); *Elsner/Kaltenborn*, JA 2005, S. 823 (824).

835 *Yoo*, Umlagefinanzierte Regulierung, S. 138.

836 *Yoo*, Umlagefinanzierte Regulierung, S. 138; vgl. *Ehlers/Achelpöhler*, NVwZ 1993, S. 1025 (1030); dagegen *Pieper*, Aufsicht, S. 470.

837 *Ehlers/Achelpöhler*, NVwZ 1993, S. 1025 (1030).

genannten Bereichen können zu der Lösung derjenigen Probleme führen, die sich aus der Kostenregelung bei der BaFin ergeben, zumal sich § 92 EnWG a. F. inhaltlich an den entsprechenden Vorschriften des TKG und des KWG orientierte.[838]

Im Telekommunikations- und Energiebereich sollte für Maßnahmen zur Sicherung eines chancengleichen und funktionsfähigen Wettbewerbs und für die Verwaltung, zur Kontrolle und zur Durchsetzung von Rechten und Pflichten nach dem TKG bzw. EnWG sowie den darauf beruhenden Verordnungen zur Deckung der Kosten der Bundesnetzagentur ein „Beitrag" entrichtet werden (§ 92 EnWG, § 144 TKG). Die Jahresabgaben wurden gemäß § 144 TKG und § 92 EnWG nach Maßgabe der Umsätze der Netzbetreiber bzw. der Telekommunikationsdienstleistungsunternehmen bemessen und verteilt.[839]

a) Der Bereich des Telekommunikationsgesetzes

Auf dem Gebiet des Telekommunikationsrechts sind besondere Abgabentatbestände in den Vorschriften der §§ 142 ff. TKG geregelt. In Bezug auf die Kosten für bestimmte Amtshandlungen werden gemäß § 142 TKG Gebühren von der Bundesnetzagentur erhoben. Im Bereich der Frequenz- und Orbitnutzung erhebt die Bundesnetzagentur gemäß § 143 TKG Jahresbeiträge zur Deckung ihrer Kosten für die Verwaltung, zur Kontrolle und zur Durchsetzung von Allgemeinzuteilungen und Nutzungsrechten.

Der Telekommunikationsbeitrag ist gemäß § 144 TKG a. F. hinsichtlich der Umlagefinanzierung der BaFin von besonderem Interesse.[840] Zur Deckung der restlichen Kostenpositionen, die nicht auf Grundlage von Gebühren, Auslagen und Beiträgen berechnet werden können, erhob die BNetzA nach Maßgabe des § 144 TKG a. F. einen Telekommunikationsbeitrag. Damit war die Beteiligung

---

838 Begründung zum Entwurf eines zweiten Gesetzes zur Neuregelung des Energiewirtschaftssektors?, BT-Drs. 15/3917, S. 72; vgl. *Schmitt/Ruge*, RdE 2006, S. 285 (286); *Mückl*, DÖV 2006, S. 797 (798); *Heyle*, die Erhebung von Vorzugslasten durch die Wirtschaftsaufsichts- und Regulierungsbehörden, S. 193; *Yoo*, Umlagefinanzierte Regulierung, S. 74.

839 *Eichhorn*, Die Finanzierung staatlicher Regulierung durch die Regulierten, S. 40: „Die genannten Beiträge wurden dem allgemeinen Haushalt der Regulierungsbehörde zugeführt."

840 In der Begründung zum Gesetzesentwurf des TKG 2004 wies der Gesetzgeber auf einen Zusammenhang mit der Umlageregelung gem. § 51 KWG hin (Begründung zum Entwurf eines Telekommunikationsgesetzes (TKG), BR-Drs, 755/03, S. 141); der Telekommunikationsbeitrag aus dem TKG nahm die Regelung aus dem KWG ausdrücklich zum Vorbild.

derjenigen Unternehmen, die im Telekommunikationsbereich tätig sind, an den Kosten der Beaufsichtigung möglich.[841] Nach § 144 Abs. 1 S. 3 TKG a. F. sollte der auf das Allgemeininteresse fallende Anteil beitragsmindernd zu berücksichtigen sein.[842] Es handelte sich jedoch nicht um einen Beitrag im abgabenrechtlichen Sinne, obwohl diese Abgabe als „Beitrag“ bezeichnet wurde.[843] Tatsächlich deutete aber viel darauf hin, den Beitrag gemäß § 144 TKG als Sonderabgabe einzuordnen, da er nicht als Gegenleistung für eine individuell veranlasste Amtshandlung, speziell zur Finanzierung der Regulierungsbehörde, erhoben wurde.[844]

In der ersten Gesetzesbegründung zum TKG bejahte der Gesetzgeber die Gruppennützigkeit der Abgabe.[845] In einer weiteren Gesetzesbegründung war jedoch die Beitragserhebung mit massiven Rechtsunsicherheiten verbunden; diesbezüglich sei es insbesondere zweifelhaft, „welche individuell zurechenbaren Beitragsleistungen von welchen Marktteilnehmern erhoben werden können“.[846] Es wurde bereits von Seiten der Wirtschaft und der Verbände zur Verfassungsmäßigkeit der Regelung dahingehed Stellung bezogen, dass der Aufwand der Regulierungstätigkeit als Gemeinwohlaufgabe steuerfinanziert werden müsse.[847] In der Literatur wurde auch dementsprechend vorgebracht, dass der Beitrag die verfassungsrechtlichen Anforderungen nicht erfülle; es fehle an einem besonderen Sachzweck, einer Gruppenhomogenität und einer gruppennützigen Verwendung des Aufkommens.[848]

---

841 Vgl. RegEntwurf eines ersten Gesetzes zur Änderung des TKG, BT-Drs, 16/10731, S. 12.

842 Begründung zum Entwurf eines Telekommunikationsgesetzes(TKG), BT-Drs, 15/2316, S. 105.

843 m.w.Nachw. bei *Yoo*, Umlagefinanzierte Regulierung, S. 73.

844 *Roth*, MMR 2005, S. 424 (425 ff.); *Mückl*, DÖV 2006, S. 797 (800 ff.); demgegenüber steht *Heyle*, die Erhebung von Vorzugslasten durch die Wirtschaftsaufsichts- und Regulierungsbehörden, S. 175; *ders*, MMR 2007, S. 159 (164).

845 Begründung zum Entwurf eines Telekommunikationsgesetzes (TKG), BT-Drs, 15/2316, S. 105.

846 Begründung zum Entwurf eines Ersten Gesetzes zur Änderung des TKG, BT-Drs, 16/10731, S. 12.

847 Vgl. *Schmitt/Ruge*, RdE 2006, S. 285 (291).

848 Ausführlicher dazu siehe *Roth*, MMR 2005, S. 424 (427 ff.); *Mückl*, DÖV 2006, S. 797 (802 ff.); dagegen *Eichhorn*, Die Finanzierung staatlicher Regulierung durch die Regulierten, S. 227 ff.

Mit Inkrafttreten des ersten Gesetzes zur Änderung des Telekommunikationsgesetzes ist daher die Regelung des § 144 TKG a. F. nunmehr ersatzlos aufgehoben worden.[849]

b) Der Bereich nach dem Gesetz über die Elektrizitäts- und Gasversorgung

Gemäß § 91 EnWG sind im Anwendungsbereich des EnWG Gebühren und Auslagen für bestimmte Amtshandlungen zu erheben. Nach § 91 Abs. 8 EnWG wird das Bundesministerium für Wirtschaft und Technologie ermächtigt, die Gebührentatbestände näher zu bestimmen.[850] In Anlehnung an § 144 TKG a. F. war in § 92 EnWG a. F. ein Finanzierungssystem vorgesehen, das diejenigen Kosten regelt, die mangels konkretindividueller Kostenäquivalente nicht durch finanzielle Abgaben gedeckt werden konnten; § 92 Abs. 2 EnWG sah vor, dass diese Kosten anteilig auf die beitragspflichtigen Marktteilnehmer nach Maßgabe ihrer Umsätze umgelegt wurden und von der Bundesnetzagentur zur Finanzierung der behördlichen Aktivitäten als Jahresbeiträge zu entrichten waren. Nach § 92 Abs. 1 S. 3 EnWG a. F. war, wie auch im Telekommunikationsrecht, ein dem Allgemeininteresse dienender Anteil beitragsmindernd zu berücksichtigen.

Zudem war in § 92 EnWG a. F., ebenfalls wie im Telekommunikationsrecht, eine Beteiligung der Regulierungsunterworfenen an den Kosten der allgemeinen Regulierungstätigkeit vorgesehen. Zwar verwendete der Gesetzgeber den Terminus „Beitrag".[851] Rechtstechnisch gesehen handelte es sich dabei jedoch aufgrund des materiell-rechtlichen Gehalts nicht um einen Beitrag im Sinne des Finanzverfassungsrechts, weil den belasteten Unternehmen keine Gegenleistung der Behörde zukam. Vielmehr lag hier eine nichtsteuerliche Sonderabgabe mit finanzierungsrechtlichem Charakter vor, die allen anderen Marktteilnehmern, nicht jedoch den belasteten Netzbetreibern, diente.[852] Die Beitragspflicht stellte auch keine Steuer i.S.d. Art. 105 GG dar, da das Beitragsaufkommen nicht zur

849 Vorschrift aufgehoben durch das Erste Gesetz zur Änderung des Telekommunikationsgesetzes und des Gesetzes über die elektromagnetische Verträglichkeit von Betriebsmitteln vom 29.07.2009 (BGBl. I S. 2409).

850 Mit Erlass der EnWGKostV (Energiewirtschaftskostenverordnung vom 14. März 2006) hat das Bundesministerium von dieser Verordnungsermächtigung Gebrauch gemacht.

851 Der EnWG-Gesetzgeber versuchte dem Verdikt der Verfassungswidrigkeit durch die Titulierung als Beitrag zu entgehen, m.w.Nachw. siehe bei *Burgi*, DVBl. 2006, S. 269 (276).

852 *Schmitt/Ruge*, RdE 2006, S. 285 (288 f.); *Burgi*, DVBl. 2006, S. 269 (276 f.).

Deckung des allgemeinen Finanzierungsbedarfs des Gemeinwesens diente, sondern zur Finanzierung der Tätigkeit der Bundesnetzagentur auf dem Energiemarkt, also zu einem spezifischen Finanzierungszweck.[853]

Gegen die Beitragsfinanzierung gab es erhebliche ordnungspolitische und rechtsstaatliche Bedenken. Die Vereinbarkeit der Vorschrift mit den europa- und verfassungsrechtlichen Vorgaben war bereits von Beginn an im Gesetzgebungsverfahren umstritten. Wesentlicher Kritikpunkt war, dass der Beitrag nach § 92 EnWG nicht an bestimmte Handlungen der Regulierungsbehörde gebunden sei. Es handle sich um eine Leistung ohne Gegenleistung und es sei nicht erkennbar, inwiefern die Regulierungsbehörde den betroffenen Unternehmen Vorteile biete, die eine solche Finanzierungsform rechtfertigten könnten.[854]

Darüber hinaus wurde bezweifelt, ob die Unabhängigkeit der Regulierungsbehörde gewährleistet sei, weil die Behörde abhängig von Zahlungen der beaufsichtigten Versorgungsunternehmen war.[855] Der Bundesrat vertrat die Auffassung, dass die Finanzierung der Behörde deshalb aus Mitteln des öffentlichen Haushalts zu bestreiten sei und nicht durch eine Beitragsfinanzierung.[856] Der Bundesrat war alles in allem bereits im Gesetzgebungsverfahren der Meinung, dass die Vorschrift ersatzlos zu streichen und anstelle der Umlagefinanzierung eine Gebührenfinanzierung zu fordern sei.[857] Des Weiteren stellte die nichtsteuerliche Abgabe gemäß 92 EnWG a. F. einen nicht zu rechtfertigenden Eingriff in die Berufsausübungsfreiheit dar.[858] Wendet man die Voraussetzungen der Sonderabgaben auf die Regelung des § 92 EnWG a. F. an, so ist festzustellen, dass bei der in § 92 EnWG vorgesehenen Kostenerstattungspflicht die notwendige spezifische Sachnähe, die gruppennützige Verwendung und ein über die bloße Mittelbeschaffung hinausgehender

853 m.w.Nachw. zur Klassifizierung des § 92 EnWG als Sonderabgabe siehe *Schmitt/Ruge*, RdE 2006, S. 285 (287 ff.).

854 Stellungnahme des Bundesrates v. 24. 9. 2004 zum Entwurf eines Zweiten Gesetzes zur Neuregelung des Energiewirtschaftsrechts, BT-Drs. 15/3917, S. 94.

855 Stellungnahme des Bundesrates v. 24. 9. 2004 zum Entwurf eines Zweiten Gesetzes zur Neuregelung des Energiewirtschaftsrechts, BT-Drs. 15/3917, S. 94: „Zudem ist davon auszugehen, dass die Netzbetreiber die Kosten der Beitragsfinanzierung auf die Kunden umlegen und daher die Preise für die Netznutzung und die Elektrizitätsversorgung steigen."

856 Stellungnahme des Bundesrates v. 24. 9. 2004 zum Entwurf eines Zweiten Gesetzes zur Neuregelung des Energiewirtschaftsrechts, BT-Drs. 15/3917, S. 94.

857 Stellungnahme des Bundesrates v. 24. 9. 2004 zum Entwurf eines Zweiten Gesetzes zur Neuregelung des Energiewirtschaftsrechts, BT-Drs. 15/3917, S. 85, 94.

858 Vertiefend dazu *Burgi*, DVBl. 2006, S. 269 (276 f.).

spezifischer Zweck der Abgabe nicht vorlagen.[859] Maßgeblich für die Bewertung der Verfassungsmäßigkeit der Vorschrift des § 92 EnWG a. F. dürfte die Frage der Gruppennützigkeit sein. Die Sonderabgabe des § 92 EnWG diente nicht den Belasteten, sondern ausschließlich anderen Marktteilnehmern und der Allgemeinheit. Deshalb ließ sich die Kostenerstattungspflicht gemäß § 92 EnWG a. F. nicht als Sonderabgabe qualifizieren. Die Regelung des § 92 EnWG ist aus diesen Gründen nunmehr weggefallen.[860] Neben den oben dargestellten Vorzugslasten sollte sich die Bundesnetzagentur daher außerdem auf Zuschüsse aus dem Bundeshaushalt stützen.[861]

c) Zwischenergebnis

Die Gesetzesbegründung zu den Parallelvorschriften des TKG und des EnWG verweist darauf, dass es auch in anderen Bereichen üblich ist, die Aufsichtskosten auf die an den betreffenden Märkten tätigen Unternehmen zu überwälzen und dass diese Finanzierungsmodelle in den Mitgliedsstaaten der Europäischen Union weit verbreitet sind.[862] So kam insbesondere der Sonderabgabe im Fall des § 92 EnWG a. F. oder des § 144 TKG a.F. ausschließlich die Funktion der Finanzierung der behördlichen Tätigkeiten zu, sofern diese nicht durch Steuern oder Gebühren gedeckt waren. Das Finanzierungsmodell des § 92 EnWG bzw. des § 144 TKG war als Sonderabgabe mit Finanzierungszweck finanzverfassungsrechtlich gerechtfertigt. Dies ist jedoch erheblichen Unsicherheiten ausgesetzt, weil es seit der Einführung des Umlagefinanzierungsmodells in das Telekommunikationsrecht und in die Energiewirtschaft an der Finanzierungsverantwortung und der mit der Abgabenerhebung einhergehenden Entlastung mangelt.[863] Diese Vorschriften erfüllten jedoch nicht die Anforderungen, die

859 Ausführlicher dazu siehe *Schmitt/Ruge*, RdE 2006, S. 285 (288 ff.); *Manssen*, DÖV 2012, S. 499 ff.; *Raabe*, NJW 2000, S. 1298 (1299 ff.); vgl. *Burgi*, DVBl. 2006, S. 269 (277); *Gröpl*, DÖV 2001, S. 199 (204 ff).; ferner *Koenig*, NVwZ 2001, S. 769 ff.; *Arndt*, RdE 1995, S. 41 ff.

860 Vorschrift aufgehoben durch das Gesetz zur Neuregelung energiewirtschaftsrechtlicher Vorschriften vom 26.07.2011 (BGBl. I S. 1554).

861 m.w.Nachw siehe bei *Eichhorn*, Die Finanzierung staatlicher Regulierung durch die Regulierten, S. 37 ff.

862 Begründung zum Entwurf eines zweiten Gesetzes zur Neuregelung des Energiewirtschaftsrechts, BT-Drs. 15/3917, S. 72; Begründung zum Entwurf eines Telekom munikationsgesetzes(TKG), BT-Drs, 15/2316, S. 105.

863 Vgl. Stellungnahme des Bundesrates v. 19. 12. 2003 zu § 143 TKG-E, Anlage 2 zur Gesetzesbegründung des TKG, BT-Drs. 15/2316, S. 127; Stellungnahme des

an die Erhebung von Sonderabgaben gestellt werden; insbesondere lagen eine gruppennützige Verwendung und ein über die bloße Mittelbeschaffung hinausgehender spezifischer Zweck der Abgabe nicht vor.[864] Berücksichtigt man zudem die Normen des 92 EnWG a. F. oder des § 144 TKG, so liegt es nahe, einen Blick auf die Verfassungsmäßigkeit der Umlage der BaFin zu werfen; denn der Tätigkeitsbereich der BaFin scheint mit dem der soeben dargestellten Regulierungsbehörde vergleichbar zu sein. Ähnlich wie in den Fällen des 92 EnWG a. F. oder des § 144 TKG a. F. sind verfassungsrechtliche Anforderungen bei der Umlage gemäß § 16 FinDAG nicht erkennbar.

9. Die Bedeutung der Öffentlichkeitsklausel des § 4 Abs. 4 FinDAG

Dem öffentlichen Interesse liegt die Vorstellung zugrunde, „Bestand und Sicherheit von Staat und Gemeinwesen zu erhalten".[865] „Die Bundesanstalt nimmt ihre Aufgaben und Befugnisse nur *im öffentlichen Interesse* wahr (Art. 4 Abs. 4 FinDAG)."[866] Aus diesem Grund erfüllt die BaFin ihre Aufgaben auch nicht im Individual-, sondern im öffentlichen Interesse.[867] Diese Hinweise sprechen gerade auch dafür, dass das Handeln im öffentlichen Interesse zum einen die Grundlage und zum anderen die Grenze der Tätigkeiten darstellt.[868] Daraus ergibt sich nicht zuletzt die Tatsache, dass die Handlungen der BaFin - unter Berücksichtigung der verfassungsrechtlichen Grenzen - durch das öffentliche Interesse gerechtfertigt werden können.[869]

Bundesrates v. 24. 09. 2004 zu § 92 Abs. 1 EnWG-E, Anlage 2 zur Gesetzesbegründung des EnWG, BT-Drs. 15/3917, S. 94.

864 *Schmitt/Ruge*, RdE 2006, S. 285 (291 f.); dagegen *Eichhorn*, Die Finanzierung staatlicher Regulierung durch die Regulierten, S. 227.

865 In diesem Zusammenhang *Rossen-Stadtfeld*, Beteiligung, Partizipation und Öffentlichkeit, § 29 Rdnr. 56; m.w.N zum „öffentlichen Interesse" siehe auch *Häberle*, Öffentliches Interesse als juristisches Problem, S. 17 ff.

866 Diese Anforderungen haben auch ihren Niederschlag in § 6 Abs. 4 KWG, § 4 Abs. 2 WpÜG und § 81 I 3 VAG gefunden.

867 In diesem Zusammenhang *Ohler*, Bankenaufsichtsrecht, § 32 Rdnr. 10; *Gramlich*, Die rechtswissenschaftliche Sicht, S. 358; vgl. dazu auch *Di Fabio*, JZ 1999, S. 585 (586); *Uerpmann*, Das öffentliche Interesse, S. 32; ferner *Werheit*, Die Bundesanstalt für Finanzdienstleistungsaufsicht, S. 64; die meisten wirtschaftsaufsichtsrechtlichen Normkomplexe haben Klauseln, nach denen die Aufsichtsämter ihre Aufgaben lediglich im öffentlichen Interesse ausführen.

868 Vgl. etwa *Schulze-Fieltz*, Grundmodi der Aufgabenwahrnehmung, § 12 Rdnr. 20; ferner *Schuppert*, GewArch 2004, S. 441 f.

869 Vgl. *Ewald*, Privatisierung staatlicher Aufgaben, S. 49.

Was aus dieser Klausel hervorgeht, ist letztendlich eine Schutzfunktion für die Rechtsgüter der gesamten Wirtschaft, um einen integrierten Markt und ein stabiles Finanzsystem aufrechtzuerhalten.[870] Insbesondere gibt es im Aufsichtsrecht Normen, die an Institute, Unternehmen und zuständige Behörden im Über- und Unterordnungsverhältnis gerichtet sind.[871] Daher haben die von der BaFin erfüllten Aufgaben, im Gegensatz zum Privatrecht, eine öffentlich-rechtliche Grundlage, d.h., sie liegen im öffentlichen Interesse.[872]

Bei näherer Betrachtung gehen mit der Beschränkung auf das öffentliche Interesse diverse Fragen einher: Zum einen kann die Frage gestellt werden, ob die Klausel nur eine bloße Deklaration ist,[873] denn die Anstalten müssen bei der Erfüllung ihrer Aufgaben öffentlichem Interesse dienen.[874] Darüber hinaus bleibt auch fraglich, ob die Aufgaben und die Befugnisse der BaFin tatsächlich im öffentlichen Interesse wahrgenommen werden, da nach dem herrschenden Prinzip der Wirtschaftsaufsicht ein privates Interesse gerade nicht verfolgt werden darf.

An dieser Stelle könnte die Frage gestellt werden, ob die Finanzmarktaufsichtsbehörde nicht gänzlich in privatrechtliche Formen umgewandelt werden kann. Diesbezüglich lässt sich die von der BaFin wahrgenommene Aufgabe im Wesentlichen als eine öffentliche – da weitgehend staatliche – Aufgabe betrachten.[875] Dieser Frage liegt die Vorstellung zugrunde, dass staatliche (Ordnungs) Aufgaben von der der staatlichen Rechtsaufsicht unterliegenden besonderen technokratischen Eigenregie einer Verwaltungs- organisation wahrgenommen

---

870 Vgl. *Miletzki*, ZKW 2000, S. 174 (175).

871 Siehe dazu *Werheit,* Die Bundesanstalt für Finanzdienstleistungsaufsicht, S. 66.

872 Dies entspricht auch der Tendenz des europäischen Rechts, m.w.N dazu *Schwennicke/ Habetha,* Kommentar zum KWG, § 6 Rdnr. 34; *Dreyling,* Kommentar zum WpHG, § 4 Rdnr. 22.

873 Vgl. *Huber*, Überwachung, § 45 Rdnr. 14.

874 Vgl. *Maurer*, Allgemeines Verwaltungsrecht, § 23 Rdnr. 47; weiterführend *Schulze-Fielitz*, Grundmodi der Aufgabenwahrnehmung, § 12 Rdnr. 20; *Pieper*, Aufsicht, S. 354.

875 Vgl. *Ewald*, Privatisierung staatlicher Aufgaben, S. 23; *Huber*, Überwachung, § 45 Rdnr. 41; *Di Fabio*, JZ 1999, S. 585 (586 f.); *Kulas,* Privatisierung hoheitlicher Verwaltung, S. 34 f; ferner dazu *Uerpmann*, Das öffentliche Interesse, S. 32 f.; die einheitliche Abgrenzung zwischen öffentlichen und staatlichen Aufgaben – weitgehend Verwaltungsaufgaben – ist bis heute ungelöst. Somit kann im Rahmen dieser Arbeit darauf verzichtet werden zu klären, ob die von der BaFin wahrgenommene Aufgabe unter die öffentlichen oder staatlichen Aufgaben fällt.

werden, nicht jedoch privaten Interessenten übertragen werden sollten.[876] Auch wenn die Erfüllung der Aufgaben der BaFin zweifellos im öffentlichen Interesse liegt, wird damit nicht zwingend vorausgesetzt, dass diese Aufgaben unbedingt vom Staat wahrgenommen werden.[877] Daher kann die Schlussfolgerung, dass aus dieser Öffentlichkeitsklausel auch auf den (staatlichen) Charakter der Aufgaben der BaFin geschlossen werden kann, hier nicht gezogen werden.

Klärungsbedürftig bleibt jedoch, ob aus der Öffentlichkeitsklausel des § 4 Abs. 4 FinDAG ein Rechtsschutz Drittbetroffener ausgeschlossen werden kann.[878] Ferner stellt sich die Folgefrage, ob damit auch ein Ausschluss von Amtshaftungsansprüchen, die bei pflichtwidrigen und schuldhaften amtlichen Handlungen oder Unterlassungen möglich sind, einhergeht.[879] „Aufsicht im öffentlichen Interesse" weist aber auf kein bestimmtes Ziel hin. Vielmehr stellt der Begriff des öffentlichen Interesses „die Motivation zur Einrichtung der spezifischen Aufsichtsregime" dar; diese Motivation ist mit dem Systemschutz verbunden.[880]

In diesem Zusammenhang kommt es entscheidend darauf an, ob die Öffentlichkeitsklausel die gemeinsamen Lasten zur Finanzierung des Schutzes des Finanzmarktaufsichtssystems einschließt. Die eingangs erwähnte Frage, ob die gesamten

876 Siehe dazu *Wendt*, NWVBL 1987, S. 33 (38).

877 m.w.N dazu *Uerpmann*, Das öffentliche Interesse, S. 32 f.

878 *Manssen*, Privatrechtsgestaltung durch Hoheitsakt, S. 14: „Es geht um die Interessen der Gesamtheit der Versicherten, nicht jedes einzelnen Versicherten"; auch *Michael*, Versicherungsaufsichtsrecht, § 33 Rdnr. 7; vgl. ferner zum fehlenden subjektivrechtlichen Status *Stober*, Wirtschaftsaufsicht und Bankenaufsicht, S. 35; „nicht drittschützend", *Ohler*, Bankenaufsichtsrecht, § 32 Rdnr. 14; die Finanzmarktaufsicht wird nur im öffentlichen Interesse wahrgenommen, berechtigt also nicht dazu, die Interessen der Beaufsichtigten an deren Stelle wahrzunehmen und auf alle Wünsche der Beaufsichtigten oder der Bevölkerung einzugehen (vgl. dazu *Erlers*, Ziele der Wirtschaftsaufsicht, S. 53); *Eichhorn*, Die Finanzierung staatlicher Regulierung durch die Regulierten, S. 261.

879 *Werheit*, Die Bundesanstalt für Finanzdienstleistungsaufsicht, S. 69; *Schwirten* in Boos/Fischer/Schulte-Mattler (Hrsg.), § 4 Rdnr. 8; *Spindler*, Informationsfreiheit und Finanzmarktaufsicht, S. 50; vgl. *Schwennicke/ Habetha*, Kommentar zum KWG, § 6 Rdnr. 32 ff.; *Cahn*, ZHR 2003, S. 284 ff.; *Dreyling*, Kommentar zum WpHG, § 4 Rdnr. 22; *Ohler*, Bankenaufsichtsrecht, § 32 Rdnr. 14; *Pieper*, Aufsicht, S. 171; ausführlicher dazu siehe, *Benighaus*, Staatshaftung für fehlerhafte Aufsicht im Bereich des Kapitalmarkts, S. 146 f.; auf diese Frage kann und braucht aber im Rahmen dieser Untersuchung nicht eingegangen zu werden.

880 *Pieper*, Aufsicht, S. 171, 200.

Kosten der BaFin durch die beaufsichtigten Unternehmen finanziert werden dürfen, ist hier zu stellen, da die Aufsicht im öffentlichen Interesse liegt[881] und die Anstalt ihre Aufgaben für und im Interesse der Allgemeinheit erledigt.[882] Die Öffentlichkeitsklausel des § 4 Abs. 4 FinDAG spricht davon, dass die Bundesanstalt nicht auf die Gewährung individueller Vorteile zielt.[883] Dies würde zunächst bedeuten, dass die von der BaFin zu erfüllenden Aufgaben nur dem besonderen Interesse der Allgemeinheit dienen.[884] Wenn dies zu bejahen sein sollte, würde dies ebenfalls dafür sprechen, dass die Kosten der BaFin aus dem allgemeinen Steueraufkommen finanziert werden müssten.[885] Diese Schlussfolgerung stützt sich darauf, dass die Wirtschaftsaufsicht primär eine klassische Staatsaufgabe und keine besondere Gruppenaufgabe ist.[886] Auch kann die Tatsache, dass der Verfassungsgesetzgeber in Art. 74f Abs. 1 Nr. 11 GG eine Gesetzgebungskompetenz auf dem Gebiet des Rechts der Wirtschaft normierte, als Grund dafür angeführt werden, dass das Recht der Wirtschaft als eine Staatsaufgabe zu verstehen ist.[887] Daher ist die Aufsicht über die Wirtschaft eine Staatsaufgabe.[888] Hinzu kommt die Tatsache, dass die soziale Verantwortung des Staates als Sinn und Zweck der Wirtschaftsaufsicht anzusehen ist.[889] Aufgrund der Öffentlichkeitsklausel dienen die Aufgaben der BaFin aber nicht primär den subjektiven Interessen der Aufsichtspflichtigen,[890] sondern in erster Linie dem Schutz der Einleger, der Versicherten oder anderer Kunden vor Gefahren und Missständen.

Es ist aber auch zu betonen, dass dies, auch wenn die Aufgabe der Aufsicht über die Wirtschaft dem Staat zugewiesen ist, nicht bedeutet, dass ihre Finanzierung

---

881 Ausführlicher dazu *Fricke*, NversZ 2002, S. 337 (343); auch *Gramlich*, Die rechtswissenschaftliche Sicht, S. 358 f.; *Krammig*, WM 2004, S. 1657 (1664); vgl. dazu *Kollhosser*, in: Prölss (Hrsg.), § 101 Rdnr. 8.

882 Vgl. *Schlüter*, Behörde und Anstalt, S. 70.

883 *Ehlers/Achelpöhler*, NVwZ 1993, S. 1025 (1028).

884 *Werheit*, Die Bundesanstalt für Finanzdienstleistungsaufsicht, S. 64.

885 „Zur Vermeidung einer gebührenrechtlichen Aushebelung der Finanzverfassung des Grundgesetzes müßte insofern das Prinzip der speziellen Entgeltlichkeit zum Tragen kommen", m.w.N siehe *Präve*, VW 1995, S. 1004.

886 *Ehlers/Achelpöhler*, NVwZ 1993, S. 1025 (1029).

887 Zum Recht der Wirtschaft gehören nicht nur die Organisation der Wirtschaft, Wirtschaftszweige und wirtschaftenden Personen, sondern auch die Steuerung und Lenkung des Wirtschaftslebens insgesamt; *Yoo*, Umlagefinanzierte Regulierung, S. 130.

888 *Yoo*, Umlagefinanzierte Regulierung, S. 130.

889 Vgl. Art. 20 Abs. 1 GG; *Kaulbach /Pohlmann*, Kommentar zum VAG, vor § 1 Rdnr. 1.

890 *Yoo*, Umlagefinanzierte Regulierung, S. 88.

nur durch den Staat bestritten werden darf. Es gibt keinen verfassungsrechtlichen Grundsatz, der ausdrücklich bestimmt, dass alle Amtshandlungen ausschließlich nur im öffentlichen Interesse erfolgen und abgabenfrei sein müssen.[891] In Anlehnung daran ist zusammenfassend hervorzuheben, dass die Tatsache, dass sich der Staat dem Sozialstaatsprinzip und den grundrechtlichen Schutzpflichten entsprechend mit der Aufsicht an der Aufgabenwahrnehmung beteiligt und dadurch Verantwortung übernimmt, nicht zwingend bedeutet, dass er die Kosten dafür aus Steuermitteln zu tragen hätte.[892]

Darüber hinaus ist nicht klar, wer das Subjekt der Öffentlichkeit ist und welches Interesse tatsächlich das in § 4 Abs. 4 FinDAG geregelte „öffentliche Interesse" ist.[893] Die Privatrechtssubjekte können auch im öffentlichen Interesse ihre Aufgaben wahrnehmen, auch wenn dies allerdings mit der bloßen Rechtspflicht im öffentlichen Recht einhergeht.[894] Die Wahrnehmung der Aufsicht im öffentlichen Interesse schließt es nicht aus, eine Sachverantwortung der Beaufsichtigten anzunehmen und sie zur Aufbringen der entstehenden Kosten heranzuziehen.[895] Die Vorschrift des § 4 Abs. 4 FinDAG bedeutet vornehmlich nur, dass jedenfalls den Beaufsichtigten gegenüber keine Amtspflichten bestehen. Zugleich ergibt sich aus Art. 4 Abs. 4 FinDAG nicht, dass die Kosten der der BaFin zur Bewältigung übertragenen Aufgaben ausschließlich vom Staat zu tragen sind; die Bestimmung regelt nicht, wer als Kostenträger in Betracht kommt. Daher lässt sich aus dieser Vorschrift für sich genommen noch nicht zwingend schlussfolgern, dass die von der Aufsicht wahrzunehmende Aufgabe eine Gemeinlast darstellt.[896]

Damit ist jedoch umgekehrt noch keine Aussage über den Ausschluss der Gemeinlast getroffen. „Da eine 100%ige Sachverantwortung der Privaten für die zu finanzierende Staatsaufgabe in der Regel auszuschließen ist, könnte man daraus schließen, dass per definitionem ein das Allgemeininteresse treffender

---

891 Vgl. m.w.N. BVerfG DÖV 1992, S. 265, 266; NJW 1973, S. 725, 726; auch *Präve*, VW 1995, S. 1004 (1006).

892 *Pieper*, Aufsicht, S. 469.

893 Vgl. *Di Fabio*, JZ 1999, S. 585 (586).

894 Vgl. *Schulze-Fieltz*, Grundmodi der Aufgabenwahrnehmung, § 12 Rdnr. 21 (156); *Rossen-Stadtfeld*, Beteiligung, Partizipation und Öffentlichkeit, § 29 Rdnr. 60; *Huber*, Überwachung, § 45 Rdnr. 149; *Di Fabio*, JZ 1999, S. 57 (587); auch wenn z.B. der IASB eine privatrechtliche Einrichtung ist, sollen seine Mitglieder im öffentlichen Interesse tätig werden (m.w.N. dazu siehe *Ohler*, EuZW 2006, S. 679 f.).

895 Vgl. *Ehlers/Achelpöhler*, NVwZ 1993, S. 1025 (1028); vgl. *Präve*, VW 1995, S. 1004 (1006).

896 Vgl. dazu *Präve*, VW 1995, S. 1004 (1006).

Kostenanteil verbleibt."[897] Die Aufsichtskosten dürfen nicht vollständig auf die Beaufsichtigten abgewälzt werden, da die Aufsicht vorrangig dem Wohl der Allgemeinheit dient.[898] Eine Rechtfertigung für die vollständige Kostenüberwälzung auf die beaufsichtigten Marktteilnehmer ist nicht gegeben, weil die Aufgaben der BaFin gem. § 4 Abs. 4 FinDAG nur im öffentlichen Interesse erfüllt werden.[899]

Dies könnte zur Folge haben, dass aus dieser Vorschrift für sich genommen zumindest teilweise eine Finanzierung aus öffentlichen Mitteln erfolgt. Nach den Angaben in der Begründung des Regierungsentwurfes sei diese Schlussfolgerung nicht überzeugend, da eine solche Förderung notwenige Voraussetzung jeder staatlichen Aktivität, auch einer solchen des Gesetzgebers in Bezug auf Sonderabgaben sei[900] und in einem vergleichbaren Fall, in dem es um die Erstattung der Kosten der Börsenaufsichtsbehörden ging, ein Bundesland in einer länderspezifischen Kostenregelung bereits auch eine 100%-Erstattung vorgesehen habe.[901] Der Fall der Börsenaufsichtsbehörden hat leider für die Beurteilung der verfassungsrechtlichen Zulässigkeit von § 16 FinDAG keine maßgebliche juristische Bedeutung.

Bemerkenswert ist unter Gesetzgebungsgesichtspunkten dabei auch, dass „die gesamtwirtschaftliche Ausrichtung der Aufsicht"[902] „zum Schutz der Effizienz, Integrität und Funktionsfähigkeit der Finanzmärkte" beiträgt.[903] Die BaFin übt ihre Aufgaben aus, wie erwähnt, um den dem Finanzmarkt immanenten Missständen entgegenzuwirken. Dadurch dient sie letztendlich der Ausgestaltung der Funktionsfähigkeit des Markts, d. h. dem öffentlichen Interesse.[904] Die Sicherstellung der Funktionsfähigkeit des Finanzsystems ist eine Sache der Allgemeinheit

---

897 *Eichhorn*, Die Finanzierung staatlicher Regulierung durch die Regulierten, S. 269.

898 Darüber hat das BVerwG in seiner Entscheidung zur Umlage gem. § 51 KWG vom 13. September 2005 festgestellt, BVerwG JZ 2007, S. 446 (469).

899 Siehe dazu *Ehlers/Achelpöhler*, NVwZ 1993, S. 1025 ff.

900 BVerfG, NVwZ 2010, S. 35 (35).

901 Gegenäußerung der Bundesregierung zu der Stellungnahme des Bundesrates, BR-Drs, 14/7088, S. 2: „In einem vergleichbaren Fall, nämlich der Erstattung der Kosten der Börsenaufsichtsbehörden, sieht ein Bundesland in einer länderspezifischen Kostenregelung bereits auch eine 100%-Erstattung vor."

902 *Schäfer,* Bankenaufsichtsrecht in Deutschland, dem Vereinigten Königreich und den Vereinigten Staaten, S. 161.

903 Vgl. dazu *Augsberg,* Wertpapieraufsicht, § 34 Rdnr. 8; ferner *Kaulbach/Pohlmann*, Kommentar zum VAG, vor § 1 Rdnr. 5.

904 Vgl. *Halfpap,* Kapitalmarktaufsicht in Europa und den USA, S. 23; ferner siehe auch *Michael,* Versicherungsaufsichtsrecht, § 33 Rdnr. 7.

und somit aus dem Gesamthaushalt, also im Prinzip aus Steuermitteln zu bestreiten. Daher wäre in diesem Zusammenhang von einer zumindest teilweisen Beteiligung des Steuerzahlers an der Finanzierung der BaFin zu sprechen.[905] Alles in allem sind die staatlichen Aufgaben im Wege der gemeinnützige Abgaben zu finanzieren. Die Erhebung einer gemeinnützigen Last in Form einer atypischen Sonderabgabe ist dem GG jedoch fremd. Die Erfüllung einer vorrangig gemeinnützigen Aufgabe ist vielmehr durch Steuermittel zu finanzieren.[906]

10. Zwischenergebnis

Zur Erfüllung der Staatsaufgaben benötigt es immer neue Arten der Abgaben; die neue Abgabenform der „Umlage" gehört dazu. Gegen diese Umlagefinanzierung bestehen grundsätzlich keine rechtlichen Bedenken, nur bestehen Unsicherheiten darüber, wie die Kostenumlage dogmatisch einzuordnen ist.[907] Ungeachtet der im Einzelnen höchst umstrittenen rechtlichen Qualifikation als Gebühr, Beitrag, Umlage oder Sonderabgabe wird dieses Finanzierungsmodell verstärkt angewendet und seine Verfassungsmäßigkeit von Aufsichtsbehörden im Ergebnis überwiegend bejaht.[908] Jedoch bestehen im Hinblick auf die Umlageerhebung der BaFin verfassungsrechtliche Bedenken.

Die in § 16 FinDAG normierte Umlage dient dazu, die nicht von den Gebühren abgedeckten Kosten der BaFin auszugleichen. In der bisherigen Untersuchung hat sich jedoch gezeigt, dass die Umlage, entgegen der Gesetzesbezeichnung, als eine nichtsteuerliche Sonderabgabe mit Finanzierungscharakter einzuordnen ist und damit den verfassungsrechtlichen Anforderungen nicht genügt. Andere rechtlich verbindliche Finanzierungsinstrumente wie Gebühren und Beiträge werden nicht berücksichtigt, denn die BaFin erbringt keine Leistungen gegenüber den Einzelnen, sondern dient nur dem öffentlichen Interesse. Die Umlage wird aus der reinen finanziellen Notwendigkeit heraus zur Finanzierung der kostspieligen Tätigkeiten der BaFin verwendet; sie wird erhoben, um neue Geldquellen für die Bundesanstalt zu erschließen.

Diesbezüglich hat im Jahr 2009 das BVerfG entschieden, dass die Umlage nach § 16 FinDAG weder eine Steuer noch eine Gebühr, auch kein Beitrag oder

---

905 m.w.N siehe *Bayer*, Die neue Bankenaufsichtsstruktur in Deutschland, S. 298.

906 Vgl. *Yoo*, Umlagefinanzierte Regulierung, S. 131: „Die Erfüllung einer gemeindienlichen Aufgabe ist vielmehr durch Mittel zu finanzieren, die von der Gemeinschaft aufzubringen sind."

907 *Döhmel*, Kommentar zum WpHG, vor § 3, Rdnr. 41.

908 *Roth*, MMR 2005, S. 424 f.

Ausgleichsabgabe sei, sondern eine steuerähnliche, voraussetzungslos erhobene Sonderabgabe mit Finanzierungsfunktion und für verfassungsmäßig angesehen werde.[909] In demselben Jahr hatte das Gericht solche Sonderabgaben mit Finanzierungsfunktion jedoch in anderen Fällen (Absatzfonds der Land- und Ernährungswirtschaft) für verfassungswidrig angesehen, da die besondere Finanzierungsverantwortung der abgabepflichtigen Wirtschaftskreise nicht erfüllt worden sei.[910] Das Gleiche hätte auch für den Fall der BaFin gelten sollen. Die Vorschrift des § 16 FinDAG, die die Erhebung einer Sonderabgabe regelt, erfüllt nicht die Anforderungen, die das BVerfG in ständiger Rechtsprechung an derartige Sonderabgaben stellt. Sie lässt sich auch nicht mit den den jeweiligen besonderen Wirtschaftssektoren eigenen Gegebenheiten rechtfertigen, weil hier die Elemente Sachverantwortung, gruppennützige Verwendung der Abgabe und ein über die bloße Mittelbeschaffung hinausgehender spezifischer Zweck der Abgabe fehlen.

„Da eine besondere Rechtfertigung aus Sachgründen umso weniger denkbar erscheint, je komplexer die Nutzen-/Lastenstrukturen und je intensiver die Verflechtungen von Individual- und Gemeinwohl sind", ist die Finanzierung in Form der Umlage im Aufsichtsbereich in besonderem Maße unzweckmäßig.[911] Obgleich der Gedanke angesichts öffentlicher Finanzknappheit nachvollziehbar ist, muss es vor dem Hintergrund der rechtlichen Bedenken vermieden werden, dass sich die originären staatlichen Aufgaben durch den weiten Einnahme- und Ausgabenkreislauf außerhalb des Budgets finanzieren lassen.[912]

Wie soeben erwähnt besteht das finanzverfassungsrechtliche Problem der Umlage fort, d. h., dass die Verwendung der Umlage mit erheblichen Zweifeln in Bezug auf die Rechtmäßigkeit der Anforderungen an Sonderabgaben mit Finanzierungsfunktion behaftet ist.[913] Nach Maßgabe der streng auszulegenden Voraussetzungen der Sonderabgaben mit Finanzierungsfunktion ist die Umlage nach § 16 FinDAG keine zulässige Sonderabgabe.[914]

Das Umlagesystem der BaFin birgt bei den Sonderabgaben die Gefahr, dass eine willkürlich gefasste Gruppe von Abgabenschuldnern zur Deckung einer

909 BVerfG, NVwZ 2010, S. 35 (35).
910 BVerfG, NVwZ 2010, S. 1030 (1031); NVwZ 2009, S. 641 (642).
911 *Burgi*, NJW-Editorial Heft 52 2005.
912 *Yoo*, Umlagefinanzierte Regulierung, S. 166.
913 So auch *Lindemann*, Kommentar zum KWG, § 16 FinDAG Rdnr. 68; vgl. *Fricke*, NversZ 2002, S. 337 (343).
914 Vgl. *Kube*, JZ 2007, S. 471 (472); *Mückel*, DÖV 2006, 802 f.

die Allgemeinheit betreffenden Last herangezogen wird.[915] Beim Umlagemodell besteht keine, durch einen Sachzweck legitimierte und über die bloße Mittelbeschaffung hinausgehende, wirtschaftlich gestaltende Einflussnahme. Die bestimmte beaufsichtigte Gruppe trägt keine Verantwortung, die Kosten der staatlichen Aufgabe „Finanzmarktaufsicht" zu finanzieren. Auch übersteigt das Interesse der Umlagepflichtigen an der Tätigkeit der BaFin – selbst wenn ihnen ein solches unterstellt wird – nicht die Interessen der Allgemeinheit. Die personelle und sachliche Ausstattung staatlicher Behörden ist primär eine staatliche Angelegenheit, nicht aber eine solche der von dieser Behörde beaufsichtigten Gruppe. Darüber hinaus scheint die Frage, ob die Umlage selbst eine eigenständige Abgabenkategorie begründen kann, vor dem Hintergrund der Schutzfunktionen der Finanzverfassung nicht nachvollziehbar zu sein.[916]

Die vollständige Finanzierung der staatlichen Aufsichtsbehörde über eine von den beaufsichtigten Gruppen zu begleichende Sonderabgabe ist grundsätzlich nicht zu rechtfertigen. Es wäre daher notwendig, dass sich der Staat durch eine abgabenmindernde Berücksichtigung des auf das Allgemeininteresse entfallenden Kostenanteils an der Umlage gem. § 16 FinDAG beteiligt. Allerdings bleibt dabei noch unklar, wie sich der für das Allgemeininteresse (einschließlich des Interesses seitens der Beaufsichtigten) relevante Anteil in rechtsstaatlich gebotener Eindeutigkeit von dem übrigen Teil abgrenzen lässt.[917] Bei der prozentualen Bezifferung des auf das Allgemeininteresse fallenden Kostenanteils verbleibt dem Abgabengesetzgeber freilich ein finanzverfassungsrechtlicher Beurteilungs- bzw. Pauschalisierungsspielraum.[918]

IV. Ergebnis

Im budgetären Bereich wird ein erheblicher Unterschied der BaFin zu den anderen Aufsichtsbehörden sichtbar. Danach zieht sich der Staat aus der Finanzierung der Aufsicht vollkommen zurück und erlegt die Kosten der BaFin, etwa im Bereich der Finanzmarktaufsicht, vollumfänglich dem Kreis der Beaufsichtigten auf; sie finanziert sich aus Gebühren, gesonderten Erstattungen und – sofern dies die Kosten nicht deckt – durch die Umlage der von ihr beaufsichtigten Institute und Unternehmen.

---

915 Vgl. *Simon*, DÖV 2001, S. 63 f.

916 *Yoo*, Umlagefinanzierte Regulierung, S. 167.

917 Vgl. *Eichhorn*, Die Finanzierung staatlicher Regulierung durch die Regulierten, S. 40.

918 *Eichhorn*, Die Finanzierung staatlicher Regulierung durch die Regulierten, S. 279.

Auch wenn es sich bei der BaFin unstreitig um eine weisungsgebundene Aufsichtsbehörde im Geschäftsbereich des Bundesministeriums der Finanzen handelt, war es erforderlich, sich durch eine 100%ig eigene Finanzierung vom Bundeshaushalt abzukoppeln und für die Aufstellung des Haushaltsplans einschließlich des Stellenplans selbst zuständig zu sein. Denn die Tatsache, auf den Bundeshaushalt angewiesen zu sein, erschwert die Rekrutierung von Angestellten auf einem Arbeitsmarkt mit verhältnismäßig hohem Vergütungsniveau. D.h., dass die vollständige Finanzierung der Aufsicht durch die beaufsichtigte Gruppe dazu beiträgt, finanzielle Engpässe, die durch die beständigen Sparanforderungen an die öffentlichen Haushalte hervorgerufen werden, zu überwinden und für eine ihren Aufgaben und Herausforderungen entsprechende adäquate Ausstattung zu sorgen.[919] Eine Finanzierung über den allgemeinen Haushalt stellt eine engere Einbindung in den institutionellen Rahmen der Gemeinschaft dar und kann damit keineswegs zu der von der BaFin verfolgten Unabhängigkeit führen.[920]

Das Finanzierungssystem der BaFin führt aber zumindest zu einer partiellen Unabhängigkeit von ministeriellem Einfluss. Ein wesentliches Element der Selbständigkeit der BaFin ist ihre Unabhängigkeit vom Bundesetat. Die Indikatoren der Unabhängigkeit der BaFin im budgetären Bereich sind etwa die eigenhändige Aufstellung eines eigenen Verwaltungshaushaltsplans (§ 12 FinDAG), die 100%ige Finanzierung ihrer Kosten (§ 13 FinDAG) und die Erhebung der Umlage (§ 16 FinDAG). Insbesondere kann die Unabhängigkeit der BaFin anhand der Erhebung der Umlage, die in der Praxis den größten Teil der Finanzierung der BaFin übernimmt, verwirklicht werden. Damit ist auch ein Grund erkennbar, warum zur Finanzierung der Aufsichtsbehörde die Abgabenform der Umlage gewählt wurde. Denn die Sonderabgabe wird in der Regel durch eine „schwarze Kasse" finanziert, die ein Organ der Exekutive besitzt und die keiner regelmäßigen parlamentarischen Anleitung und Kontrolle unterliegt.[921] Aufgrund des den Aufgaben der BaFin immanenten Prinzips, also die Autonomie und Unabhängigkeit der Aufsichtsbehörde zu gewährleisten, erfolgt die Kostendeckung durch eine autonome Finanzquelle. Damit wird deutlich, dass ein großer Spielraum des Gesetzgebers bei der Regelung von Kostentragungspflichten besteht; dabei wird insbesondere die immer häufiger anzutreffende Zusammenführung von Banken-, Versicherungs-, Wertpapier- und Pensionskassenaufsicht unter einem

919 In diesem Zusammenhang *Fricke*, NversZ 2002, S. 337 (344); die BaFin unterliegt trotzdem grundsätzlich auch der Pflicht zum sparsamen Wirtschaften (dazu siehe *Lindemann*, Kommentar zum KWG, § 16 Rdnr. 44).

920 Ferner vgl. *Ohler*, EuZW 2006, S. 679 ff.

921 *Yoo*, Umlagefinanzierte Regulierung, S. 98.

gemeinsamen Dach berücksichtigt, die internationale Empfehlungen und Standards unter einer entsprechenden Aufsicht etabliert hat; allerdings stellt die budgetäre neutrale Finanzierung keinen ausreichenden sachlichen Grund für die Errichtung einer Anstalt des öffentlichen Rechts mit eigener Rechtspersönlichkeit dar.

Mit Hilfe der Aufsicht eine stabile Finanzordnung sicherzustellen und die Bürger vor finanziellen Gefahren zu schützen, ist die allgemeine Aufgabe des Staates. Daher ist die Durchführung der Finanzmarktaufsicht aus Steuern zu finanzieren. Insbesondere darf im Rahmen der Finanzmarktaufsicht niemand von staatlichen Leistungen ausgeschlossen werden. Auch bestehen neben den Gebühren, gesonderten Erstattungen und Umlagen weitere Lasten der Beaufsichtigten (Kosten im weiteren Sinne). Dazu gehören z.B. die Kosten, die durch die Vollstreckung von Zwangsmitteln insbesondere Zwangsgeldern entstehen sowie die Festsetzung von Geldbußen bei nicht rechtmäßiger Ausübung der Tätigkeit. Außerdem tragen die Beaufsichtigten die Kosten, die dadurch entstehen, dass Wirtschaftsprüfer und andere Sachverständige eingeschaltet werden oder dadurch, dass die Unternehmen ihre gesetzlichen Auskunfts- und Berichtspflichten erfüllen[922] Seitens der beaufsichtigten Gruppen sind also erhebliche Kosten erkennbar.

Damit befindet sich die BaFin im Dilemma zwischen der Staatsferne der öffentlich-rechtlichen Anstalt einerseits und der allgemeinen originären Staatsaufgabe „Finanzmarktaufsicht" andererseits: Zum einen soll die BaFin ohne äußerlichen Einfluss durch das vollkommen eigene Finanzierungssystem ihre Aufgaben selbständig wahrnehmen, zum anderen soll sie grundsätzlich die ihr aufgrund der Staatsaufgabe zufallenden Tätigkeiten durch die Gemeinlasten finanzieren. Damit muss neben dem Finanzierungssystem der BaFin nicht nur die Verfassungsmäßigkeit des Finanzierungsmodells, sondern auch ihre organisationsrechtliche Stelle sowie ihr Verwaltungshandeln berücksichtigt werden. Zwar weist das Bundesverfassungsgericht darauf hin, dass es keinen verfassungsrechtlichen Grundsatz gibt, der besagt, dass Amtshandlungen die ausschließlich den öffentlichen Interessen dienen, abgabenfrei sein müssten und dass der Gesetzgeber einen weiten Gestaltungsspielraum bei der Bestimmung der Pflicht der

922 http://www.bafin.de/DE/DieBaFin/GrundlagenOrganisation/Finanzierung/finanzierung_node.html: „Allerdings werden diese Kosten nicht durch die BaFin abgerechnet, sondern auf Grundlage einer privatrechtlichen Vereinbarung zwischen dem Unternehmen und dem jeweiligen Wirtschaftsprüfer oder Sachverständigen. Daher kann die BaFin keine Angaben über die Höhe der zu erwartenden Belastungen machen."

Kostenbelastung besitzt.[923] Ungeachtet dessen ist er jedoch stets daran gebunden, dass in erster Linie die Erhebung einer nichtsteuerlichen Abgabe mit den verfassungsrechtlichen Grundsätzen in Einklang stehen muss. Obwohl die Umlage die organisationsrechtliche Unabhängigkeit der BaFin sichert, stehen der Umlagefinanzierung der BaFin erhebliche rechtliche Bedenken entgegen; die Heranziehung der beaufsichtigten Gruppen zur Finanzierung der BaFin im Wege einer Umlage ist verfassungswidrig, da die notwendigen Anforderungen an Sonderabgaben nicht erfüllt werden. Dazu erscheint es aus finanzverfassungsrechtlicher Sicht bzw. aus Sicht der Unabhängigkeit einer Behörde bedenklich, die der Aufsicht Unterliegenden die Kosten der herkömmlich hoheitlichen Aufgaben zu 100% selbst tragen zu lassen. Die Konzeption des § 16 FinDAG, die allgemeinen Aufsichtskosten von den Beaufsichtigten finanzieren zu lassen, ist daher mit geltendem Verfassungsrecht nicht vereinbar. Vielmehr stellt die Regelung geradezu eine unzulässige Sonderabgabe dar. Obschon derartige Mechanismen einer Umlagefinanzierung ein verbreitetes Phänomen sind und die Aufsichtsbehörde eine stärkere Unabhängigkeit im budgetären Bereich durch die Abkoppelung vom staatlichen Haushalt besitzen sollte, müssten im Steuerstaat des Grundgesetzes die originären Staatsaufgaben grundsätzlich allein im Wege der Steuern zu finanzieren sein.

---

923 M.w.N. BVerfG DÖV 1992, S. 265 (266); NJW 1973, S. 725 (276); NJW 1982, S. 268 ff.; vgl. *Präve*, VW 1995, S. 1004, 1006; *Wilms*, NVwZ 1995, S. 550 f.

F. Schlussbemerkung

Zwei Gesichtspunkte verdienen bei der Errichtung einer Bundesanstalt für Finanzdienstleistungsaufsicht und bei der Gesetzgebung bezüglich der Bundesanstalt für Finanzdienstleistungsaufsicht (FinDAG) besondere Beachtung. Zum einen ist aufgrund der zunehmend häufiger anzutreffenden Zusammenführung von Banken, Wertpapierhandel und Versicherungen unter einem Dach die Forderung nach einer integrierten Aufsichtsinstanz zu erfüllen. D.h., dass durch die BaFin die sektorenspezifischen Aufsichtsziele der Solvenz- und Marktaufsicht und des Kundenschutzes in einem integrierten Aufsichtskonzept verwirklicht werden (Allfinanzaufsicht).

Im Vergleich zu den Aufsichtsstrukturen der früheren drei Bundesoberbehörden kann durch das Modell der Allfinanzaufsicht auf die Dynamik und die Veränderung des Finanzmarkts reagiert werden, zugleich kann dieser im Hinblick auf Finanzkonglomerate effektiv beaufsichtigt werden; die Allfinanzaufsicht vermeidet bei der Erfüllung der Aufgaben Doppelarbeiten und setzt die Experten sektorübergreifend in verschiedenen Bereichen ein. Zum anderen stellt die Errichtung der BaFin eine erhebliche Umwandlung der Aufsichtsinstanz dar; die selbständigen Bundesoberbehörden sind nämlich in eine selbständige Bundesanstalt des öffentlichen Rechts umgewandelt worden. Während die Bundesoberbehörden ein Teil der unmittelbaren Bundesverwaltung waren, ist die Bundesanstalt mit eigener Rechtsfähigkeit in die hierarchische Verwaltungsorganisation eingegliedert.

Hinsichtlich der von der BaFin zu erfüllenden Aufgaben stellt die organisatorische Form der Bundesanstalt eine atypische Anstalt dar, weil sie nicht im Bereich der Leistungsverwaltung, sondern im Bereich der Eingriffsverwaltung tätig ist. In diesem Zusammenhang ist fraglich, warum sich der Gesetzgeber des Errichtungsgesetzes der Bundesanstalt überhaupt darauf einlässt, solche Gebilde zu kreieren. Dafür rückt die Frage in den Mittelpunkt, ob und in welcher Weise die Bundesanstalt durch den Anstaltsstatus mehr Unabhängigkeit gewinnt als die ehemaligen Aufsichtsbehörden. Zudem wird zu fragen sein, ob die hierarchische Verwaltung für die Unabhängigkeit ihrer Aufgabenausführung ausreichend ist.

Bei näherer Betrachtung der Regelungen des FinDAG ist festzustellen, dass die organisatorische Verselbständigung der BaFin nur sehr eingeschränkt verwirklicht wird. Allerdings zeigt sich bei der BaFin die (einigermaßen) organisatorische Verselbständigung durch die volle Souveränität, durch die Zusammenarbeit mit der Bundesbank und durch die Rechenschaftspflichten. Doch wegen der mangelnden

Satzungshoheit wird das eigene Organisationsrecht der BaFin weniger gewährleistet als dasjenige der anderen öffentlich-rechtlichen Anstalten. Vielmehr wird das Bundesministerium der Finanzen ermächtigt, durch eine Rechtsverordnung die Satzung zu erlassen. Außerdem benötigt die Geschäftsordnung, die die innere Organisation der Bundesanstalt regelt, die Genehmigung des Bundesministeriums. Diese fehlende organisatorische Selbständigkeit findet vor allem in der Steuerung und Kontrolle durch das zuständige Bundesministerium ihren Ausdruck. Im organisationsrechtlichen Bereich fällt überwiegend der Eingriff des Bundesministeriums der Finanzen in die organisatorische Struktur der BaFin ins Auge, obwohl die Fachaufsicht gemäß § 2 FinDAG dem Ministerium genügend Möglichkeiten zur Einflussnahme gegeben hätte. Wenn mit der verselbständigten Verwaltungseinheit eine reduzierte – und möglicherweise verfassungsrechtlich gebotene – Staatlichkeit geschaffen werden sollte, so ist die Konsequenz dieser Ausgliederung eine dementsprechende Reduktion der Aufsicht. Alles in allem sollte sich die staatliche Aufsicht über die BaFin – schon im Hinblick auf die Erledigung ihrer Aufgaben und ihren Errichtungszweck – als eng umrissene Ausnahme auf eine rechtsaufsichtliche Kontrolle beschränken. Denn anders kann die Verselbständigung der BaFin bei ihren Entscheidungen nicht gewährleistet werden. Die grundsätzliche Anerkennung der Rechtsaufsicht ist aber erforderlich, da die ministeriale Verantwortung des Anstaltsträgers zwar begrenzt, aber nicht gänzlich ignoriert werden darf.

Die Unabhängigkeit der BaFin im personellen Bereich kann teilweise dadurch festgestellt werden, dass der Präsident der BaFin kein politischer Beamter ist. Deshalb kann er nicht außerhalb eines Disziplinarverfahrens in den Ruhestand versetzt werden. Daneben wird die BaFin ermächtigt, Bundesbeamte zu haben. Bei der BaFin können Angestellte auch in einem außertariflichen Angestelltenverhältnis tätig sein, sofern sie für die Durchführung der Aufgaben erforderlich sind; die außertarifliche Bezahlung stellt eine Verbesserung der Einstellungsmöglichkeiten dar. Insbesondere ist die BaFin durch ihre eigene Dienstherrenfähigkeit in der Lage, aufgrund ihrer haushaltsrechtlichen Unabhängigkeit, ihren Haushaltsplan einschließlich eines Stellenplans selbst aufzustellen. Dadurch können bei der BaFin Dienstverhältnisse unter Loslösung vom Dienstrecht flexibler gestaltet werden, als dies bei den bisherigen Aufsichtsämtern der Fall war. Die eigene Dienstherrenfähigkeit wäre daher eine unkomplizierte und damit vorzugswürdige Lösung für die organisationsrechtliche Verselbständigung der Bundesanstalt. Die Einstellung des Personals der BaFin unterliegt jedoch dem verfassungsrechtlichen Funktionsvorbehalt für Beamte (Art. 33 Abs. 4 GG). Diese Tatsache spricht dafür, dass die Unabhängigkeit der BaFin im personalen Bereich in der Verwaltungspraxis stark eingeschränkt ist.

Zudem gibt es im budgetären Bereich einen erheblichen Unterschied zwischen der BaFin und anderen staatlichen Aufsichtsorganen. Anders als die staatlichen Aufsichtsbehörden soll die BaFin zur Entlastung des Bundeshaushalts ihre Kosten vollständig aus eigenen Einnahmen durch Umlagen und Gebühren von den Beaufsichtigten, also von denjenigen, die der Aufsicht der BaFin unterworfen sind, decken; hingegen war bei den früheren Aufsichtsämtern noch ein Selbstbehalt des Bundes in Höhe von 10% vorgesehen. Die vollkommen eigene Finanzierung der BaFin trägt zur selbständigen Ausübung ihrer Aufsichtsaufgaben bei. Alles in allem kann die BaFin ihre organisatorische Selbständigkeit durch vollständige Abkoppelung vom Bundeshaushalt verwirklichen. Diese haushaltsneutrale Finanzierung der BaFin ist allerdings kein hinreichender Grund für die Einrichtung einer selbständigen Anstalt des öffentlichen Rechts. Doch die bloße budgetäre Loslösung vom Bundeshaushalt wäre der einzig verbleibende und nachvollziehbare Grund für die Rechtsformwahl einer Anstalt des öffentlichen Rechts. Die budgetäre Unabhängigkeit und die dadurch reduzierte staatliche Einflussnahme stellt die nachhaltig unabhängige Aufsichtsinstanz sicher. Hingegen ist die aktuelle Finanzierungsform der BaFin, also die 100%ige Finanzierung durch die der Aufsicht Unterworfenen, finanzverfassungsrechtlich nicht zulässig, weil die BaFin ihre Aufgaben nur im öffentlichen Interesse wahrnimmt. Deshalb wäre es angebracht, dass sich der Staat an den Kosten der BaFin beteiligt. Allerdings kann dadurch die Unabhängigkeit der BaFin zumindest in gewissem Maße eingeschränkt werden. Dies ist ein verfassungsrechtlicher Vorbehalt, dem alle verselbständigten Verwaltungseinheiten zwingend unterliegen, ohne jedoch die Eigenschaft als Verwaltungsträger zu berühren.

In der Gesamtschau der vorliegenden Untersuchung wird deutlich, dass sich die Unabhängigkeit der BaFin, die sich, der Begründung zum Entwurf des Errichtungsgesetzes der BaFin zufolge, durch Aufgaben im budgetären-, organisationsrechtlichen- und personellen Bereich manifestieren soll, aufgrund der oben dargestellten Struktur der BaFin und aufgrund der Überlegungen zum Verwaltungsrat nicht verwirklicht. Die durch die Form der mittelbaren Bundesverwaltung angestrebte Distanz zur Staatlichkeit, die sich schon daraus ergeben soll, dass die Aufsichtsinstanz wegen ihrer neuen Form aus dem bürokratisch-hierarchischen Modell heraustritt und die größere Selbständigkeit neue Möglichkeiten der Einbindung gesellschaftlicher Kräfte schaffen soll, scheint nicht vorzuliegen. Die Verselbständigung der Anstalt geht mithin keineswegs über die der früheren Behörden hinaus, eher bleibt sie dahinter zurück. Diesbezüglich ist die politische und demokratische Verantwortung des Bundesministeriums als Anstaltsträger deutlich geworden. Auch in Anbetracht der umfangreichen fachaufsichtlichen Kontrolle des Ministeriums wird erkennbar, dass die BaFin nicht nur keinen wesentlichen Unterschied zu den früheren drei Ämtern aufweist, sondern sich auch von den nicht rechtsfähigen Anstalten kaum unterscheidet. Durch die Form der rechtsfähigen öffentlich-rechtlichen Anstalt ist nur eine Verwaltungseinheit entstanden, die spezielle Aufgaben wahrnimmt, im budgetären Bereich flexibel handeln und an der Aufgabenerfüllung von Privatpersonen teilnehmen kann.

Über die Frage, welche Rechtsform sich am besten für die Organisation der öffentlichen Wirtschaftstätigkeit eignet, wird seit langem gestritten. Welche Organisationsform zu wählen ist, ist immer eine Einzelentscheidung, die von den wahrzunehmenden Aufgaben der jeweiligen Organisation abhängt. Maßgeblich in diesem Zusammenhang ist es, ob durch die gewählte Form das verfolgte Ziel erreicht werden kann. Das Ziel der Finanzmarktaufsicht ist die Stabilität des Finanzsystems, der Schutz der Gläubiger und Anleger und die Entwicklung der ganzen Volkswirtschaft. Dabei ist zunächst hervorzuheben, dass die Finanzmarktaufsichtsbehörde mit fachlicher Kenntnis und ohne politischen und administrativen Einfluss ihre Aufgaben selbständig und unabhängig erfüllen sollte. Das Wirkungsspektrum dieser dabei verfolgten Unabhängigkeit und Verselbständigung reicht von einer Personalhoheit über ein Budget bis hin zur Dichte der Normen. Beim Ausmaß dieser Unabhängigkeit und Verselbständigung geht es nicht ausschließlich um die Fragen, aus welchen Mitgliedern die Organstruktur einer Anstalt besteht und ob die Behörde eine eigene Rechtsfähigkeit besitzt. Vielmehr ist dabei das (verfassungsrechtliche) materielle Recht zur Errichtung oder das Wesen der zu erfüllenden Aufgaben zu berücksichtigen. Des Weiteren besteht – insbesondere hinsichtlich des geltenden öffentlichen Rechts und vor dem Hintergrund der Funktion und der Bedeutung der Behörde – die grundsätzliche Frage, ob es zur Gewährleistung der Unabhängigkeit der Finanzaufsichtsbehörde erforderlich ist, sie als Behörde in bundeseigener oder bundesunmittelbarer Verwaltung zu errichten.

Es ist einem modernen Staat nicht mehr möglich, alle staatlichen Aufgaben hinsichtlich ihres Umfangs und des Sachmittel- und Personaleinsatzes selbst auszuführen. Darum kommt die obige Darstellung zum Schluss, dass öffentliche Aufgaben auch außerhalb ihrer typischen Rechts- und Organisationsformen in vielfältiger Weise wahrgenommen werden können. Im Bereich des Finanzmarkts ist jedoch die Rechtsform der öffentlich-rechtlichen Anstalt erforderlich. Anders als im Privatrecht kann im öffentlich-rechtlichen Bereich eine neue Rechtsform immer wieder entstehen. So entwickelte sich die Rechtsform der „öffentlich-rechtlichen Anstalt" weitgehend zu einer facettenreichen juristischen Person. Die Bildung einer bestimmten Verwaltungseinheit in einer bestimmten Form hat nur eine typologische Bedeutung. Auch wenn eine Aufgabe von einer

Verwaltungseinheit ausgeübt werden soll, bedarf es dabei nicht unbedingt einer bestimmten Form oder bestimmter Maßnahmen. Es ist ausreichend, anhand des Wesens der einzelnen Aufgaben die jeweils beste Form zu wählen. Vor diesem Hintergrund kann die Bundesanstalt für Finanzdienstleistungsaufsicht nicht nur als typische öffentlich-rechtliche Anstalt, sondern auch als eine veränderte neue Verwaltungsform, die mit einer weitgehenden Verselbständigung und Unabhängigkeit ausgestattet ist, angesehen werden.

Die Aufgabe der Finanzmarktaufsicht soll einerseits aufgrund ihrer Hoheitlichkeit nicht vollständig dem privaten Bereich überlassen bleiben, andererseits aber auch aufgrund des Erfordernisses politischer Unabhängigkeit nicht ausschließlich in die zentrale Verwaltungsorganisation übernommen werden dürfen. Vor diesem Hintergrund kann verstanden werden, warum der Gesetzgeber des FinDAG die Aufsichtsbehörde in der Form einer rechtsfähigen öffentlich-rechtlichen Anstalt errichtete. Seine Überlegungen zur Form der BaFin scheinen dem Umstand Rechnung getragen zu haben, dass weder eine vollständig zentrale Verwaltungshierarchie noch eine vollständige Übertragung der hoheitlichen Aufgaben auf Private im Sinne des Funktionsvorbehaltes des Art. 33 Abs. 4 GG eine effiziente Finanzaufsicht garantieren können. Die für die Finanzmarktaufsicht gewählte Rechtsform der rechtsfähigen Anstalt des öffentlichen Rechts ermöglicht den Funktionsvorbehalt und ein effizientes Aufsichtssystem. Für die Entwicklung der Finanzmarktaufsichtsinstanz und einer effektiven und reformatorischen Finanzmarktaufsicht bedarf es unbedingt der Unabhängigkeit der Finanzaufsichtsverwaltung. Dies bedeutet, dass die Aufsichtsbehörde ohne politischen Druck bzw. äußerliche Einflussnahme ihre Aufgaben selbständig und unabhängig wahrnehmen muss. Umgekehrt können dieser Anforderung an Neutralität der Aufsichtsbehörde das Bedenken hinsichtlich der möglicherweise geschwächten Bedeutung von Finanzmarktaufsichtsaufgaben entgegengesetzt werden. Die sich daraus ergebende mangelnde parlamentarische Verantwortung kann dadurch kompensiert werden, dass die Aufsichtsbehörde einen Bericht abfasst und somit dem Parlament einen Einblick in ihre Geschäftsführung gewährt.

Literaturverzeichnis

Assmann, Heinz-Dieter, in: Assmann/Schütze (Hrsg.), Handbuch des Kapitalanlagerechts, 3. Aufl., München 2007 (zit.: Handbuch des Kapitalanlagerechts).

Arndt, Hans-Wolfgang, Zur finanzverfassungsrechtlichen Zulässigkeit subventionierender Vergütungen nach dem Stromeinspeisungsgesetz vom 7. Dezember 1990, RdE 1995, S. 41 ff.

Auer, Andreas, „Sonderabgaben": ein Beitrag zu besonderen Erscheinungsformen öffentlich-rechtlicher Geldleistungspflichten, Bern 1978.

Augsberg, Steffen, § 34 Wertpapieraufsicht, in: Ehlers/Fehling/Pünder (Hrsg.), Besonderes Verwaltungsrecht, Bd. 1. Öffentliches Wirtschaftsrecht, 3. Aufl., Heidelberg 2012, S. 1241 ff. (zit.: Wertpapieraufsicht).

Badura, Peter, Die hoheitlichen Aufgaben des Staates und die Verantwortung des Berufsbeamtentums, ZBR 1996, S. 321 ff.

Baer, Susanne, § 11 Verwaltungsaufgaben, in: Hoffmann-Riem/Schmidt-Aßmann/Voßkuhle (Hrsg.), Grundlagen des Verwaltungsrechts, Bd. I, 2. Aufl., 2012 (zit.: Verwaltungsaufgaben).

Bähre, Inge Lore/Schneider, Manfred, KWG-Kommentar, 3. Aufl., Berlin 1986 (zit.: Kommentar zum KWG).

Bayer, Jürgen, Die neue Bankenaufsichtsstruktur in Deutschland, in: Pitschas (Hrsg.), Integrierte Finanzdienstleistungsaufsicht: Bankensystem und Bankenaufsicht vor den Herausforderungen der Europäischen Wirtschafts- und Währungsunion; Vorträge und Berichte beim Speyerer Wirtschaftsforum an der Deutschen Hochschule für Verwaltungswissenschaften Speyer 2001, Berlin 2001 (zit.: Die neue Bankenaufsichtsstruktur in Deutschland).

Berg, Wilfried, Die öffentlich-rechtliche Anstalt, NJW 1985, S. 2294 ff.

Binder, Jens-Hinrich, Die geplante deutsche Allfinanzaufsicht und der britische Prototyp, WM 2001, S. 2230 ff.

Böckenförde, Ernst-Wolfgang, § 24 Demokratie als Verfassungsprinzip, in: Isensee/Kirchhof (Hrsg.), Handbuch des Staatsrechts, Bd. II, Bonn und Heidelberg 2003, S. 429 ff. (zit.: Demokratie als Verfassungsprinzip).

Bohn, Ulf Jürgen, Die Anstalt des öffentlichen Rechts unter Berücksichtigung des Wandels der Anstalt durch die Beteiligung Dritter, Tübingen 2005.

Brandner, Thilo, Grenzen des ministeriellen Weisungsrechts gegenüber nachgeordneten Behörden, DÖV 1990, S. 966 ff.

Breitkreuz, Tilman, Die Ordnung der Börse, Berlin 2000.

Breuer, Rüdiger, Die öffentlich-rechtliche Anstalt, VVDStRL Heft 44 (1986), S. 211 ff.

Bullinger, Martin, Regulierung als moderndes Instrument zur Ordnung liberalisierter Wirtschaftszweige, DVBl. 2003, S. 1355 ff.

Bürgers, Tobias, Das Anlegerschutzverbesserungsgesetz, BKR 2004, S. 424 ff.

Burgi, Martin, Das subjektive Recht im Energie-Regulierungsverwaltungsrecht, DVBl. 2006, S. 269 ff.

Burmeister, Günter Cornelius, Herkunft, Inhalt und Stellung des institutionellen Gesetzesvorbehalts, Berlin 1991.

Cahn, Andreas, Verwaltungsbefugnisse der Bundesanstalt für Finanzdienstleistungsaufsicht im Übernahmerecht und Rechtsschutz Betroffener, ZHR 2003, S. 284 ff.

Chae, Moon-Seok, Die Staatsaufsicht über die Anstalten des Öffentlichen Rechts im deutsch-koreanischen Vergleich, Berlin 2011.

Chen, Ai-er, Öffentlich-rechtliche Anstalten und ihre Nutzung, Baden-Baden 1994.

Czerwick, Edwin, Beschäftigungsstrukturen im öffentlichen Dienst: Differenzierung und Individualisierung von Beschäftigungskategorien, in New public service: öffentlicher Dienst als Motor der Staats- und Verwaltungsmodernisierung, 2011, 151 ff. (zit.: Beschäftigungsstrukturen im öffentlichen Dienst).

Di Fabio, Udo, Privatisierung und Staatsvorbehalt, JZ 1999, S. 585 ff.

Döhmel, Doris, in: Assmann/Uwe H. Schneider (Hrsg.), Wertpapierhandelsgesetz kommentar, Tübingen und Mainz 2012 (zit.: Kommentar zum WpHG).

Dörr, Dieter, Die Abgrenzung von Beamten- und Angestelltenfunktionen im öffentlichen Dienst, Hamburg 1990.

Ders, Für eine zukunftsorientierte Personalstruktur des öffentlichen Dienstes, Hamburg 1990.

Dörr, Monika, Die Privatisierung der Deutschen Bundespost, Würzburg 1994.

Dreier, Horst, Hierarchische Verwaltung im demokratischen Staat, Tübingen 1991.

Dreyling, Georg, in: Assmann/Uwe H. Schneider (Hrsg.), Wertpapierhandelsgesetz: Kommentar, 4. Aufl., Tübingen und Darmstadt/Mainz, 2006 (zit.: Kommentar zum WpHG).

Ehlers, Dirk/Achelpöhler, Wilhelm, Die Finanzierung der Wirtschaftsaufsicht des Bundes durch Wirtschaftsunternehmen, NVwZ 1993, S. 1025 ff.

Ehlers, Dirk, Ziele der Wirtschaftsaufsicht, Köln 1997.

–, Die Anstalt öffentlichen Rechts als neue Unternehmensform der kommunalen Wirtschaft, ZHR 167, 2003, S. 548 ff.

Eichhorn, Alexander, Die Finanzierung staatlicher Regulierung durch die Regulierten, Koblenz 2013.

Elsner, Bernd R./Kaltenborn, Markus, Sonderabgaben im Steuerstaat, JA 2005, S. 823 ff.

Epping, Volker, Rechte und Pflichten von Professoren unter besonderer Berücksichtigung der Beamtenpflichten, ZBR 1997, S. 383 ff.

Erichsen, Hans-Uwe, Öffentliche Abgaben, JURA 1995, S. 47 ff.

Erichsen, Hans-Uwe/Knoke, Ulrich, Organisation bundesunmittelbarer Körperschaften durch die Länder?, DÖV 1985, S. 53 ff.

Erk, Claudia, Die künftige Vereinbarkeit des EEG mit Verfassungs- und Europarecht, Lüneburg 2007.

Ewald, Isabelle, Privatisierung staatlicher Aufgaben, Brühl/Rheinland 2004.

Faber, Heiko, Von der Kreditaufsicht zur Allfinanzaufsicht, in: Demokratie in Staat und Wirtschaft, Festschrift für Ekkehart Stein, Tübingen 2002, S. 185 ff. (zit.: Von der Kreditaufsicht zur Allfinanzaufsicht).

Fehling, Michael, § 38 Informelles Verwaltungshandeln, in: Hoffmann-Riem/Schmidt-Aßmann/Voßkuhle (Hrsg,), Grundlagen des Verwaltungsrechts, Bd. II, 2. Aufl., 2012, 1457 ff. (zit.: Informelles Verwaltungshandeln).

Fett, Torsten, Rechtsschutz gegen schlicht-hoheitliches Verwaltungshandeln am Beispiel der Bank- und Versicherungsaufsicht, WM 1999, S. 613 ff.

Fischer, Veronika, The SEC and BaFin – US and German capital market supervision in comparison, Augsburg 2009.

Frach, Lotte, Finanzaufsicht in Deutschland und Großbritannien, Wiesbaden 2008.

–, Finanzmarktregulierung in Deutschland, Baden-Baden 2010.

Franz, Thorsten, Die Staataufsicht über die Kommunen, JuS 2004, S. 937 ff.

Frick, Heinrich, Die Staatsaufsicht über die kommunalen Sparkassen, Berlin 1961.

Fricke, Martin, Versicherungsaufsicht integriert – Versicherungsaufsicht unter dem Gesetz über die integrierte Finanzdienstleistungsaufsicht, NVersZ 2002, S. 337 ff.

Gärditz, Klaus Ferdinand, Europäisches Regulierungsverwaltungsrecht auf Abwegen, AöR 135 (2010), 251 ff.

Gärtner, Bertlot-D., Finanzielle Beteiligung Privater an Anstalten des öffentlichen Rechts, Tübingen 1994.

Germelmann, Claass Friedrich, Präzisierungen in der Sonderabgaben-Rechtsprechung des Bundesverfassungsgerichts, GewArch 2009, S. 476 ff.

Gotzmann, Claudia, Die Staatsaufsicht über die öffentlich-rechtlichen Rundfunkanstalten, München 2003.

Gramlich, Ludwig, Die rechtswissenschaftliche Sicht einer neuen Bankenaufsichtsstruktur in Deutschland, in: Pitschas (Hrsg.), Integrierte Finanzdienstleistungsaufsicht: Bankensystem und Bankenaufsicht vor den Herausforderungen der Europäischen Wirtschafts- und Währungsunion; Vorträge und Berichte beim Speyerer Wirtschaftsforum an der Deutschen Hochschule für Verwaltungswissenschaften Speyer 2001, Berlin 2001 (zit.: Die rechtswissenschaftliche Sicht).

Groß, Thomas, § 13 Die Verwaltungsorganisation als Teil organisierter Staatlichkeit, in: Hoffmann-Riem/Schmidt-Aßmann/Voßkuhle (Hrsg.), Grundlagen des Verwaltungs-rechts, Bd. I, 2. Aufl., 2012, S. 905 ff.(zit.: Die Verwaltungsorganisation).

Gröpl, Christoph, Vom „Kohlenpfennig" zur Stromsteuer: Was hat sich geändert?, DÖV 2001, S. 199 ff.

–, GEZetert, GEZankt, GEZwungen: Rundfunkfinanzierung zwischen Anstaltsautonomie und politischer Einflussnahme, DÖV 2006, S. 105 ff.

Günther, Hellmuth, Die subjektivrechtliche Komponente des Funktionsvorbehalts für das Berufsbeamtentum, VerwArch 2008, S. 538 ff.

Häde, Ulrich, Bankenaufsicht und Grundgesetz, JZ 2001, S. 105 ff.

–, Bankenaufsicht aus einer Hand?, Kreditwesen 2009, S. 64 f.

Hagemeister, Hans-Otto, Die neue Bundesanstalt für Finanzdienstleistungsaufsicht, WM 2002, S. 1773 ff.

Halfpap, Patrick, Kapitalmarktaufsicht in Europa und den USA, Frankfurt am Main, 2007.

Hartkopf, Günter, Zur Lage der Bundesverwaltung nach 30 Jahren Grundgesetz, DÖV 1979, S. 349 ff.

Haug, Volker, Funktionsvorbehalt und Berufsbeamtentum als Privatisierungsschranken, NVwZ 1999, S. 816 ff.

Haverkate, Görg, Die Einheit der Verwaltung als Rechtsproblem, in: Vitzhum/Funk/Schmid (Hrsg.), Die Bedeutung gliedstaatlichen Verfassungrechts in der Gewalt, Tübingen 1987 (zit.: Die Einheit der Verwaltung als Rechtsproblem).

Hecker, Jan, Marktoptimierende Wirtschaftsaufsicht, Tübingen 2007.

Heinzen, Markus, Beteiligung Privater an der Wahrnehmung öffentlicher Aufgaben und staatliche Verantwortung, VVDStRL Heft 62 (2003), S. 220 ff.

Hendler, Reinhard, § 143 Das Prinzip Selbstverwaltung, in: Isensee/Kirchhof (Hrsg.), Handbuch des Staatsrechts, Bd. VI, Bonn und Heidelberg 2008 (zit.: Das Prinzip Selbstverwaltung).

–, Gebührenstaat statt Steuerstaat?, DÖV 1999, S. 749 ff.

Herdegen, Mattias, Bundesbank und Bankenaufsicht: Verfassungsrechtliche Fragen, WM 2000, S. 2121 ff.

Heun, Werner, Die Sonderabgaben als verfassungsrechtlicher Abgabentypus, DVBl. 1990, S. 666 ff.

Heuterkes, Katja, Rechtsfähige Organisationseinheiten in der Verwaltungsstruktur Frankreichs, Deutschlands und der Europäischen Gemeinschaften, Münster 1998.

Heyle, Fabian, Die Erhebung von Vorzugslasten durch die Wirtschaftsaufsichts- und Regulierungsbehörden, Berlin 2005.

–, Frequenznutzungs- und Telekommunikationsbeitrag: Verwaltungsgebühr oder wiederkehrender Beitrag zur Aufsicht?, MMR 2007, S. 159 ff.

Hill, Mermann/Martini, Mario, § 34 Normsetzung und andere Formen exekutivischer Selbstprogrammierung, in: Hoffmann-Riem/Schmidt-Aßmann/Voßkuhle (Hrsg.), Grundlagen des Verwatlungsrechts, Bd. II, 2. Aufl., 2012, S. 1025 ff. (zit.: Normsetzung und andere Formen exekutivischer Selbstprogrammierung).

Hirdina, Ralph, Verfassungsrechtliche Aspekte zur Funktion einer reformierten Bundesbank bei der Allfinanzaufsicht, BKR 2001, 135 ff.

Höhns, Stefan, Die Aufsicht über Finanzdienstleister, Berlin 2001.

Holznagel, Bernd/Enaux, Christopf/Nienhaus, Christian, Telekommunikationsrecht, 2. Aufl., Münster 2006.

Hübner, Klus, Die Befugnisse der Fachaufsicht im KWG im Verhältnis zu denen der Staatsaufsicht (Anstaltsaufsicht), Düsseldorf 1966.

Hummel, Lars, Das Merkmal der Finanzierungsverantwortung in der Sonderabgabe-Rechtsprechung des Bundesverfassungsgerichts, DVBl. 2009, S. 874 ff.

Isensee, Josef, Nichtsteuerliche Abgaben – Nichtsteuerliche Abgaben in der Finanzverfassung, in: Staatsfinanzierung im Wandel, Köln 1982.

Jarass, Hans D., Verfassungsrechtliche Grenzen für die Erhebung nichtsteuerlicher Abgaben, DÖV 1989, S. 1013 ff.

–/Pieroth, Bodo, Grundgesetz für die Bundesrepublik Deutschland Kommentar, 13. Aufl., München 2014 (zit.: Kommentar zum GG).

Jecht, Hans, Die Öffentliche Anstalt, Berlin 1963.

Jung, Jörg, Die Zweispurigkeit des öffentlichen Dienstes, München 1971.

Junker, Johannes, Gewährleistungsaufsicht über Wertpapierdienstleistungsunternehmen, Berlin 2003.

Kaulbach, Detlef/Pohlmann, Petra, in: Fahr/Kaulbach/Bähr/Bürkle (Hrsg.), Versicherungsaufsichtsgesetz Kommentar, 5. Aufl., München 2012 (zit.: Kommentar zum VAG).

–, in: Fahr/Kaulbach (Hrsg.), Versicherungsaufsichtsgesetz Kommentar, Bonn/Rheinbach 1994 (zit.: Kommentar zum VAG).

Kieser, Timo, Sonderabgaben als Steuern, Mannheim 1999.

Kirchhof, Paul, § 119 Nichtsteuerliche Abgaben, in: Isensee/Kirchhof (Hrsg.), Handbuch des Staatsrechts, Bd. V, 3. Aufl., Bonn und Heidelberg 2007, S. 1101 ff. (zit.: Nichtsteuerliche Abgaben).

Kirschenmann, Diertrich, Zuständigkeiten und Kompetenzen im Bereich der Verwaltung nach dem 8. Abschnitt des Grundgesetzes, JuS 1977, S. 565 ff.

Klaus Tipke/Joachim Lang, Steuerrecht, 21. Aufl., Köln und Bochum 2013.

Klein, Eckart, Die verfassungsrechtliche Problematik des ministerialfreien Raumes, Berlin 1974.

Kluth, Winfried, Die verfassungsrechtlichen Anforderungen an die Erhebung von Sonderabgaben, JA 1996, S. 260 ff.

–, Funktionale Selbstverwaltung, Köln 1997.

–, in: Wolff/Bachof/Stober (Hrsg.), Verwaltungsrecht, Bd. III, 5. Aufl., Hamburg 2004 (zit.: Verwaltungsrecht III).

Koenig, Christian, Das PreussenElektra-Urteil des EuGH: Freibrief für Abnahme- und Vergütungspflichten in der Energiewirtschaft, NVwZ 2001, 769 ff.

Kohtamäki, Natalia, Die Reform der Bankenaufsicht in der Europäischen Union, Tübingen 2011.

Kölble, Josef, Die Ministerialverwaltung im parlamentarisch- demokratischen Regierungssystem des Grundgesetzes, DÖV 1969, S. 25 ff.

Koller, Ingo, in: Assmann/Schneider (Hrsg.), Wertpapierhandelsgesetz: Kommentar, Tübingen und Mainz 2012 (zit.: Kommentar zum WpHG).

Kollhosser, Helmut, in: Prölss, Versicherungsaufsichtsgesetz: mit Europäischem Gemeinschaftsrecht und Recht der Bundesländer, 11. Aufl., München 1996 (zit.: Kommentar zum VAG).

Krammig, Andreas, Modelle (teil)integrierter Finanzmarktaufsicht in Europa – in der Schweiz und anderswo, WM 2004, 1657 ff.

Krebs, Walter, Die öffentlichrechtliche Anstalt, NVwZ 1985, S. 609 ff.

–, § 108 Verwaltungsorganisation, in: Isensee/Kirchhof (Hrsg.), Handbuch des Staatsrechts, Bd. V, 3. Aufl., Bonn und Heidelberg 2007, S. 457 ff. (zit.: Verwaltungsorganisation).

Kube, Hanno/Palm, Ulrich/Seiler, Christian, Finanzierungsverantwortung für Gemeinwohlbelange, NJW 2003, S. 928 ff.

Kube, Hanno, Anmerkung JZ 2004, S. 358 ff.

–, Anmerkung JZ 2007, S. 471 ff.

–, Öffentliche Aufgaben in privater Hand – Sachverantwortung und Finanzierungslast, Die Verwaltung, 2008.

Kulas, Axel, Privatisierung hoheitlicher Verwaltung – Zur Zulässigkeit privater Strafvollzugsanstalten, Waldshut-Tiengen 2001.

Kümpel, Siegfried, Zur Neugestaltung der staatlichen Börsenaufsicht, WM 1992, S. 381 ff.

Kunig, Philip, in: Münch/Kunig (Hrsg.), Grundgesetz Kommentar, Bd. 1, Berlin 2012, Art. 33 GG (zit.: Kommentar zum GG).

Laars, Reinhard, Kommentar zum Gesetz über die Bundesanstalt für Finanzdienstleistungsaufsicht (FinDAG), in: NOMOS – Das Deutsche Bundes –Systematische Sammlung der Gesetze und Verordnungen mit Erläuterungen, Baden-Baden 2013 (zit.: Kommentar zum FinDAG).

–, Kommentar zum Gesetz zum Gesetz über die Beaufsichtigung der Versicherungsunternehmen, in: NOMOS – Das Deutsche Bundes –Systematische Sammlung der Gesetze und Verordnungen mit Erläuterungen, Baden-Baden 2013 (zit.: Kommentar zum VAG).

Lange, Klaus, Die öffentlichrechtliche Anstalt, VVDStRL Heft 44 (1986), S. 169 ff.

Lecheler, Helmut, Die Personalgewalt öffentlicher Dienstherren, Erlangen 1976.

–, § 110 Der öffentliche Dienst, in: Isensee/Kirchhof (Hrsg.), Handbuch des Staatsrechts Bd. V, 3. Aufl., Bonn und Heidelberg 2007, S. 559 ff. (zit.: Der öffentliche Dienst).

Lehnguth, Gerold, Die Entwicklung des Funktionsvorbehalts nach Artikel 33 Abs. 4 GG und seine Bedeutung in der heutigen Zeit, ZBR 1991, S. 266 ff,

Leisner, Walter, Müssen Lehrer Beamte sein?, ZBR 1980, S. 361 ff.

Lenz, Christofer, Wem nützt eigentlich die Bankenaufsicht?, NVwZ 2010, S. 29 ff.

Lewinski, Von Kai, Grundfragen des Verwaltungsorganisationsrechts, JA 2006, S. 517 ff.

Lindemann, Jann Hennig, in: Boos/Fischer/Schulte-Mattler (Hrsg.), Kreditwesengesetz, Bergisch Gladbach und Berlin 2008 (zit.: Kommentar zum KWG).

Lindgen, Erich, Der Funktionsvorbehalt des Art. 33 Abs. 4 GG und seine Durchbrechungen, DöD 1972, S. 1 ff.

Loening, Hellmuth, Der ministerialfreie Raum in der Staatsverwaltung, DVBl. 1954, S. 173 ff.

Löer, Lambert, Körperschafts- und anstaltsinterne Rechts- und Zweckmäßigkeitskontrolle, Göttingen. 1999.

Loschelder, Wolfgang, § 107 Weisungshierarchie und persönliche Verantwortung in der Exekutive, in: Isensee/Kirchhof (Hrsg.), Handbuch des Staatsrechts, Bd. V, 3. Aufl., Bonn und Heidelberg 2007, S. 409 ff. (zit.: Weisungshierarchie und persönliche Verantwortung).

Huber, Peter, § 44 Überwachung, in: Hoffmann-Riem/Schmidt-Aßmann/Voßkuhle (Hrsg.), Grundlagen des Verwaltungsrechts, Bd. III, Tübingen 2013, S. 208 ff. (zit.: Überwachung).

Manssen, Gerrit, Der Funktionsvorbehalt des Art. 33 Abs. 4 GG, ZBR 1999, S. 253 ff.

–, Die EEG-Umlage als verfassungswidrige Sonderabgabe, DÖV 2012, S. 499 ff.

Martini, Mario, Zur Kasse bitte ...! Die Bankenabgabe als Antwort auf die Finanzkrise, NJW 2010, S. 2019 ff.

Maunz, Theodor, Grundgesetz Kommentar, in: Maunz/Dürig, 53. Aufl., München 2009, Artikel 33 GG (zit.: Kommentar zum GG).

Maurer, Hartmut, Allgemeines Verwaltungsrecht, Konstanz 2006.

Mayer, Otto, Deutsches Verwaltungsrecht, Berlin 1924.

Michael, Lothar, § 33 Versicherungsaufsichtsrecht, in: Ehlers/Fehling/Pünder (Hrsg.), Besonderes Verwaltungsrecht, Bd. 1. Öffentliches Wirtschaftsrecht, 3. Aufl., Heidelberg 2012, S. 1121 ff. (zit.: Versicherungsaufsichtsrecht).

Miletzki, Rainer, Organisation der Finanzaufsicht in Deutschland, ZKW 2000, S. 174 ff.

Morsey, Rudolf, Gefährdung und Sicherung des Berufsbeamtentums, DÖV 1993, S. 1061 ff.

Mronz, Dieter, Körperschaften und Zwangsmitgliedschaft, Erlangen 1972.

Mückl, Stefan, Die Umlagefinanzierung im neunen Telekommunikationsrecht, DÖV 2006, S. 797 ff.

Mülbert, Peter, O., Bankenaufsicht und Corporate Governance, BKR 2006, S. 349 ff.

Müller, Helmut, in: Gutenberg/Müller(Hrsg.), Versicherungsaufsichtsgesetz, Berlin 1979, § 90 (zit.: Kommentar zum VAG).

Müller, Martin, in: Wolff/Bachof/Stober/Kluth(Hrsg.), Verwaltungsrecht, Bd. II, 7. Aufl., Berlin, 2010 (zit.: Verwaltungsrecht II).

Müller, Wolfgang, Ministerialfreie Räume, JuS 1985, S. 487 ff.

Oebbecke, Janbernd, Weisungs- und unterrichtsfreie Räume in der Verwaltung, Münster 1986.

–, § 136 Verwaltungszuständigkeit, in: Isensee/Kirchhof (Hrsg.), Handbuch des Staatsrechts, Bd. VI, Bonn und Heidelberg 2008, S. 743 ff. (zit.: Verwaltungszuständigkeit).

Oertel, Klaus, Die Unabhängigkeit der Regulierungsbehörde nach §§ 66 ff. TKG, Heidelberg 1999.

Ohler, Christoph, Die Finanzierung des IASB durch EG-Sonderabgaben, EuZW 2006, S. 679 ff.

–, Sonderabgaben für die Bilanzpolizei, WM 2007, S. 45 ff.

–, § 32 Bankenaufsichtsrecht, in: Ehlers/Fehling/Pünder (Hrsg.), Besonderes Verwaltungsrecht, Bd. 1. Öffentliches Wirtschaftsrecht, 3. Aufl., Heidelberg 2012, S. 1178 ff. (zit.: Bankenaufsichtsrecht).

Ossenbühl, Fritz, Zur Rechtfertigung von Sonderabgaben mit Finanzierungszweck, DVBl. 2005, S. 667 ff.

Peter Hettich / Yannich Wettstein, Rechtsfragen um Kostenanlastungssteuern, in: ASA 78-Nr. 9, 2009/2010, S. 537 ff.

Pieper, Stefan Ulrich, Aufsicht Verfassungs- und verwaltungsrechtliche Strukturanalyse, 2006.

Pilz, Stefan, Verfassungsrechtliche Grenzen der Privatisierung des Gerichtsvollzieherwesens, DÖV 2009, S. 102 ff.

Präve, Peter, Zur Finanzierung der Versicherungsaufsicht gemäß § 101 VAG, VW 1995, S. 1004 ff.

Pünder, Hermann, Exekutive Normsetzung in den Vereinigten Staaten von Amerika und der Bundesrepublik Deutschland, Berlin 1995.

Quidde, T., Die Dienstherrenfähigkeit juristischer Personen des öffentlichen Rechts, ZBR 1958, S. 229 ff.

Raabe, Meyer, Das Erneuerbare-Energien-Gesetz, NJW 2000, S. 1298 ff.

Raab, Sebastian, Die Durchsetzung der Marktmissbrauchsverbote in Deutschland und den USA, Göttingen 2009.

Reimer, Ekkehart/Waldhoff, Christian, Verfassungsrechtliche Vorgaben für Sonderabgaben des Banken- und Versicherungssektors, Heidelberg und Bonn 2010.

Richter, Wolfgang, Zur Verfassungsmäßigkeit von Sonderabgaben, Göttingen 1977.

Rossen-Stadtfeld, Helde, § 29 Beteiligung, Partizipation und Öffentlichkeit, in: Hoffmann-Riem/Schmidt-Aßmann/Voßkuhle (Hrsg.), Grundlagen des Verwaltungsrechts, Bd. II, 2. Aufl., 2012, S. 663 ff. (zit.: Beteiligung, Partizipation und Öffentlichkeit).

Röhl, Hans Christian, § 18 Finanzmarktaufsicht, in: Fehling/Ruffert(Hrsg.), Regulierungsrecht, Tübingen 2010, S. 1003 ff. (zit.: Finanzmarktaufsicht).

Roth, Wolfgang, Die Notwendigkeit einer verfassungskonform einschränkenden Auslegung des Telekommunikationsbeitrags, MMR 2005, S. 424 ff.

Rottländer, Fraz, Haushaltspolitische Bedeutung und Verfassungsmäßigkeit von Sonderabgaben, Köln 1988.

Ruffert, Matthias, Interessenausgleich im Verwaltungsorganisationsrecht, DÖV 1998, S. 897 ff.

Ders, § 21 Grundfragen der Wirtschaftsregulierung, in: Ehlers/Fehling/Pünder (Hrsg.), Besonderes Verwaltungsrecht, Bd. 1. Öffentliches Wirtschaftsrecht, 3. Aufl., Heidelberg 2012, S. 705 ff. (zit.: Grundlagen der Wirtschatsregulierung).

Rüfner, Wolfgang, Zur Lehre von der öffentlichen Anstalt, DÖV 1985, S. 605 ff.

Sachs, Michael, Die Einheit der Verwaltung als Rechtsproblem, NJW 1987, 2338 ff.

–, Art. 87 Fälle bundeseigener Verwaltung, in: Sachs (Hrsg.), GG, Art. 87, 6. Aufl., München 2011, S. 1718 ff. (zit. Art. 87 GG).

Samm, Carl-Theodor, Die Stellung der Deutschen Bundesbank im Verfassungsgefüge, München 1966.

Sander, Hilmar, Die Stellung der Bediensteten von Sozialversicherungsträgern im Lichte von Art. 33 Abs. 4 GG, Berlin 2000.

Schackmann-Fallis, Karl-Peter, Finanzmarktstabilität – nachhaltige Strukturen, Wettbewerb und Regulierung, in: Reform der Finanzmarktregulierung, Berlin 2011, S. 61 ff. (zit.: Finanzmarktstabilität).

Schäfer, Hendrik, Bankenaufsichtsrecht in Deutschland, dem Vereinigten Königreich und den Vereinigten Staaten, Baden-Baden 2011.

Schäfer, Reinfrid, in: Boos/Fischer/Schulte-Mattler (Hrsg.), Kreditwesengesetz, Bergisch-Gladbach und Berlin 2012, § 6 (zit.: Kommentar zum KWG).

Schlüter, Wolfgang, Behörde und Anstalt, Münster 1960.

Schmidt, Christian, Von der RegTP zur Bundesnetzagentur: Der organisationsrechtliche Rahmen der neuen Regulierungsbehörde, DÖV 2005, S. 1025 ff.

–, Neustrukturierung der Bundesnetzagentur – Verfassungs- und verwaltungsrechtliche Probleme, NVwZ 2006, 907 ff.

Schmidt, Reimer, Versicherungsaufsichtsgesetz mit Europäischem Gemeinschaftsrecht und Recht der Bundesländer, in: Prölss, München 1996, § 1 (zit.: Kommentar zum VAG).

Schmitt, Thomas/Ruge, Reinhard, Verfassungswidrigkeit der Beitragserhebung nach § 92 EnWG zur Finanzierung des BnetzA, RdE 2006, S. 285 ff.

Schneider, Thomas, Abgabenarten und deutsches Abgabensystem, VBIBW 1988, S. 161 ff.

Schneider, Uwe H, Die aufsichtsrechtliche Inhaltskontrolle von Verträgen der Kreditinstitute und ihrer Mitarbeiter, WM 1996, S. 712 ff.

Schoch, Friedrich, Verfassungsrechtliche Anforderungen an die Erhebung von Sonderabgaben, JURA Heft 3 (2010), S. 197 ff.

Scholz, Rupert, Verkehrsüberwachung durch Private?, NJW 1997, 14 ff.

Schön, Wolfgang/Hellgardt, Alexander/Osterloh-Konrad, Christine, Bankenabgabe und Verfassungsrecht, WM 2010, S. 2146 ff.

Schröder, Meinhard, § 106 die Bereiche der Regierung und der Verwaltung, in: Isensee/Kirchhof (Hrsg.), Handbuch des Staatsrechts, Bd. V, 3. Aufl., Bonn und Heidelberg, 2007, S. 387 ff. (zit.: Die Bereiche der Regierung und der Verwaltung).

Schulze-Fielitz, Helmuth, § 12 Grundmodi der Aufgabenwahrnehmung, in: Hoffmann-Riem/Schmidt-Aßmann/Voßkuhle (Hrsg.), Grundlagen des Verwaltungsrechts, Bd. I, 2. Aufl., München 2012, S. 823 ff. (zit.: Grundmodie der Aufgabenwahrnehmung).

Schunke, Reinhard, Die politischen Beamten, Saarbrücken 1973.

Schuppert, Gunnar Folke, Die Erfüllung öffentlicher Aufgaben durch verselbständigte Verwaltungseinheiten, Göttingen 1981.

–, Gemeinwohldefinition im pluralistischen Verfassungsstaat, GewArch 2004, 441 ff.

Schütz, Raimund, Telekommunikationsgesetz Kommentar in: Geppert/Piepenbrock/ Schütz/Schuster (Hrsg.), BeckTKG, 3. Aufl., 2006, § 144 Telekommunikationsbeitrag, S. 2092 ff. (zit.: Kommentar zum TKG).

Schwennicke, Andreas/Habetha, Jochim, in: Schwennicke/Auerbach (Hrsg.), Kreditwesensgesetz mit Zahlungsdiensteaufsichtsgesetz, Berlin und Frankfurt am Main 2012 (zit.: Kommentar zum KWG).

Schwirten, Christian, in: Boos/Fischer/Schulte-Mattler (Hrsg.), Kreditwesengesetz, Bergisch-Gladbach und Berlin 2004 (zit.: Kommentar zum KWG).

Simon, Stefan, Der Rechtgrund der Sonderabgaben, DÖV 2001, S. 63 ff.

Sodan, Helge, Grundgesetz Kommentar, Berlin 2011, Art. 33.

Spindler, Gerald, Kapitalmarktreform in Permanenz, NJW 2004, S. 3449 ff.

–, Informationsfreiheit und Finanzmarktaufsicht, Göttingen 2012.

Stober, Rolf, Wirtschaftsaufsicht und Bankenaufsicht, in: Pitschas (Hrsg.), Integrierte Finanzdienstleistungsaufsicht: Bankensystem und Bankenaufsicht vor den Herausforderungen der Europäischen Wirtschafts- und Währungsunion; Vorträge und Berichte beim Speyerer Wirtschaftsforum an der Deutschen Hochschule für Verwaltungswissenschaften Speyer 2001, Berlin 2001, S. 21 ff. (zit.: Wirtschaftsaufsicht und Bankenaufsicht).

Strauß, Thomas, Funktionsvorbehalt und Berufsbeamtentum – zur Bedeutung des Art. 33 Abs. 4 GG, Jena 1999.

Süßmann, Rainer, § 51 Umlage und Kosten, in: Schwennicke/Auerbach (Hrsg.), Kreditwesensgesetz mit Zahlungsdiensteaufsichtsgesetz, Berlin und Frankfurt am Main 2012, S. 1452 ff. (zit.: Kommentar zum KWG mit ZAG).

Thieme, Werner, Der öffentliche Dienst in der Verfassungsordnung des Grundgesetzes, Göttingen 1961.

–, Der Aufgabenbereich der Angestellten im öffentlichen Dienst, Saarbrücken 1962.

Trouet, Patrick, Derivate und Wirtschaftsaufsicht, Frankfurt/M. 1998.

Uerpmann, Robert, Das öffentliche Interesse, Berlin/Frankfurt 1999.

Viegener, Gerd, Drittschutzstaats-, wirtschafts- und gemeinschaftsaufsichtsrechtlicher Bestimmungen, Münster 2007.

Volz, Stefanie, Die Zukunft der europäischen Kapitalmarktaufsicht, Frankfurt am Main 2013.

Walla, Fabian, Kapitalmarktrechtliche Normsetzung durch Allgemeinverfügung?, DÖV 2010, S. 853 ff.

Weber, Manfred, Die Struktur einer adäquaten Bankenaufsicht, in: Oberender (Hrsg.), Reform der Finanzmarktregulierung, Berlin 2011, S. 47 ff. (zit.: Die Struktur einer adäquaten Bankenaufsicht).

Weber, Werner, Die bundesunmittelbaren juristischen Personen des öffentlichen Rechts, Festschrift für Rudolf Reinhardt zum 70. Geburtstag, Köln-Marienburg 1972, S. 499 ff.

Weber-Grellet, Heinrich, Steuern im modernen Verfassungsstaat, Münster 2001.

Wende, Susanne, Verfassungsmäßigkeit von Sonderabgaben am Beispiel der Umlage gem. § 17d FinDAG, NVwZ 2006, S. 765 ff.

Wendt, Rudolf, Die Einheit der Verwaltung als Rechtsproblem, NWVBL 1987, S. 33 ff.

Werheit, Peter, Die Bundesanstalt für Finanzdienstleistungsaufsicht, Hannover 2009.

Wichmann, Manfred/Langer, Karl-Ulrich, Öffentliches Dienstrecht, 6. Aufl., Bonn/Dortmund 2007.

Wilms, Heiner, Die abgabenrechtliche Qualifizierung des „Kohlepfennigs", NVwZ 1995, S. 550 ff.

Wilms, Heinrich, Das Recht der Sonderabgaben nach dem Grundgesetz, Köln 1993.

Windthorst, Kay, Art. 87 f. Post- und Telekominikationsverwaltung, in: Sachs (Hrsg.), GG, Art. 87f. 6. Aufl., München 2011, S. 1805 ff. (zit. Art. 87 f. GG).

Winkler, Markus, Private Wachdienste als Horch- und Guckposten der Polizei?, NWVBl. 8/2000, S. 287 ff.

Yoo, Chan-Jae, Umlagefinanzierte Regulierung, Mainz 2011.

Regensburger Beiträge zum Staats- und Verwaltungsrecht

Herausgegeben von Gerrit Manssen

Band 1 Simone Maria Koitek: Windenergieanlagen in der Raumordnung. 2005.

Band 2 Barbara Reil: Reformüberlegungen zur Richtervorlage. Beitrag zur Funktionenverteilung zwischen Bundesverfassungsgericht und Fachgerichtsbarkeiten bei der Kontrolle des parlamentarischen Gesetzgebers. 2005.

Band 3 André Zorger: Der Beirat für Stadtgestaltung der Stadt Regensburg. Eine Untersuchung zur baurechtlichen und kommunalrechtlichen Zulässigkeit. 2005.

Band 4 Gerrit Manssen / Boguslaw Banaszak (Hrsg.): Religionsfreiheit in Mittel- und Osteuropa zwischen Tradition und Europäisierung. 2006.

Band 5 Markus Tändler: Umweltprüfung und Umweltkontrolle in der Bauleitplanung. Eine Bewertung aus juristischer und kommunalpraktischer Sicht. 2006.

Band 6 Christian Bartsch: Vorbeugender Hochwasserschutz im Recht der Raumordnung und Landesplanung. 2007.

Band 7 Anja Rösch: Das A-Modell im Bundesautobahnbau. Bau, Erhaltung, Betrieb und Finanzierung von Bundesautobahnabschnitten durch Private und Refinanzierung auf Grundlage der Autobahnmaut. 2008.

Band 8 Tanja Böhm: Nicht gemeldete erlaubnispflichtige Schusswaffen in Bayern. Eine empirische Untersuchung unter Sportschützen und Jägern. 2007.

Band 9 Gerrit Manssen (Hrsg.): Die Finanzierung von politischen Parteien in Europa. Bestandsaufnahme und europäische Perspektive. 2008.

Band 10 Stefan Diemer: Die Verantwortlichkeit der Organe öffentlich-rechtlicher Wettbewerbsversicherungsanstalten. Eine Darstellung unter besonderer Berücksichtigung der Versicherungskammer Bayern Versicherungsanstalt des öffentlichen Rechts. 2008.

Band 11 Martin Denecke: Das Selbstgestaltungsrecht der Gemeinde im baulichen Bereich. 2009.

Band 12 Albert J. Schmid: Die Eignung als Zugangskriterium für ein öffentliches Amt unter besonderer Berücksichtigung des Fragerechts des Dienstherren. 2009.

Band 13 Gerrit Manssen (Hrsg.): Die verfassungsrechtlich garantierte Stellung der Abgeordneten in den Ländern Mittel- und Osteuropas. 2009.

Band 14 Benedikt Grünewald: Die Betonung des Verfahrensgedankens im deutschen Verwaltungsrecht durch das Gemeinschaftsrecht. 2010.

Band 15 Marion Robl: Das beschleunigte Verfahren für Bebauungspläne der Innenentwicklung. Ein Aspekt des Innenstadtentwicklungsgesetztes („BauGB 2007“). 2010.

Band 16 Ines Jahnes: Initiativermittlungen im Bereich der Organisierten Kriminalität. 2010.

Band 17 Astrid Kühne: Die Änderungen der Außenbereichsvorschrift des § 35 BauGB durch das Europarechtsanpassungsgesetz Bau. 2011.

Band 18 Franz Guttenberger: Ausgleichsansprüche nach § 24 Abs. 2 und § 25 BBodSchG. 2011.

Band 19 Andreas Alscher: Rechtliche Möglichkeiten einer integrierten kommunalen Verkehrsplanung. 2011.

Band 20 Florian P. Schrems: Ist das geltende Friedhofs- und Bestattungsrecht noch zeitgemäß? Das Friedhofs- und Bestattungsrecht im Lichte verfassungsrechtlicher Vorgaben. Unter besonderer Berücksichtigung gewandelter Ansichten in der Bevölkerung sowie integrationspolitischer Herausforderungen. 2012.

Band 21 Inkook Kay: Regulierung als Erscheinungsform der Gewährleistungsverwaltung. Eine rechtsdogmatische Untersuchung zur Einordnung der Regulierung in das Staats- und Verwaltungsrecht. 2013.

Band 22 Tina Voigt: Das Raumordnungsgesetz 2009 und das Bayerische Landesplanungsgesetz 2012. Eine Untersuchung zur Abweichungsgesetzgebung im Bereich der Raumordnung. 2013.

Band 23 Stefan Schick: Die energetische Nutzung von Biomasse im Sinne des § 35 Abs. 1 Nr. 6 BauGB – Gesetzliche Vorgaben und Verwaltungspraxis. 2014.

Band 24 Gerrit Manssen / Antje Himmelreich / Elena Gricenko (Hrsg.): Public-private-Partnership im kommunalen Bereich. 2015.

Band 25 Myeongjin Han: Die Unabhängigkeit der Bundesanstalt für Finanzdienstleistungsaufsicht. Unter besonderer Berücksichtigung ihrer Organisation als rechtsfähige Anstalt des öffentlichen Rechts. 2015.

www.peterlang.com

www.ingramcontent.com/pod-product-compliance
Ingram Content Group UK Ltd.
Pitfield, Milton Keynes, MK11 3LW, UK
UKHW021853290926
8980IPUK00005B/804

9 783631 665022